Volker Mariak:
Konkurrierende Staatsziele –
Religionsfreiheit vs. Tierschutz

© 2016 Volker Mariak

Umschlaggestaltung, Illustration: tredition GmbH, Hamburg

Verlag: tredition GmbH, Hamburg
ISBN Taschenbuch: 978-3-7345-5954-9
ISBN Hardcover: 978-3-7345-5955-6
ISBN e-Book: 978-3-7345-5956-3

Bibliografische Information der Deutschen Nationalbibliothek:
Die Deutsche Nationalbibliothek verzeichnet diese Publikation in der Deutschen Nationalbibliografie; detaillierte bibliografische Daten sind im Internet über http://dnb.d-nb.de abrufbar.

Volker Mariak

Konkurrierende Staatsziele – Religionsfreiheit vs. Tierschutz

Anmerkungen zu rechtlichen Vorgaben des rituellen betäubungslosen Schächtens gemäß TierSchG § 4a Abs. 2 Nr. 2

 tredition®

„Ich glaube, so lange man Tiere tötet und quält, wird man Menschen töten und quälen - solange wird es Kriege geben -, denn das Töten will geübt und gelernt sein im kleinen, innerlich wie äußerlich. So lange es noch Tiere in Käfigen gibt, solange wird es auch noch Gefängnisse geben - denn das Einsperren will geübt und gelernt sein, im kleinen, innerlich wie äußerlich."

(Edgar Kupfer Koberwitz (1906 – 1991, Dichter und Journalist, Häftling im KZ Dachau, Zitat aus: „Die Tierbrüder, Eine Betrachtung zum ethischen Leben", S. 5, Höcker-Verlag, November 2010)

***

„Es wird oft gesagt, dass die Menschen schon immer Fleisch gegessen hätten, als ob dies eine Rechtfertigung wäre, dies weiterhin zu tun. Gemäß dieser Logik dürften wir nicht versuchen, Menschen daran zu hindern, andere Menschen umzubringen, da dies auch schon seit jeher getan wurde."

(Isaac Bashevis Singer (1904 – 1991, Schriftsteller, Inhaber der Buber-Rosenzweig-Medallle 1981, Nobelpreisträger für Literatur 1978, Quelle: Ärztinnen und Ärzte für Tierschutz in der Medizin, Zitate, Internet: letzter Abruf: 23. 12. 2016, http://www.aerztefuertierschutz.ch/index.-html?id=17)

Danksagung

Mein herzlichster Dank gilt Frau Johanna Wothke (1. Vorsitzende der Tierschutzorganisation Pro Animale für Tiere in Not e. V.) sowie Frau Almuth Hirt (Vorsitzende Richterin am Bayerischen Obersten Landesgericht a. D. und Mitautorin des hier verwendeten, umfassenden Kommentars zum Tierschutzgesetz), die beide durch Ihre wertvollen Anregungen und Sachinformationen diese Schrift überhaupt erst ermöglicht haben. Insbesondere Frau Wothke sei hier gedankt für ihre freundliche Ermunterung und die wertvollen Literaturhinweise – nicht zuletzt mit Blick auf das Werk des Arztes und Tierschützers Dr. Werner Hartinger.

Ebenfalls sehr verbunden bin ich Herrn Dr. Edmund Haferbeck (Leiter der Wissenschafts- und Rechtsabteilung von PETA Deutschland e. V.), der mir speziell bei der Bewertung der Rechtsprechung im Tierschutz geholfen hat. Nennen möchte ich weiterhin den langjährigen Vorsitzenden des Landestierschutzverbandes Schleswig-Holstein (LTV), Herrn Wolfram Hartwich, der nunmehr im LTV als Ehrenvorsitzender fungiert. Auch Herr Hartwich hat mich mit wichtigen Sachhinweisen im tierschutzrechtlichen Bereich unterstützt. Den beiden Herren gilt ebenfalls mein besonderer Dank!

Last but not least bedanke ich mich bei Frau Dr. Karen von Holleben (Geschäftsführerin im bsi Schwarzenbek, Beratungs- und Schulungsinstitut für Tierschutz bei Transport und Schlachtung). Frau Dr. von Holleben unterstützte meine Recherche mit der Zusendung relevanter Daten aus der bsi-Forschung.

Norderstedt, im Oktober 2016   Dr. Volker Mariak

Inhaltsverzeichnis

***

Konkurrierende Staatsziele – Religionsfreiheit vs. Tierschutz

Anmerkungen zu rechtlichen Vorgaben des betäubungslosen rituellen Schächtens gemäß TierSchG § 4a Abs. 2 Nr. 2

1. Vorwort

Nachfolgende Anmerkungen zur Ausnahmegenehmigung für das Schächten ohne Betäubung gründen sich auf Erfahrungen und logische Überlegungen eines im Tierschutz engagierten juristischen Laien. Sie sind dennoch gezielt auf offensichtliche Schwachstellen, die aus der aktuell durch Legislative und höchstrichterliche Rechtsprechung geschaffenen Problemsituation resultieren und der Vernunft und ethischen Bedenken nicht verschlossen bleiben.

Es ist ferner beabsichtigt, einen – wenn auch nur rudimentären – Einblick in die wichtigsten Argumente der Schächtproblematik zu ermöglichen, um das Spannungsfeld Justiz – Tierschutz - Religion auch für Nichtexperten zu erschließen. Basis folgender Anmerkungen ist der umfassende und informativ wertvolle Kommentar zum TierSchG der Autoren Hirt, Maisack und Moritz (im Folgenden kurz bezeichnet mit: Hirt u. a., München 2016), in dem vertieft das juristische Problem betäubungsloser Schächtung zur Sprache kommt.

Die kritische Würdigung der Bestimmungen zur Ausnahmegenehmigung gemäß TierSchG § 4a Abs. 2 Nr. 2 zeigt wiederholt die Praxisferne gesetzlicher Vorgaben zur betäubungslosen Schächtung. Realiter bestehen nur eingeschränkt Handlungssituationen, die es der Exekutive erlauben, das Gedankengut des Gesetzgebers bzw. der höchstrichterlichen Rechtsprechung adäquat umzusetzen.

Nachstehend werden dazu Beispiele des Alltags genannt sowie Hauptfragen, die sich logisch daraus ergeben. Für die aufgezeigten Fragen gilt: Sie besitzen zum Teil provozierenden Charakter und sollen den weiteren Diskurs um den fraglichen Paragrafen beleben sowie eine Möglichkeit bieten, Schwächen der aktuellen rechtlichen Vorgaben zu unterstreichen.

Überlegungsbeginn ist die in TierSchG § 4a Abs. 2 Nr. 2 genannte Ausnahmeregelung zum Schlachten ohne Betäubung (Schächten), wobei in § 4a recht unscharf „Schächten" grundsätzlich mit dem Schlachten **ohne** Betäubung gleichgesetzt wird, obwohl der Schächtbegriff weiter zu fassen ist: Auch das rituelle Schlachten **mit** Betäubung, etwa durch Elektrokurzzeitbetäubung (EKZB), ist als eine Form des „Schächtens" zu werten.

So wird zum Beispiel im bereits erwähnten Kommentar zum Tierschutzgesetz (Hirt u. a., München, 2016, S. 248) logisch und juristisch korrekt ausgeführt:

„Das Schächten ist somit ein Gesamtritual, das aus einer Vielzahl von Handlungen und Regelungen besteht, von denen die Betäubungslosigkeit nur ein einzelnes Teilelement bildet. Die diesbezügliche Kontroverse betrifft also nicht das Schächten insgesamt, sondern nur die Unbetäubtheit der Tiere als ein einzelnes wesentliches Element davon."

Und weiter heißt es (a. a. O., S. 252):

„Das Gesamtritual des Schächtens kann sowohl am betäubten als auch am unbetäubten Tier entsprechend den Überlieferungen vollzogen werden; eine Betäubungspflicht ist also nicht gleichbedeutend mit einem Verbot des religiösen Schlachtens, sondern betrifft nur ein Teilelement davon (mit anderen Worten: Es geht nicht um ein Verbot des Schächtens insgesamt, sondern nur des unbetäubten Schächtens."

2. Notwendige Begriffsklärungen – Thematische Einführung

2. 1. Im Reich der Fabel

Die Problematik des Schächtens lässt sich nicht ohne die beiden religiös fundierten Fachbegriffe „Halal-Fleisch" und „Halal"-Schlachtung erörtern. Es ist daher sinnvoll, den nachfolgenden Ausführungen eine allgemeine Definition voranzustellen, die den Begriffsinhalt klärt:

„Halal" bedeutet im Arabischen „erlaubt" oder „zulässig" und hebt u. a. auf die Speisevorschriften des Islam ab. Dies wird zum Beispiel auch in der Wikipedia Enzyklopädie unter dem Stichwort „Halal-Fleisch" genannt. Wer dort weiterhin eine erste Orientierung sucht, findet die Aussage, dass - wie auch im Judentum - im Islam nur Tiere zur Speise dienen dürfen, die für den Verzehr zulässig sind und den religiösen Regeln entsprechend getötet wurden, d. h., es besteht das strikte Verbot, bereits verendete Tiere zu verspeisen. Weiterhin:

„Die Tiere werden – anders als nach mitteleuropäischen Standards – in Schlachthöfen dabei ohne Betäubung mit einem speziellen Messer mit einem einzigen großen Schnitt quer durch die Halsunterseite getötet, in dessen Folge die großen Blutgefäße sowie Luft- und Speiseröhre durchtrennt werden. Mit dem Schächten soll das möglichst rückstandslose Ausbluten des Tieres gewährleistet werden."

(Wikipedia, die freie Enzyklopädie (Hrsg.), Seitentitel: „Halāl", Autoren: Wikipedia Autoren, siehe Versionsgeschichte, Datum der letzten Bearbeitung: 27. 07. 2016, 15:04 UTC, Versions-ID der Seite: 156507076, Datum des Abrufs: 21. 10. 2016, 08:54 UTC, Permanentlink: https://de.wikipedia.org/w/index.php?title=Hal%C4%81l&oldid=156507076)

Und die Erklärung wird fortgesetzt:

„Obwohl eine Betäubung vor dem Schächten mit dem islamischen Recht Fiqh vereinbar ist, wie muslimische Gelehrte bestätigt haben, wird von manchen Muslimen befürchtet, dass die Betäubung tödlich und damit das Fleisch verboten sei." (Wikipedia, die freie Enzyklopädie, Seitentitel: „Halāl", a. a. O.)

Damit deutlich wird, welches Problemfeld Veterinäre bzw. Tierschützer mit Blick auf die Schächtschlachtung sehen, soll nachfolgend eine kurze Einführung in die Thematik geschehen.

So sei hier bereits erwähnt, dass die vorstehende Wikipedia-Erklärung leider sehr vereinfacht und folglich zu einer erwiesenermaßen wissenschaftlich falschen Vorstellung von betäubungslosem Schächten beiträgt. In das Reich der Fabel gehören die drei folgenden Kernaussagen, die man von Schächtbefürwortern immer wieder hört, die aber durch stete Wiederholung nicht wahrhaftiger werden:

Irrtum Nr. 1:

Der schnelle, scharfe Schnitt, der sekundenschnell und schmerzfrei zum Tode führt.

„Mit einem einzigen großen Schnitt quer durch die Halsunterseite" (Wikipedia, die freie Enzyklopädie, Seitentitel: „Halāl", a. a. O.) ist es nicht getan. Dieser rasche, scharfe Schnitt, der in wenigen Sekunden zum Tode führen soll, gehört in das Reich der Fantasie und legt den Verdacht der Schutzbehauptung nahe. Der Arzt und Chirug Dr. Werner Hartinger berichtet dazu:

„Während des langsamen Ausblutens thrombosieren und verstopfen vielfach die durchtrennten Gefäßenden und es muß nachgeschnitten werden."

(Hartinger, Werner: „Das betäubungslose Schächten der Tiere - Religionsvorschrift oder Kulthandlung im 20. Jahrhundert?", in: Dr. Werner Hartinger: „Das betäubungslose Schächten der Tiere im 20. Jahrhundert, eine Dokumentation", Die grüne Reihe, München, Sept. 1996, Kapitel: „Zum Schächtvorgang", S. 49 f.)

Der Tierarzt Goßmann-Jonigkeit führt in diesem Kontext aus, dass es Quellen gibt, die davon ausgehen, dass Rinder theoretisch bei einer Schächtung innerhalb von 10 bis 14 Sekunden nach dem Schnitt kollabieren werden und kritisiert dann deutlich, die Realität zeige ein völlig anderes Bild:

Wie zum Beispiel Tiere, die sogar nach sechs Minuten versuchen, sich aufzurichten und panisch nach Luft ringen. Goßmann-Jonigkeit verweist dann auf den für jeden Veterinärmediziner offensichtlichen Grund:

„Im Gegensatz zu beispielsweise Schweinen oder auch Menschen erfolgt die Blutversorgung des Hirns beim Rind über das sogenannte Rete mirabile epidurale rostrale - das bedeutet, dass sich die Arterienwände nach Durchschnitt der großen Hauptschlagadern (Carotisarterien) zusammenziehen und die Blutversorgung des Hirns über die in der Wirbelsäule verlaufenden Vertebralarterien weiterhin aufrecht erhalten wird."

(Goßmann-Jonigkeit, Sebastian: „Schächten – Der Tod durch Verbluten ohne Betäubung!!! (Tierschutz vs. Religionsfreiheit)", in: „Schächten: Die anatomische Wahrheit", Tierarztpraxis Dr. Elke Jonigkeit, Internetseite (Facebook), Engelskirchen, 15. 01. 2016, Datum des letzten Abrufs: 29. 10. 2016, https://de-de.facebook.com › Orte › Engelskirchen › Tierarzt)

Der Veterinär führt aus, dass sich die Tiere sehr viel länger quälen, als nach einem raschen Kehlschnitt theoretisch angenommen. Goßmann-Jonigkeit fährt dann fort, bereits im Jahre 1982 hätten die Wissenschaftler Blackmore und Newhook diese weitere Blutversorgung den Vertebralarterien zugerechnet. Weiterhin folgt die Argumentation:

„Eine Studie aus dem Jahre 1989 von Kallweit kam zusätzlich zu dem Schluss, dass die Blutversorgung des Hirns von Rindern über die Vertebralarterien mit dem Alter des Tieres sogar noch zunimmt - das bedeutet je älter das Tier desto länger das Leiden. Deshalb krepieren geschächtete Rinder langsam und qualvoll!"

(Goßmann-Jonigkeit, Sebastian: „Schächten – Der Tod durch Verbluten ohne Betäubung!!!, a. a. O.)

Deutlich wird bereits aus diesen beiden Fachquellen, dass es selbst im besten Fall keine saubere, sekundenschnell den Tod bringende Schächtung geben kann, wie leider von Schächtbefürwortern viel zu oft öffentlich verkündet. In einem kleinen Exkurs soll späterhin näher auf diese entscheidende Problematik eingegangen werden.

Irrtum Nr. 2:
Das Schächten ermöglicht wie keine andere Schlachtmethode das rückstandslose Ausbluten der Opfertiere.

Hauptzweck der rituellen Schächtung ist das „möglichst rückstandslose Ausbluten des Tieres" (s. o.: Wikipedia, die freie Enzyklopädie, Seitentitel: „Halāl", a. a. O.). Auch diese rückstandslose Ausblutung gehört in das Reich der Fabel. Die Tierschutzorganisation „pro iure animalis" schreibt dazu, jede Religionsforderung des „vollständigen Blutenzuges" sei nicht erfüllbar ist, da sich stets eine Restblutmenge im Körper der Schlachttiere befinden wird.

(pro iure animalis, Internetaufruf: „Anmerkungen zum polnischen Schächtverbot. Offene Frage, offenes Schreiben an unsere im Deutschen Bundestag vertretenen Politiker aller Parteien", Landau, 20. 07. 2013, Datum des Abrufs: 29. 10. 2016, www.pro-iure-animalis.de/index.php?option=com_content&task=view&id=1481)

Auch der „Arbeitskreis für Umweltschutz und Tierschutz" berichtet zu diesem Thema über das Resultat mehrerer Fleischhygiene-Studien, die zweifelsfrei gezeigt haben, dass stets eine Restmenge Blut im Tierkörper verbleibt – und zwar bei **jeder** Schlachtungsart:

> „Letztlich müssten alle orthodoxen Strenggläubigen Vegetarier sein. Nach neuesten Forschungen, ... verlieren elektrisch betäubte Tiere mit 4,6 Prozent signifikant mehr Blut als die unbetäubten Tiere mit 4,3 Prozent' – so Dr. Matthias Moje vom Fleischhygieneinstitut Kulmbach im Juni 2003."

(Arbeitskreis für Umweltschutz und Tierschutz – Bundesarbeitsgruppe gegen betäubungsloses Schächten (Hrsg.): Sonderdruck: „Informationen über das BETÄUBUNGSLOSE SCHÄCHTEN von Tieren", 8. überarbeitete Auflage, Rockenhausen, Februar 2013; Text im Internet: Letzter Abruf: 30. 10. 2016, www.pro-iure-animalis.de/dokumente/schaecht_sonderdruck_www.pdf)

Der bereits erwähnte Chirurg Hartinger untermauert diese wissenschaftlich gesicherten Ergebnisse ebenfalls und betont die Erfolglosigkeit des betäubungslosen Schächtens hinsichtlich der stets in das Feld geführten religiösen Begründung der „Ausblutung" von Schlachttieren:

„Denn nachweislich verbleiben immer beträchtliche Restmengen von Blut im Körper des Tieres, in den Organen, in den Gefäßen, der Muskulatur und in den Hohlräumen, die mit dem Fleisch verzehrt werden, auch wenn sie infolge der Speisenzubereitung als solche nicht mehr zu erkennen sind."

(Hartinger, Werner: „Das betäubungslose Schächten der Tiere in unserer Zeit", Vortrag am 08. 09. 2000 anlässlich einer Vortragsreihe der Tierschutzpartei in Berlin-Charlottenburg, Quelle: www.tierschutz-online.de, 26. 09. 2000)

Deutlich wird hieraus, dass die veterinärmedizinische Forschung ohne den geringsten Raum für Zweifel belegt: Die religiös verbrämte Begründung, man müsse (betäubungslos) Schächten, um ein maximales, rüchstandsloses Ausbluten der Opfertiere zu erreichen, weil andere Schlachtmethoden in dieser Hinsicht untauglich wären, ist schlichtweg falsch und wurde wissenschaftlich seit Langem ad absurdum geführt.

Irrtum Nr. 3:

Gemäß den zwingenden Religionsvorschriften des Islam und des Judentums besteht das klare göttliche Gebot, Opfertiere betäubungslos zu schächten.

Ohne an dieser Stelle tiefer in religionstheoretische Diskurse einzusteigen, sei eindeutig gesagt: Auch hier liegt eindeutig eine „Falschmeldung" vor. Weder in den fünf Büchern Mose, die in der Thora als das verbindliche Wort Gottes (Jahves) zusammengefasst wurden, noch im Koran wird das betäubungslose Schächten zwingend vorgeschrieben.

2. 1. 1. Betäubungsloses Schächten im Judentum

In seinem Fachartikel „Das Dilemma des religiösen Schlachtens" erklärt der Veterinärmediziner und Philosoph Professor Jörg Luy (Freie Universität Berlin) in kurzer Übersicht die wichtigsten Sachverhalte des Schächtens im Rahmen der jüdischen Religion. Dieser Fachartikel wurde als Beitrag zu den Ethik-Workshops des durch die Europäische Kommission geförderten multidisziplinären „DIAREL"-Projektes verfasst. Es heißt dort zur Einführung mit Blick auf den historischen Hintergrund und die jüdischen Religionsgesetze:

> „Die jüdische Religionsgesetzgebung setzt sich zusammen aus den fünf Büchern Moses (Tora, Pentateuch, »schriftliche Lehre«, zw. 1500 und 500 v. Chr.) und dem Talmud (Mischna und Gemara, »mündliche Lehre«, zw. 400 v. Chr. und 500 n. Chr.). Im Talmud findet sich die Halacha, die Auslegung der jüdischen Religionsgesetze, in der auch die Art und Weise der Schlachtung ausführlich thematisiert wird. Im Judentum wurde die Schlachttechnik durch Halsschnitt-Entbluten (Schechita) möglicherweise aus Altägypten übernommen, wo sie um etwa 2600 v. Chr. entwickelt wurde."

(Luy, Jörg: „Das Dilemma des religiösen Schlachtens", Kapitel 2: Religiös-ethische Normen zum Schlachten, 2.1 Judentum, in: Caspar, Johannes u. Harrer, Friedrich (Hrsg.): Das Recht der Tiere und der Landwirtschaft, Bd. 6: Caspar, Johannes u. Luy, Jörg (Hrsg.): Tierschutz bei der religiösen Schlachtung, Die Ethik-Workshops des DIAREL-Projekts, NOMOS Baden-Baden, 1. Auflage 2010, Appendices, Appendix 9, S. 66)

(Anmerkung zum Begriff DIAREL:
„Encouraging Dialogue on issues of Religious Slaughter"; Projektdefinition: „Religious slaughter, improving knowledge and expertise through dialogue and debate on issues of welfare, legislation and socio-economic aspects", EC-funded project involving partners in 11 countries)

In diesem Kontext weist Hartinger daraufhin, dass gerade das nachbiblische Hauptwerk des Judentums – der Talmud – im Zeitablauf bis zum heutigen Tage vielfach kommentiert, redigiert und edirt wurde und somit verschiedene Fassungen durchlief. Zudem kamen zahlreiche persönliche Glaubensstandpunkte und Neuinterpretationen hinzu. Der Autor folgert daraus, dass diese inhaltlichen Ergänzungen und Neufassungen nicht als ursprüngliche Religionsvorschriften zu werten sind. Und er zitiert den Religionswissenschaftler Professor Ude: „Der Talmud ist Menschenwerk und darf niemals göttliche Autorität in Anspruch nehmen!" (Hartinger, Werner: „Das betäubungslose Schächten der Tiere – Religionsvorschrift oder Kulthandlung im 20. Jahrhundert?", 1996, Kap.: „Zwei unterschiedliche Fassungen des Talmud", S. 31 f.; siehe auch: A. a. O., Kap.: „Alttestamentarische Aussagen", S. 27)

Ein qua Gotteswort gesetzter Zwang zur betäubungslosen Schächtung von Opfertieren lässt sich aus diesen von Menschenhand erstellten und fortgeschriebenen religiösen Vorschriften nicht ableiten. Dass bereits die Gesetzgebung Mose das Tieropfer nicht mehr zum Gebot erhebt, sondern freistellt, sollte auch bei Strenggläubigen zur Abkehr vom blutigen Ritual des Schächtens führen:

„Wer opfern will und glaubt, durch das Töten eines unschuldigen Geschöpfes sich von den Gottespflichten freikaufen zu können, der mag es tun".

(Hartinger, Werner: „Das betäubungslose Schächten der Tiere – Religionsvorschrift oder Kulthandlung im 20. Jahrhundert?", a. a. O.; vgl. auch: A. a. O., Kap.: „Alttestamentarische Aussagen", S. 25 f., zitiert nach: Lev 1,2 f.)

Von besonderer Bedeutung ist in diesem Problemfeld die klare Aussage des Oberrabbiners Dr. Leopold Stein, der in seinen frühen Ausführungen bezüglich der profanen Schlachtung bereits feststellt:

„Die Satzung, ein Tier, dessen Fleisch gegessen werden soll, zu schächten, hat durchaus keine Begründung in der Bibel. Es ist im mosaischen Gesetze keine Spur zu finden, dass das Töten eines zum Genusse erlaubten Tieres vermittelst eines nach zahlreichen strengen Regeln auszuführenden Schnittes in den Hals (Schächten, Schechita) zu geschehen habe oder gar, daß ein Tier, bei dem diese Handlung überhaupt oder nur eine der dabei üblichen Observanzen unterlassen wurde, zum Genusse verboten sei."

(Stein, Leopold: „Rabbinisch-theologisches Gutachten über das Schächten", in: Israelitische Gemeinde- und Familienzeitung, Nr.1, 1880, zitiert nach Hartinger, Werner: „Das betäubungslose Schächten der Tiere – Religionsvorschrift oder Kulthandlung im 20. Jahrhundert?", a. a. O., Anhang, S. 61)

Ein weiterer kritischer Rabbiner sei hier gehört - Jacob Stern: Er führte in seiner frühen Streitschrift gegen das Schächten aus, dass der jüdische Schlachtritus in den mosaischen Gesetzbüchern nicht begründet ist. Im Einzelnen heißt es dort:

„Über die Art, wie ein Tier, dessen Fleisch gegessen werden soll, zu töten sei, findet sich im Pentateuch, wie in der Bibel überhaupt, keine Vorschrift. Die beiden Zeitwörter, deren sich der Pentateuch abwechslungsweise bedient, um die Tötung eines Vierfüßlers, dessen Fleisch zum Genuss bestimmt ist, zu bezeichnen, schachat und sabach, bedeuten nichts anderes als ,schlachten', ohne daß damit die Art der Tötung näher angegeben ist."

(Stern, Jacob: „Das Schächten. Streitschrift gegen den jüdischen Schlachtritus", These I., S.1, in: Zeitbewegende Fragen, I., Verlag der Kössling'schen Buchhandlung (Gustav Wolf), Leipzig 1883, Text im Internet: Letzter Abruf am 30. 10. 2016, www.vgt.ch/buecher/schaechten/rabbi-stern.doc)

Die Texte der beiden Rabbiner sind alt, aber deswegen nicht weniger korrekt. Beide waren zweifellos ausgewiesene Experten ihrer eigenen Religionsvorschriften und beide betonten, dass keine der relevanten Schriften das göttliche Gebot zu betäubungsloser Schächtung enthält. Da gerade die Interpretation religiöser Texte für Schächtbefürworter eine so herausragende Rolle spielt, sollen abschließend drei „Klassiker" des Alten Testaments zitiert werden und zum Nachdenken darüber anregen, wie „gottgefällig" das blutige Hinmetzeln wehrloser Tiere wohl sein kann:

1.
„Was soll mir die Menge eurer Opfer? spricht der HERR. Ich bin satt der Brandopfer von Widdern und des Fetten von den Gemästeten und habe keine Lust zum Blut der Farren, der Lämmer und Böcke. Wenn ihr hereinkommt, zu erscheinen vor mir, wer fordert solches von euren Händen. Dass ihr auf meinen Vorhof tretet?" (Jesaja 1 : 11, 12)

2.
„Wer einen Ochsen schlachtet, ist eben als der einen Mann erschlüge; wer ein Schaf opfert, ist als der einem Hund den Hals bräche; wer Speiseopfer bringt, ist als der Saublut opfert; wer Weihrauch anzündet, ist als der das Unrecht lobt. Solches erwählen sie in ihren Wegen, und ihre Seele hat gefallen an ihren Gräueln." (Jesaja 66 : 3)

3.
„Ob sie schon viel opfern und Fleisch herbringen und essen's, so hat doch der HERR kein Gefallen an ihnen; sondern er will ihrer Missetat gedenken und ihre Sünden heimsuchen; sie sollen wieder nach Ägypten kommen!" (Hosea 8 : 13)

2. 1. 2. Betäubungsloses Schächten im Islam

In der vorgenannten Fachschrift „Das Dilemma des religiösen Schächtens" wird über die Schlachtpraxis im Islam ausgeführt:

„Die Technik der Schlachtung durch Halsschnitt-Entbluten unter Anrufung Gottes wird zwar religionsintern als »Dhabh« ..., allgemein aber als »Halal-Schlachtung« (»Halal slaughter«) bezeichnet. Die islamische Religionsgesetzgebung besteht im Kern aus dem Koran (Wort Gottes, Offenbarung Mohammeds, heilige Schrift) und der Sunna (Überlieferung, was Mohammed gesagt, getan oder geduldet haben soll). Hier ist die Art und Weise der Schlachtung geregelt, wenn auch nicht so detailliert wie im Judentum."

(Luy, Jörg: „Das Dilemma des religiösen Schlachtens", Kapitel 2: Religiös-ethische Normen zum Schlachten, 2.2 Islam, in: Caspar, Johannes u. Harrer, Friedrich (Hrsg.): Das Recht der Tiere und der Landwirtschaft, Bd. 6: Caspar, Johannes u. Luy, Jörg (Hrsg.): Tierschutz bei der religiösen Schlachtung, Die Ethik-Workshops des DIAREL-Projekts, NOMOS Baden-Baden, 1. Auflage 2010, Appendices, Appendix 9, S. 67)

Wie anfangs erwähnt, lässt sich auch im Koran keine zwingende religiöse Vorschrift zur betäubungslosen Schächtung finden. Ein Vorfall bei unseren Nachbarn in Österreich, der auch hier erwähnenswert ist, führte zu einem Diskurs zwischen dem Präsidenten des oberösterreichischen Tierschutz-Dachverbandes, Dr. Friedrich Landa, und den geistlichen Führern der Muslime im Land.

Nachdem Muslime im Linzer Schlachhof versucht hatten, illegal einen Stier zu schächten und vom Amtstierarzt daran gehindert wurden, kam es zum Gespräch zwischen dem muslimischen Vertreter, Hussein Abdul Fattah, und Dr. Landa. Dieses Gespräch sei hier wegen seiner außergewöhnlichen Information in längerem Textausschnitt wiedergegeben:

„Der Tierschutz-Dachverband hat daraufhin mit geistlichen Führern der Muslime im Land Kontakt aufgenommen, um in Erfahrung zu bringen, wie diese Tierquälerei gerechtfertigt werden soll. Hussein Abdul Fattah beschwerte sich, dass die Juden in Österreich schächten dürfen, weil aus historischen Gründen eine Kritik gegen Juden kaum gewagt würde, Muslimen das Schächten aber untersagt sei. Wie Hussein Abdul Fattah weiter erklärte, sei das Schächten durch die Heiligen Bücher des Islam geboten. Gottes Wort sei die höchste Instanz und könne nicht hinterfragt werden. Deshalb würden alle Muslime, die den wahren Glauben nicht verloren haben, nur Fleisch von geschächteten Tieren essen."

Und weiter wurde dort von Dr. Landa ausgeführt:

„Allerdings seien Ausnahmen möglich: Wenn kein Fleisch von geschächteten Tieren zur Verfügung stünde, könne das Fleisch aus dem Supermarkt ‚halal' (rein) gemacht werden, indem darüber der Name Gottes ‚Allah hu akbar' (Gott ist größer) oder ‚Bismillah' (im Namen Gottes) oder längere Gebete gesprochen werden. Obwohl es also für die Muslime sehr einfach wäre, den Tieren die Quälerei des betäubungslosen Schächten zu ersparen, da es eine Möglichkeit gibt, im Nachhinein durch Gebet die Speise zu heiligen, beharren die Muslime laut Hussein Abdul Fattah auf ihrem Recht, Tiere aufgrund des Glaubens zu schächten."

(Landa, Friedrich: „Schächten ist keine freie Religionsaus übung sondern Tierquälerei", Presseaussendungen des Dachverbandes der OÖ. Tierschutzorganisationen, Frankenburg, 06. 06. 2002; Text im Internet: Letzter Abruf: 30. 10. 2016, www.tierschutz.cc/dachverband/docs/aussendungen/aus169.h tml; Unterstreichungen von V. Mariak)

Dr. Landa berichtet dann von der Fortsetzung des Gesprächs wie folgt:

„Hussein Abdul Fattah versprach, alle Textstellen herauszusuchen, die dem gläubigen Muslim das Schächten vorschreiben. Beim zweiten Treffen mit Hussein hatte dieser freundlicherweise eine ganze Seite mit Koran-Zitaten vorbereitet. <u>Es fand sich aber keine Koran-Stelle, die das betäubungslose Schächten zwingend vorschreiben würde</u>."

Nachfolgend wurden die dort ausgewählten Korantexte benannt und erörtert:

„Oh, die ihr glaubt: esst nur von den guten Dingen' hieß es da in Koran-Vers 2 : 173. ‚Verboten hat Er euch nur den Genuss von natürlich Verendetem, Blut, Schweinefleisch und dem, worüber etwas anderes als Allah angerufen worden ist. Wenn aber jemand (dazu) gezwungen ist, ... so trifft ihn keine Schuld.' (ähnlich 5 : 3) Auch in den Büchern Hadisz (dem Kanon der Überlieferung und größten Autorität für den gläubigen Muslim nach dem Koran) hatte Hussein Abdul Fattah nur eine Stelle gefunden, die da lautet: ‚Du kannst alles essen, dessen Halsschlagader durchschnitten ist.' (Imam Malik, Al-Muwatta 24. 2. 6) <u>Im Gespräch war Hussein sich mit dem Tierschutz einig, dass das nicht als Rechtfertigung für ein betäubungsloses Schächtgebot genügt.</u>"

(Landa, Friedrich: „Schächten ist keine freie Religionsausübung sondern Tierquälerei", a. a. O., Unterstreichungen von V. Mariak)

Das Gespräch endete mit nachstehender bemerkenswerter Feststellung:

„Es sind muslimische Extremisten, die behaupten, betäubungsloses Schächten sei ein wesentlicher Bestandteil der islamischen Religionsausübung. Es besteht die Gefahr, dass wenn Juden und Muslime Handlungen begehen dürfen, die Christen, Andersgläubigen und Nichtgläubigen verboten sind, dadurch die Ablehnung von Menschen, die eine solche legalisierte Tierquälerei betreiben, in der Bevölkerung geschürt wird." (Landa, Friedrich: „Schächten ist keine freie Religionsausübung sondern Tierquälerei", a. a. O.)

Letztendlich einigt man sich auf das gemeinsame Fazit:

„Hussein Abdul Fattah hatte im Al-Muwatta von Imam Malik ein Zitat gefunden, das den Gläubigen empfiehlt, sich vom Fleisch fern zu halten: ‚Haltet euch von Fleisch fern. Es befinden sich Suchtmittel darin - ähnlich den Suchtmitteln im Wein.' Der Tierschutz empfiehlt allen Menschen, sich nicht durch den Verzehr von Leichenteilen getöteter Tiere zu verunreinigen."

Dr. Landa merkt nach dem Gespräch an:

„Der Tierschutz hatte für Hussein Abdul Fattah die Videodokumentation von 'Tierschutz im Unterricht / Erwachsenenbildung' mitgebracht, damit er sich selbst ein Bild darüber machen könne, wie grausam im Namen Gottes Tiere zu Tode gequält werden. Hussein Abdul Fattah lehnte dankend ab: Er könne sich vorstellen, was da zu sehen sei und wurde sich nicht gerne mit negativen Dingen belasten."

(Landa, Friedrich: „Schächten ist keine freie Religionsausübung sondern Tierquälerei", a. a. O.)

Erstaunlich ist hier nicht die Aussage, dass der Koran keine Textstelle aufweist, die das Schächten mit Betäubung verbietet.

Erstaunlich ist vielmehr, dass der muslimische Religionsexperte auf die Möglichkeit verweist, ein Gläubiger könne das „normale" Fleisch aus dem Supermarkt „halal" - also „rein" – machen, indem er darüber den Namen Allahs nennt oder ein längeres Gebet spricht. Würde diese Alternative genutzt, wäre das Problem „betäubungslose Schächtung" gelöst.

Auch in Deutschland wurden muslimische Religionsexperten zum Thema gehört und hier konnten die Befragten ebenfalls keine zwingende religiöse Vorschrift zur betäubungslosen Schächtung benennen. In einem Gastkommentar für die „allgemeine fleischer zeitung" (afz) führten die Professoren und Veterinärmediziner Hildebrandt und Luy Folgendes aus:

„Da der Koran anscheinend seinem Wortlaut nach kein generelles Betäubungsverbot enthält, wird das Festhalten einiger weniger strenggläubiger muslimischer Schlächter an einer nicht mehr zeitgemäßen Schlachtmethode mit allerlei Hilfsargumenten von zweifelhaftem wissenschaftlichen Wert begründet."

(Hildebrandt, Goetz, und Luy, Jörg: „Toleranz gegenüber Halsabschneidern?", in: f. Kommentar von redaktion fleischwirtschaft. Gastkommentar von Prof. Dr. Goetz Hildebrandt und Dr. Jörg Luy, 06. 02. 2002, Quelle. afz - allgemeine fleischerzeitung, 6 / 2002, Internet: Letzter Abruf: 30. 10. 2016, http:-//www.fleischwirtschaft.de/wirtschaft/kommentare/Toleranz-genueber-Halsabschneidern-1407?crefresh=1)

Die Autoren fahren speziell mit Blick auf das von Schächtbefürwortern immer wieder vorgetragene Argument der Ausblutung und der angeblich nicht vorhandenen Restblutmenge im Körper der geschächteten Tiere fort:

„Das Bundesverwaltungsgericht wies 1995 ausdrücklich darauf hin, dass zuvor das Berufungsgericht zahlreiche sachverständige Äußerungen islamischer und speziell auch sunnitischer Stellen herangezogen habe, ‚die sämtlich in der Verneinung eines zwingenden Betäubungsverbots übereinstimmen‘. Die Fundamentalisten hingegen führen in diesem Zusammenhang das generelle Verbot ihres Glaubens an, Blut zu verzehren. Diesen Personen kann nur der völlige Verzicht auf Fleisch empfohlen werden, weil die Muskulatur wie auch die Organe stets gewisse Restblutmengen enthalten. Sogar der relative Ausblutungsgrad des Fleisches unterscheidet sich mit und ohne Betäubung nicht signifikant.“

(Hildebrandt, Goetz, und Luy, Jörg: „Toleranz gegenüber Halsabschneidern?“, a. a. O.)

In vergleichbarer Weise argumentiert der „Arbeitskreis für Umweltschutz und Tierschutz“ und fasst die Resultate der Exegese von Thora und Koran bezüglich der betäubungslosen Schächtung noch einmal zusammen:

„Eine Vorgabe ‚mit‘ oder ‚ohne‘ (Elektro-)Betäubung zu schächten, findet nämlich keine Erwähnung in den bindenden Hauptreligionsschriften Thora und Koran – kann folglich auch nicht religionsrelevant sein. Hinweise auf gern hervorgezauberte, nicht nachprüfbare Fatwas, Aufreihungen von Hadith-Texten, Schulchan-Aruch, Halacha, Haggada etc. sind ohne Belang, eben da Thora und Koran eine Betäubung faktisch erlauben. Analog müssten ansonsten auch Texte von kirchlichen Gesangbüchern, Kanzelpredigten, einzelne Aussagen von Pfarrern oder Schriften von Sekten als bindend für christliche Glaubenhandlungen angesehen werden.“

(Arbeitskreis für Umweltschutz und Tierschutz – Bundesarbeitsgruppe gegen betäubungsloses Schächten (Hrsg.): Sonderdruck: „Informationen über das BETÄUBUNGSLOSE SCHÄCHTEN von Tieren", 8. überarbeitete Auflage, Rockenhausen, Februar 2013; Text im Internet: Letzter Abruf: 30. 10. 2016, www.pro-iure-animalis.de/dokumente/schaecht_sonderdruck_www.pdf)

Fazit:

Diese Ausführungen sprechen für sich. Sie treffen genau die im Diskurs um die betäubungslose Schächtung immer wieder erwähnte und bis auf den heutigen Tag von fundamentalistisch-orthodoxen Gruppen ignorierte Schwachstelle ihrer Falschargumentation:

Es besteht weder im Judentum noch im Islam ein Gottesgebot, dass die betäubungslose Schächtung von Tieren einfordert. Religiöse Schriften, die nicht zu den verbindlichen Kerntexten von Thora und Koran gehören, sondern nur dem jeweiligen Zeitgeist geschuldete, religiöse Standpunkte und subjektive Interpretationen einzelner Geistlicher abbilden, können jedoch kein gerichtsfestes Fundament für die juristische Anerkennung und Durchsetzung ritueller betäubungsloser Schächtung sein.

2. 2. Das Dilemma konfligierender Grundrechte

Die juristische Problematik des betäubungslosen Schächtens resultiert aus dem Konflikt konkurrienter Grundrechte. In der Bundesrepublik Deutschland besitzt der Tierschutz seit dem 01. 08. 2002 Verfassungsrang: In Art. 20a GG wurde die Staatszielbestimmung „Tierschutz" aufgenommen. Seit diesem Tag ist der Staat im Rahmen der verfassungsmäßigen Ordnung verpflichtet, Tiere durch die vollziehende Gewalt und die Rechtsprechung zu schützen. Der präzise Text findet sich zum Beispiel auf der Internetseite des Bundesministeriums für Ernährung und Landwirtschaft:

> „In Artikel 20a Grundgesetz wurden nach dem Wort ‚Lebensgrundlagen' die Wörter 'und die Tiere' eingefügt (so genannte ‚Drei-Wort-Lösung'). Artikel 20a Grundgesetz hat nunmehr folgende Fassung: ‚Der Staat schützt auch in Verantwortung für die künftigen Generationen die natürlichen Lebensgrundlagen und die Tiere im Rahmen der verfassungsmäßigen Ordnung durch die Gesetzgebung und nach Maßgabe von Gesetz und Recht durch die vollziehende Gewalt und die Rechtsprechung.'"

(Bundesministerium für Ernährung und Landwirtschaft (BMEL), Internetseite des BMEL, Thema: Tierschutz, Bericht: „Stellung des Tierschutzes im Grundgesetz", Bonn und Berlin, Text im Internet: Datum des letzten Abrufs: 30. 10. 2016) https://www.bmel.de/DE/Tier/Tierschutz/_texte/StaatszielTierschutz.html)

Aus der Erhebung des Tierschutzes in den Verfassungsrang resultieren weitgreifende Besserungen. Dennoch ist es nicht abwegig, wenn kritische Stimmen von einer „Verfassungslyrik" sprechen, weil entscheidende Ziele wie etwa das Verbandsklagerecht politisch nicht oder nur zögerlich umgesetzt werden.

(Siehe dazu: Frederking, Dorothea / Mechenich, Udo (Bündnis 90 / Die Grünen): „Verbandsklagerecht zum Tierschutz erneut verschoben/ Tierschutz verkommt zur Verfassungslyrik", in: BundesUmweltPortal, 03. 09. 2015, Internet: Datum des letzten Abrufs: 08. 11. 2016, http://www.bundesumweltportal.de/sachsen-anhalt/17-sachsen-anhalt/verbandsklagerecht-zum-tierschutz-erneut-verschoben-tierschutz-verkommt-zur-verfassungslyrik.html)

Wie im Regelfall bei höchstrichterlichen Vorgaben muss die alltägliche Konkretisierung des neuen Staatsziels Tierschutz über den Weg der einfachen Rechtsprechung erfolgen. Die neue Norm will Tiere nicht nur vor möglichen Schäden durch staatliches Handeln bewahren, sondern insbesondere hat der Staat den Schutz der Tiere vor Privaten zu sichern. Diese Aufgabe obliegt vor Ort zunächst den Veterinärämtern und unteren Gerichten.

Soweit hierfür jedoch ein Eingriff in Grundrechte nötig wird, ist eine formell-gesetzliche, materiell-rechtliche Rechtsgrundlage erforderlich: Art. 20a GG selbst ist keine eigenständige Rechtsgrundlage für Grundrechtseingriffe. Es bedarf stets einer Entscheidung des förmlichen Gesetzgebers. (Schmidt, Rolf (Verlag): „Staatszielbestimmung Tierschutz und das Schächten von Tieren", S. 3 f., in: Juristische Internetseite „www.jurawelt.com", Levenetz, Alexander, u. a. (Hrsg.), München, Dezember 2002, Internet. Datum des letzten Abrufs: 30. 10. 2016, www.jurawelt.com/sunrise/media/mediafiles/13623/-tierschutz.pdf)

Zusammenfassend gilt für regionale Behörden in Verwaltung und Rechtsprechung (Veterinärämter sowie untere Gerichte):

Das neue Staatsziel dient als **Auslegungs- und Abwägungsmaßstab**. Zu berücksichtigen ist die aktuelle Verfassungsnorm „Tierschutz" zunächst bei der Interpretation unbestimmter Rechtsbegriffe wie „Allgemeinwohl", „öffentliches Interesse" oder „zwingende Vorschriften der Religionsgemeinschaften".

Zudem hat das Staatsziel Tierschutz ermessensleitende Funktion. Vermittels der Kontrollfunktion der Rechtsprechung wird hier sichergestellt, dass das Staatsziel Tierschutz bei Gesetzesanwendung und –interpretation Berücksichtigung findet. (Schmidt, Rolf (Verlag): „Staatszielbestimmung Tierschutz und das Schächten von Tieren", S. 4, a. a. O.)

Im speziellen Fall des § 4a TierSchG Abs. 2 Nr. 2 sind es die vorerwähnten Grundrechtseingriffe, die wegen konkurrierender Verfassungsnormen erforderlich werden und entsprechende juristische Brisanz entfalten. Hier zeigt sich einer der Hauptansatzpunkte für rechtstheoretische Kritik und den Vorwurf der Praxisferne in der Rechtsprechung. Verlässt man die „graue Theorie", dann zeigt sich folgendes reale Bild:

In der juristischen Praxis gilt es abzuwägen, welches Grundrecht im Konflikfall höherrangiger ist. Eine Darstellung des Deutschen Bundestages zeigt die juristische Entstehungssituation des neuen Staatszieles auf, die genau aus dieser Problematik erwuchs:

„Stein des Anstoßes war ein Urteil des Bundesverfassungsgerichts, das all jenen Rückenwind gab, die forderten, den Tierschutz als Staatsziel in der Verfassung festzuschreiben. Was war geschehen?

Im Januar 2002 hatten die Karlsruher Richter entschieden, Muslimen das bislang verbotenen Schächten zu erlauben – und damit einen Sturm der Entrüstung erzeugt. Das betäubungslose Schlachten von Vieh sei Tierquälerei, empörten sich nicht nur Tierschutzorganisationen. Doch für die Verfassungshüter war der Fall klar: Sie stellten die Religionsfreiheit des muslimischen Metzgers, der die Klage eingereicht hatte, über den Tierschutz. Verfassungsrechtlich korrekt, schließlich waren Tiere nicht grundgesetzlich geschützt – anders als die Religionsfreiheit."

(Deutscher Bundestag: „Wie Umwelt- und Tierschutz ins Grundgesetz kamen", in: Internetseite des DB, Dokumente, 02. 12. 2013, Internet: Letzter Abruf: 30. 10. 2016, https://www.bundestag.de/dokumente/textarchiv/...grundgesetz.../21384-0)

Die Abwägung Tierschutz – Religionsfreiheit deckt jedoch auch in dieser offiziellen Darstellung nicht den gesamten Problemkreis ab: Hinzu kam die vermeintlich eingeschränkte Berufsfreiheit des muslimischen Metzgers, der klagte, seine berufliche Existenz sei gefährdet, wenn er nicht betäubungslos schächten dürfe. Im Klima dieser verfassungsrechtlichen Debatte und Urteilsfindung schrieben die bereits erwähnten Autoren, Goetz Hildebrandt und Jörg Luy, folgenden Kommentar, der hier wegen seiner aktuellen Relevanz in größerem Ausschnitt genannt werden soll:

„Da ist zum einen die Frage zu klären, ob die Berufsfreiheit (die im o. g. Urteil eine wichtige Rolle spielt) einen höheren Wert darstellt als der Tierschutzgedanke, oder ob umgekehrt die Berufsfreiheit eingeschränkt werden darf, falls bestimmte Praktiken nicht mit dem Schutz der Tiere vor vermeidbaren Leiden vereinbar sind.

Die einschlägige tierschutzethische Literatur sieht den Gesetzgeber sogar in der Pflicht, Berufspraktiken zu verbieten, die mit vermeidbaren Schmerzen für die Tiere verbunden sind."

(Hildebrandt, Goetz, und Luy, Jörg: „Toleranz gegenüber Halsabschneidern?", in: f. Kommentar von redaktion fleischwirtschaft. Gastkommentar von Prof. Dr. Goetz Hildebrandt und Prof. Jörg Luy, 06. 02. 2002, Quelle. afz - allgemeine fleischerzeitung, 6 / 2002; Internet: Letzter Abruf: 06. 11. 2016, http:-//www.fleischwirtschaft.de/wirtschaft/kommentare/Toleranz-gegenueber-Halsabschneidern-1407?crefresh=1)

Und weiter verweisen die Autoren bezüglich der in das Feld geführten Verfassungsnorm der Berufsfreiheit auf die Absurdität ähnlicher Fälle:

Hätten zum Beispiel Tierärzte oder Landwirte mit dem Argument der Berufsfreiheit vor dem Bundesverfassungsgericht geklagt, weil nach der Neufassung des Tierschutzgesetzes ab dem 25. Mai 1998 das Höchstalter zur betäubungslosen Kastration von Hauswiederkäuern und Schweinen von zwei Monaten auf vier Wochen herabgesetzt worden war, so wäre ihnen wohl kaum Erfolg beschieden worden. (Hildebrandt, Goetz, und Luy, Jörg: „Toleranz gegenüber Halsabschneidern?", a. a. O.) Die Autoren führen weiter aus:

„Über die Angemessenheit des Bezugs auf die Berufsfreiheit hinaus könnte sich auch die Hoffnung des Bundesverfassungsgerichts, durch Legalisierung moslemischen Schächtens würde sich das gängige Schlachten auf dem Hinterhof erübrigen, als durchaus trügerisch erweisen – wie Erfahrungen mit entsprechenden Ländern zeigen."

(Hildebrandt, Goetz, und Luy, Jörg: „Toleranz gegenüber Halsabschneidern?", a. a. O.) Und weiter heißt es dort:

„Die Berufsfreiheit besaß für die Entscheidungsfindung des Bundesverfassungsgerichts sogar größere Bedeutung als die Religionsfreiheit. Selbst wenn es sich - wie im vorliegenden Fall - nicht um nach Regeln erlerntes Handwerk sondern um die Ausübung bäuerlicher Traditionen handelt, kommt dem Grundrecht der freien Berufswahl und -ausübung in Deutschland Verfassungsrang zu; der Tierschutzgedanke hingegen ist noch immer nicht ins Grundgesetz aufgenommen."

(Hildebrandt, Goetz, und Luy, Jörg: „Toleranz gegenüber Halsabschneidern?", a. a. O.)

Abschließend wird in diesem frühen Statement der Autoren für den Verfassungsrang des Tierschutzes und die parlamentarisch anerkannte Gleichgewichtung zentraler gesellschaftlicher Anliegen argumentiert: Denkbar sei, dass nun kommerzielle aus Ostasien stammende Hunde- und Katzenschlächter in der Bundesrepublik ebenfalls die freie Entfaltung ihrer Persönlichkeit einklagen.

Vor jeder Erörterung der Ausnahmeregelungen müsse man somit zunächst einmal den Verfassungsrang des Tierschutzgesetzes parlamentarisch anerkennen, um die Gleichwertigkeit konkurrierender Interessen zu garantieren. Die Möglichkeit der behördlich erteilbaren Ausnahmegenehmigungen zum Schächten sei im Tierschutzgesetz verankert worden, weil das Grundrecht der Religionsfreiheit natürlich ebenfalls im Verfassungsrang stehe. Weiterhin wird argumentiert: Die spannende Frage sei hierbei insbesondere, ob die Verfassungsnorm der freien Religionsausübung auch tatsächlich durch die gesetzliche Preisgabe der Ausnahmeregelung zum Schächten betroffen wäre. (Hildebrandt, Goetz, u. Luy, Jörg: „Toleranz gegenüber Halsabschneidern?", a. a. O.):

„Die unseres Erachtens plausible Urteilsbegründung des Bundesverwaltungsgerichts vom 15. Juni 1995 (BVerw-GE 99, 1) sieht die Religionsfreiheit nicht in Gefahr: ‚Verbietet die Religion lediglich den Genuss von Fleisch nicht geschächteter Tiere, so hindert das Verbot betäubungslosen Schlachtens die Anhänger dieser Religion nicht an einer ihrer Religion entsprechenden Lebensgestaltung. Sie sind weder rechtlich noch tatsächlich gezwungen, entgegen ihrer religiösen Überzeugung Fleisch nicht geschächteter Tiere zu verzehren'.“

(Hildebrandt, Goetz, u. Luy, Jörg: „Toleranz gegenüber Halsabschneidern?“, a. a. O.)

Der Kommentar der beiden Wissenschaftler wurde bereits im Februar 2002 veröffentlicht. Mit der später folgenden Erhebung in den Verfassungsrang ergab sich für den Tierschutz eine erhöhte Wertstellung gegenüber anderen Grundrechten: Tierschutz war keine simple, nachgeordnete Rechtsnorm mehr: Die Grundrechte Religionsfreiheit und Berufsfreiheit konnten nun (zumindest theoretisch) juristisch begrenzt werden, wenn das Grundrecht Tierschutz es erforderte und die Verhältnismäßigkeit gewahrt blieb.

Brisant ist aber bis zum heutigen Tage - trotz der Erhebung zum Staatsziel - immer noch das juristische Problem der Abwägung von Grundrechten unter Hintanstellung des Tierschutzes. So wurden nachfolgend und noch im Jahr 2015 Ausnahmegenehmigungen für betäubungsloses Schächten erteilt – und das nicht nur mit Blick auf den klagenden muslimischen Metzger aus Aßlar.

Die Kernfrage, welche tatsächlichen Belastungen durch Angst und Schmerzen die geschächteten Tiere bei dem Verzicht auf Betäubung wirklich zu erdulden haben, blieb weitgehend ungeklärt.

In ihrer Fachschrift plädieren die beiden vorgenannten Autoren abschließend für eine bessere wissenschaftliche Aufklärung - etwa vermittels eines ministeriellen Forschungsauftrags, um die Tierschutzproblematik angemessen zu verdeutlichen (Hildebrandt, Goetz, u. Luy, Jörg: „Toleranz gegenüber Halsabschneidern?", a. a. O.).

In welchem Maße die rechtliche Umsetzung des neuen Staatszieles Tierschutz aktuell gelingt und ob nicht doch nur „Verfassungslyrik" gegeben ist, soll in den folgenden Kapiteln erörtert werden. Rechtssoziologischer Gegenstand ist somit die Kluft zwischen Sein und Sollen - zwischen Normativität und Faktizität.

Der Ansatz der Rechtssoziologie lässt sich am Besten verorten, indem man – wie etwa Manfred Rehbinder - die Dreidimensionalität des Rechts aufzeigt (Rehbinder, Manfred: „Einführung in die Rechtssoziologie", Athenäum-Verlag, Frankfurt am Main 1971, S. 4 f.):

Tabelle 1: Dreidimensionaltät des Rechts

1. Rechtsphilosophie	Werte, Vorstellungen, Ideen von Gerechtigkeit
2. Rechtsdogmatik	Normativität, „Sollen"
3. Rechtssoziologie	Faktizität, „Sein", Rechtspraxis & Sozialleben

Zentrale soziokulturelle Werte und die abstrakte Idee von Gerechtigkeit bei involvierten gesellschaftlichen Gruppen begründen die Schaffung des rechtlichen Normensystems. Das geschaffenen Recht dient als Mittel der sozialen Kontrolle und hat die Aufgabe, das Sozialleben zu steuern. Daher ist es von entscheidender Bedeutung, ob diese Aufgabe tatsächlich erfüllt wird und das Normensystem ein lebensnahes Recht abbildet: Werden die im Rechtssystem verankerten Verhaltenserwartungen im Gruppenleben in praxi nicht realisiert, dann hat das Rechtssystem seinen Zweck verfehlt.

Für die Soziologie ist es daher relevant, die Rechtswirklichkeit und damit die Interaktion von Rechtsanwendern und Betroffenen empirisch zu erfassen und zu bewerten. Mit der Beobachtung des Gruppenverhaltens und der Einwirkung des Rechts auf das Sozialleben resultiert die Möglichkeit, zu erkennen, ob das Rechtssystem „funktioniert" oder seinem gesellschaftlichen Ziel fern bleibt.

Soziologische Jurisprudenz als Lehre von der soziologisch orientierten Schaffung und Anwendung von Rechtsnormen – also der Rechtsetzung – hat hier ihre Aufgabe. Die dann folgende Umsetzung rechtssoziologischer Erkenntnisse in die juristische Praxis bietet das primäre gesellschaftliche Korrektiv. (Rehbinder, Manfred: „Einführung in die Rechtssoziologie", a. a. O., S. 4 f.).

Bezogen auf das TierSchG § 4a Abs. 2 Nr. 2 und das Thema der Ausnahmegenehmigung zum betäubungslosen Schächten soll mit der Aufzeigung von Problemfeldern ein erster Schritt hin zu einer angemesseneren Rechtsnorm geschehen.

Welche Handlungsstränge religiöser und ökonomischer Interessengruppen der Schächtbefürworter faktisch die Rechtspraxis und das soziokulturelle Leben durch die Realität der Schächt-Schlachtungen beeinflussen, sei in einer knappen Übersicht dargestellt:

Tabelle 2:
Betäubungslose Schächtungen und das Tierschutzrecht

Betäubungslose Schächtung insgesamt	Rechtsetzung durch TierSchG § 4a Abs. 2 Nr. 2
Zum muslimischen Opferfest: Legale rituelle Schächtungen	Entscheidung über Ausnahmegenehmigungen durch Veterinärämter & Gerichte
Zum muslimischen Opferfest: Illegale sogenannte „Hinterhof-Schlachtungen"	Geringe Einflussnahme im Entdeckungsfall: Bußgelder, seltener Strafgelder, kaum Haftstrafen
Ganzjährige Schächtungen in Deutschland: Legal, in speziellen Metzgereibetrieben	Entscheidung über Ausnahmegenehmigungen durch Veterinärämter & Gerichte
Ganzjährige Schächtungen in Deutschland: Illegal, in speziellen Metzgereibetrieben	Geringe Einflussnahme im Entdeckungsfall: Bußgelder, seltener Strafgelder, kaum Haftstrafen
Halal-Fleisch-Importe aus Nachbarländern wie Frankreich und Belgien sowie aus Übersee	Keine Einflussnahme möglich: Abkommen des freien Handels zwischen den Ländern

3. Einzelfälle oder Massenschlachtung?

3. 1. Die Kluft zwischen Sein und Sollen: Realität vs. Ausnahmeparagraf

3. 1. 1. Der Schlacht-Alltag in Beispielen und Zahlen

Bezogen auf die juristische Seite der Schächtproblematik legt der deutsche Gesetzgeber eindeutig fest, dass betäubungs-loses Schächten nur in zwei Ausnahmefällen geschehen darf. In beiden Fällen setzt man zwingende religiöse Vorschriften voraus: Entweder wird das Schächten selbst qua Religionsge-meinschaft diktiert oder aber der Genuss des Fleisches nicht geschächteter Tiere durch die Religionsgemeinschaft unter-sagt.

Das betäubungslose Schächten wird damit als Teil eines „reli-giösen Gesamtrituals" begriffen und lässt sich logisch nur ver-treten, wenn alle Handlungen und Regeln dieses Rituals prä-zise eingehalten werden. Der Gesetzgeber sieht es – wie im Kommentar zum TierSchG zitiert – als „echten Bestandteil des religiösen Bekenntnisses" und nicht einfach nur als Aus-druck einer religiösen Grundhaltung ohne weitere religiöse Substanz (Hirt u. a., München 2016, S. 257; zitiert nach: Bun-desrats-Drucksache 524/ 1/ 84, S. 7).

Nun wird jedoch nicht nur ausnahmsweise an speziellen Feier-tagen wie dem muslimischen Opferfest Kurban Bayrami ge-schächtet, sondern **ganzjährig** und mit der professionellen Routine und dem "Output" an „Halal"-Fleisch wie es in Schlachtereibetrieben arbeitsüblich und ökonomisch effektiv ist. Nehmen wir ein in der Öffentlichkeit gut dokumentiertes Beispiel:

Der islamische Metzger, der das sogenannte Schächturteil des Bundesverfassungsgerichts erwirkte, bekam am 23. 11. 2006 vom Bundesverwaltungsgericht die Bestätigung, dass er den rechtlichen Anspruch auf eine „Ausnahmegenehmigung" für das betäubungslose Schächten von 200 Rindern und 500 Schafen jährlich habe. Im Jahr 2007 beliefen sich die Antragszahlen dieses einen Metzgers auf 340 Rinder und 3.400 Schafe. (ARIWA Animal Rights Watch e. V., Bericht im Internet: „Das ‚Schächten' - Tierquälerei im Namen der Religion?" Textbezug: Veranstaltung der „Akademie für tierärztliche Fortbildung" am 14. November 2007", Internet: Datum des Abrufs: 30. 10. 2016, https://www.ariwa.org/aktivitaeten/aufgedeckt/-.../148-schaechten.html)

Im November 2008 beantragte derselbe Metzger für das im Dezember beginnende viertägige muslimische Opferfest die betäubungslose Schächtung von 45 Bullen und 470 Lämmern (Rippegather, Jutta, Bericht: „Mehr Tiere geschächtet als erlaubt", in: Frankfurter Rundschau, 19. 11. 2008, Internet: Datum des Abrufs: 30. 10. 2016, www.fr-online.de › Frankfurter Rundschau › Rhein-Main). Der Beginn des Opferfestes wurde zu diesem Zeitpunkt mit dem 08. 12. 2008 festgelegt. Die Dauer des Festes belief sich - wie üblich - auf insgesamt vier Tage (siehe dazu: Universität Augsburg, Bayerischer Landesverein für Heimatpflege e. V., Bayerischer Rundfunk; Internetartikel: Brauchwiki - Opferfest, Stichwort: „Ablauf des Opferfestes", in: www.brauchwiki.de, deine heimat im netz; Autoren: Expertenteam „Dr. Brauch", Datum der letzten Änderung: 29. 10. 2012, 16:15 Uhr, Datum des letzten Abrufs: 30. 10. 2016, 16:32 Uhr; www.brauchwiki.de › Bräuche › Religion)

Innerhalb dieser vier Festtage, eventuell sogar innerhalb des ersten Tages allein, sollten also 515 Tiere geschächtet werden.

Wäre hier auch nur eine Gleichverteilung der Schächtungen auf vier Tage gemeint, dann hätte man rund 128 betäubungslose Schächtungen pro Tag vorgenommen – eine „Leistung", die industriellen Standards der Fleischproduktion schon sehr nahe kommt.

Bis November 2008 hatte die vorgenannte Metzgerei 100 Rinder und 2.100 Schafe ihres jährlichen Kontingents bereits geschächtet (Rippegather, Jutta, Bericht: „Mehr Tiere geschächtet als erlaubt", a. a. O.). Für die Jahre 2013 und 2014 nennt die Frankfurter Rundschau jährlich jeweils die vorab behördlich genehmigte Schächtung von 5.200 Schafen und 104 Rindern im Aßlarner Schlachtbetrieb.

Mittlerweile gab der Inhaber seine Metzgerei auf und meldete im März 2014 das Gewerbe ab. Der Sohn beantragte nun die weitere Betriebserlaubnis und wies daraufhin, dass er beabsichtige, sein „Halal"-Fleisch fortan nicht nur an bekannte Einzelpersonen und Moscheegemeinden, sondern auch an Geschäfte des offenen Marktes - zum Beispiel Supermärkte – zu verkaufen. Nach Auskunft des zuständigen Kreis-Ordnungsamtes dürfen jedoch keine Rinder mehr geschächtet werden, da für diese Schlachttierart nun die Fachkompetenz des Vaters fehle. (Rippegather, Jutta, Bericht: „Schächten ohne Betäubung", in: Frankfurter Rundschau, 28. 06. 2015, Internet: Datum des Abrufs: 30. 10. 2016, www.fr-online.de › Frankfurter Rundschau › Rhein-Main; siehe ebenfalls: PETA Deutschland, Internetbericht am 02. 07. 2014: „Schächt-Schlachthof Aßlar aufgegeben", Internet: Datum des letzten Abrufs: 30. 10. 2016, www.veganblog.de/2014/07/schaecht--schlachthof-asslar-aufgegeben/)

Fazit:

Hier wurde nicht ausnahmsweise und einzelfallbezogen ein Tieropfer dargebracht, hier wurde en masse tagein, tagaus betäubungslos geschlachtet.

Das Internet-Magazin „Focus Online" nennt für Deutschland eine Schätzzahl von insgesamt 500.000 Schafen, die jährlich illegal betäubungslos geschächtet werden (Focus Online, 07. 07. 2008, Thema Tierschutz: „Verbot von Schächtungen seitens Tierärzten gefordert", Internet: Datum der Abfrage: 30. 10. 2016, www.focus.de › Panorama › Vermischtes). Diese Zahl wird von Tierschutzorganisationen wie „ARIWA Animal Rights Watch e. V." und dem „Bund gegen Missbrauch der Tiere e. V." ebenfalls genannt (ARIWA Animal Rights Watch e. V., Bericht im Internet: „Das ‚Schächten' - Tierquälerei im Namen der Religion?", a. a. O., sowie: Bund gegen Missbrauch der Tiere e. V. (bmt), Internetbericht: „Schächten – betäubungsloses Schächten", 2016, Internet: Datum der letzten Abfrage: 30. 10. 2016, www.bmt-tierschutz.de/schaechten/)

Dies ist eine ältere, aber immer noch plausible Schätzung: Die Zahl der Schächtungen dürfte im Zeitablauf und mit Blick auf eine jetzt weitaus höhere Zahl muslimischer Glaubensangehöriger eher noch gestiegen sein.

Wenn wir beachten, dass hier weitere Schlachttierarten ungenannt bleiben – ganz zu schweigen von den Schächtzahlen für Geflügel -, so darf man annehmen, dass (ohne Geflügel) die genannte halbe Million der in deutschen Schächt-Schlachthöfen und privaten Hinterhof-Schlachtungen jährlich betäubungslos zur Tötung gelangten Tiere weit überschritten wird:

Gemäß dem „Fleischatlas 2014" wurden in Deutschland im Jahr 2012 1.085.000 Schafe und 3.244.000 Rinder geschlachtet (Kooperationsprojekt Heinrich-Böll-Stiftung, Bund für Umwelt u. Naturschutz Deutschland und Le Monde diplomatique: „Fleischatlas 2014", S. 21, 1. Auflage im Januar 2014, Berlin; Internet: Datum der letzten Abfrage: 30. 10. 2016, https://www-.boell.de/sites/default/files/fleischatlas2014_vi.pdf)

Bezogen auf die Schlachtung von Schafen haben wir mit einer geschätzten halben Million illegal betäubungslos geschächteter Tiere gegenüber rund einer Million „normaler" Schlachtungen ein Zahlenverhältnis, das nicht übermäßig weit auseinanderklafft: Die Zahlen für eine Ausnahme von der Regel sehen anders aus.

Für Rinder sind - wie bei Schafen - bundesweite Gesamtzahlen zur betäubungslosen Schächtung nicht erhältlich. Auch eine Statistik der bundesweit erteilten Ausnahmegenehmigungen wird nicht geführt. Auf Anfrage beim Bundesministerium für Ernährung und Landwirtschaft erhält man folgende Auskunft:

„Das Tierschutzgesetz sieht eine statistische Erfassung der Ausnahmegenehmigungen für ein Schlachten ohne Betäubung auf Bundesebene nicht vor. Daher können Sie weitere Informationen von den für den Vollzug der tierschutzrechtlichen Vorschriften zuständigen Landesbehörden selbst erfragen, da nach § 15 Absatz 1 des Tierschutzgesetzes die Durchführung der tierschutzrechtlichen Vorschriften, unter anderem auch die Erteilung der Ausnahmegenehmigung für ein Schlachten ohne Betäubung, den nach Landesrecht zuständigen Behörden obliegt." (Bundesministerium für Ernährung und Landwirtschaft (BMEL), E-Mail-Auskunft auf Anfrage von V. Mariak, 21. 04. 2016)

Eine Anfrage bei der Bundestierärztekammer e. V. ergab, dass dort keine entsprechenden Informationen vorliegen. Man verweist auf das „bsi" in Schwarzenbek und ältere, frühestens sechs Jahre zurückliegende Schätzdaten:

„Eine zentrale statistische Erfassung erteilter Ausnahmegenehmigungen gemäß § 4a Abs. 2 Nr. 2 TierSchG besteht nicht.

Das Beratungs- und Schulungsinstitut für Tierschutz bei Transport und Schlachtung (bsi) in Schwarzenbek hat vor einigen Jahren Schätzungen über die Anzahl betäubungslos geschlachteter Tiere erhoben, die aber schon mehr als sechs Jahre zurückliegen." (Bundestierärztekammer e. V., E-Mail-Auskunft auf Anfrage von V. Mariak, 02. 05. 2016)

Durchgeführt wurde daraufhin bei den zuständigen Länderministerien eine eigene Nachfrage, um zu eruieren, ob Jahresstatistiken zu Schächtungszahlen und erteilten Ausnahmegenehmigungen erhältlich sind – wenn möglich differenziert nach Schlachttierarten. Eine Rückmeldung liegt nun für alle Bundesländer vor: Vierzehn Ministerien verneinen für die Jahre 2013, 2014 und 2015 die Erteilung von Ausnahmegenehmigungen. Einzig die Länder Niedersachsen und Hessen melden für die Jahre 2013 bis 2015 drei bzw. vier Ausnahmegenehmigungen. Die Zahlen der betäubungslos geschächteten Tiere sind wie folgt auszuweisen:

Tabelle 3:
Legal betäubungslos geschächtete Tiere
im Zeitraum 2013 – 2015

Bundesland / Jahr	Schafe	Rinder	Ausnahme-Genehmigungen
In Niedersachsen:			
2013	164	0	1
2014	187	0	1
2015	223	0	1
In Hessen: 1)			
2013	2.500	104	2
2014	1.647	0	1
2015	2.265	0	1
Übrige Bundsländer			
2013	0	0	0
2014	0	0	0
2015	0	0	0

1)
Die Zahlen für Hessen beziehen sich wohl primär auf den Schächt-Schlachtbetrieb in Aßlar. Dort werden seit einigen Jahren auch keine Rinder mehr geschächtet, da nach der Betriebsübergabe vermutlich die Fachkompetenz dafür fehlt.

Die offiziell genannte Zahl betäubungslos geschächteter Tiere ist somit sehr gering. In den drei Jahren wurden „nur" 104 Rinder betäubungslos geschächtet. Die Gesamtzahl betäubungslos geschächteter Schafe beträgt 6.986 Tiere. Es ist zu fragen, inwieweit diese amtlichen Zahlen das tatsächliche Gesamtbild betäubungsloser Schächtungen aufzeigen. Mit Blick auf die „Halal"-Fleischwirtschaft und den nach Hunderttausenden zählenden Zuwachs an muslimischen Gläubigen in Deutschland resultiert der Verdacht, dass hier nur die Spitze des Eisbergs zu sehen ist:

Die Zahl der illegalen Schächtungen dürfte aber auch ohne die Berücksichtigung muslimischer Bevölkerungszuwächse – und damit Neukonsumenten - erheblich größer sein, als diejenige der amtlich erfassten, legalen Schlachtungen ohne Betäubung.

Interessant sind in diesem Kontext die Angaben von Prof. Jörg Luy über bekannte, legale Schächtungen, die hier eine weitere Orientierungshilfe bieten. Seine Daten basieren auf persönlichen Auskünften aus dem bereits erwähnten „bsi" in Schwarzenbek (Dr. Martin von Wenzlawowicz, Dr. Karen von Holleben):

„Von Wenzlawowicz & von Holleben (pers. Mitteilung Anfang 2008) beziffern die Zahl betäubungsloser Halal-Rinderschlachtungen in Deutschland auf etwa 250 bis 500 Tiere pro Jahr. Dem stehen in Deutschland jährlich 47.000 bis 90.000 Halal-Rinderschlachtungen unter Betäubung für den Inlandsmarkt gegenüber (davon 42.000 bis 80.000 halal-zertifiziert); und dazu kommen noch weitere 80.000 bis 150.000 halal-zertifizierte Rinderschlachtungen unter Betäubung für den Export (EU und Afrika). Ähnlich deutlich zeigt sich die Anerkennung von Betäubungsverfahren auch bei den Schafschlachtungen. Offiziell stehen in Deutschland 3.000 betäubungslosen Halal-Schafschlachtungen pro Jahr etwa 1,5 Mio. Halal-Schafschlachtungen mit Betäubung gegenüber."

(Luy, Jörg: „Das Dilemma des religiösen Schlachtens", in: Caspar, Johannes u. Harrer, Friedrich (Hrsg.): Das Recht der Tiere und der Landwirtschaft, a. a. O., S. 68)

Problematisch ist hier die Aussage zu den offiziell genannten Schaf-Schlachtungen. Wie vorgenannt wurden gemäß dem „Fleischatlas 2014" in Deutschland im Jahre 2012 1.085.000 Schafe insgesamt legal geschlachtet.

Da die Zahl der „Halal"-Schafschlachtungen (mit und ohne Betäubung) in der „bsi"-Mitteilung 2008 mit über 1,5 Millionen beziffert wird, bestehen zwei Möglichkeiten: Entweder setzt der „Fleischatlas 2014" die Zahl der legal geschlachteten Schafe zu niedrig an und rechnet zum Beispiel – unter Ausblendung der „Halal"-Schächtungen - nur die Schlachtungen nach westeuropäischen Standards ein. Oder es liegt im Zeitraum der Jahre 2008 bis 2012 ein ungewöhnlich starker Rückgang der „Halal"-Schlachtungen vor. Sollte der wahrscheinlichere erste Fall zutreffen, dann müsste man die Zahlen beider Quellen addieren und käme auf eine Schätzgröße von 2.588.000 legal geschlachteten Schafen insgesamt.

Um die Verwirrung zu vervollständigen: Laut aktueller Auskunft des Bundesinstituts für Risikobewertung (BfR) liegt die Anzahl der Schaf-Schlachtungen 2015 deutlich niedriger: Auf die Frage, wie viele Schafe in Deutschland jährlich geschlachtet werden, antwortete das Institut unter Verweis auf das Statistische Bundesamt, es würden rund zwei Millionen Schafe geschlachtet. (Bundesinstitut für Risikobewertung (BfR), Frage: „Wie viele Ziegen (Schafe) werden in Deutschland jährlich geschlachtet", Stand: 18. 06. 2016, Bundesministerium für Ernährung und Landwirtschaft (BMEL), Berlin; Internet: Datum des letzten Abrufs: 30. 10. 2016, www.bfr.bund.de/cd/6009)

Wie diffizil es sein kann, korrekte statistische Aussagen zu legalen, offiziell registrierten Schlachtungen zu erhalten, zeigt sich an den Zahlen des Statistischen Bundesamtes selbst. Ab dem Jahre 2009 wurden aufgrund einer neuen EU-Verordnung über die Viehbestands- und Fleischstatistik statistische Änderungen eingeführt. Damit ist ein Vergleich der Schlachtzahlen ab 2009 mit den Werten der Vorjahre nur noch eingeschränkt möglich. Und selbst offizielle Zahlen nach der statistischen Zäsur lassen Spielraum für Spekulation.

Zum Beispiel:

Während man noch 2008 nur die Schlachttierart Schafe auswies, wurde ab 2009 mit statistischer Logik stets zwischen Schafen und Lämmern differenziert wie zwischen zwei unterschiedlichen Tierarten. Wer diese statistische Zäsur übersieht, gerät auf einen Irrweg. Übernimmt man die Teilzahlen des Statistischen Bundesamtes für gewerbliche Schlachtungen von Schafen und Lämmern inländischer und ausländischer Herkunft und rechnet die ebenfalls vermerkten Hausschlachtungen dazu, so ergeben sich für das Jahr der statistischen Zäsur (2009), das Vergleichsjahr mit dem „Fleischatlas 2014" (2012) und das statistisch aktuellste Jahr (2015) folgende Werte:

Tabelle 4:
Gemäß der offiziellen Statistik geschlachtete Schafe & Lämmer

Jahr / Schlachttiere	Schafe	Lämmer	Schafe & Lämmer
2009	212.746	836.303	1.049.049
2012	150.270	929.577	1.079.847
2015*	123.868	926.244	1.050.112

* Für das Jahr 2015 weist das Statistische Bundesamt vorläufige Schätzungen aus.

(Eigene Berechnung, Quelle: Statistisches Bundesamt, DE-STATIS, GENESIS-Online-Datenbank, Stand: 30. 06. 2016, Ergebnis – 41331 – 0001: Tabelle: „Geschlachtete Tiere, Schlachtmenge, Deutschland, Jahre, Tierarten, Schlachtungsart"; „Schlachtungs- und Schlachtgewichtsstatistik Deutschland", „Schafe / Lämmer", Wiesbaden 2016, Internet: Datum des letzten Abrufs: 31. 10. 2016, https://www.destatis.de/DE/-ZahlenFakten/Datenbanken/GENESIS_Online.html)

Die Tabelle zeigt, dass selbst im Vergleich mit der im „Fleischatlas 2014" genannten Zahl geschlachteter Schafe und Lämmer (1.085.000 Schlachttiere, „Fleischatlas 2014", Hrsg. Kooperationsprojekt Heinrich-Böll-Stiftung u. a., a. a. O.) keine präzise Übereinstimmung vorliegt, wenngleich die Differenz auch recht gering erscheinen mag.

Wie diese Zahlen des Statistischen Bundesamtes jedoch zu der Aussage des Bundesinstituts für Risikobewertung (BfR) passen, das mit der Quellenangabe „Statistisches Bundesamt" von rund zwei Millionen geschlachteten Schafen (und Lämmern) ausgeht, bleibt offen für Mutmaßungen. Sollten in den Zahlen der Tabelle 4 die „Halal"-Schlachtungen fehlen, so würde sich bei entsprechender Addition natürlich ein statistischer Sinn ergeben.

Gehen wir zurück zu Daten, die speziell für die Schlachtart „Schächten" vorliegen. Eigene wertvolle Zahlen, die trotz ihres Alters eine wichtige Orientierungshilfe bieten, berichtet das „bsi" Schwarzenbek in einem entsprechenden Report. Das „bsi" führte für die Jahre 2006 und 2007 (mit Schätzungen für 2008) eine empirische Studie durch, die sich speziell mit den „Halal"-Schlachtungen in Deutschland befasste. Für die legale betäubungslose Schächtung von Rindern erwähnt der Report folgende Zahlen:

„In the only slaughter plant in Germany, which up to now has a permanent permission for slaughter without stunning the incidence is between 250 and 350 cattle a year (for 2007 200 cattle were slaughtered within the first 10 month; for 2008 between 400 and 500 cattle are aimed at), so it is roughly 0.01% to of the overall cattle slaughter in Germany."

(Von Wenzlawowicz, Martin, and von Holleben, Karen (P2): "Deliverable 2.1, WP2 – report on the incidence and scale of practises of ritual slaughter in Germany", project DIAREL, Schwarzenbek. November 2007, S. 2)

Gemeint ist hier vermutlich der Schächt-Schlachtbetrieb in Aßlarn. Im Ganzen zeigt sich: Bei einer Gesamtzahl von 47.000 bis 90.000 Rindern, die jährlich in Deutschland mit Betäubung geschächtet werden, plus einer Gesamtzahl von 80.000 bis 150.000 geschächteten Rindern, die per Import nach Deutschland gelangen, resultiert insgesamt ein „Schächtungsvolumen" von 127.000 bis 240.000 Tieren.

Diese Rinder sind als „Halal"-Fleisch nur für den deutschen Markt bestimmt und befriedigen primär die Nachfrage muslimischer Konsumenten (Von Wenzlawowicz, Martin, and von Holleben, Karen (P2), a. a. O., S. 5). Vorliegende Zahlen errechnen sich auf der Basis der Erhebungen für 2006 und 2007. Bei einem boomenden „Halal"-Fleisch-Markt lässt sich für die aktuelle Situation 2015 / 2016 eine deutliche Steigerung erwarten. Für die Schächtung von Schafen berechnet das „bsi" folgende Werte:

"In the only slaughter plant in Germany, which up to now has a permanent permission for slaughter without stunning the incidence was for 2007 estimated 2220 (1546 for 1-10 / 07 > 1855 estimated for 1-12 / 07 + 365 Kurban (numbers from 06). This is 0.1% of the total sheep slaughter capacity in Germany.

The owner of the slaughter plant is member of a conservative religious community and his customers are conservative Sunnite Muslims in Germany." (Von Wenzlawowicz, Martin, and von Holleben, Karen (P2), a. a. O., S. 6)

Auch hierbei ist wohl der Aßlarner Schächt-Schlachtbetrieb gemeint. Bei Schafen sind die Gesamtzahlen weitaus schwieriger einzuschätzen als bei den Rinder-Schächtungen, da illegale Schächtungen das Bild gravierend verzerren und selbst offizielle Angaben Lücken aufweisen.

Gemäß amtlichen Meldungen werden rund 3.000 Schafe jährlich betäubungslos geschächtet und etwa 1.500.000 Tiere erfahren eine Schächtung mit Betäubung (s. S. 48: Bericht von J. Luy nach Auskunft des „bsi" im Jahr 2010). Das „bsi" geht jedoch davon aus, dass die tatsächlichen Gesamtzahlen weit höher liegen: Die Schätzung lautet - wie früher bereits erwähnt – auf 250.000 bis 500.000 Schafe, die ohne Betäubung geschächtet werden und errechnet hinsichtlich der Schächtungen mit Betäubung die Zahl von 1.000.000 bis 1.250.000 Tieren. Die Schächtung - mit und ohne Betäubung - erleiden demnach insgesamt bis zu 1.750.000 Schafe. (Von Wenzlawowicz, Martin, and von Holleben, Karen (P2), a. a. O., S. 8)

Nicht nur kriminologisch sinnvoll wäre ergänzend die empirische Prüfung der polizeilich aufgedeckten und abgeurteilten illegalen Schächtungen anhand kriminal- und strafrechtstatistischer Daten. Dies böte für das Gesamtbild „betäubungslose Schächtungen" einen weiteren wichtigen Puzzlestein. Auch hier bestehen jedoch erhebliche statistische Probleme: Eine zentrale, bundesweite Erfassung dieser Ordnungswidrigkeiten und Straftaten besteht nicht.

Selbst in den einzelnen Bundesländern sind die nachgefragten Daten zu illegalen Schächtungen bzw. geahndeten Verstößen gegen § 4a Abs. 2 Nr. 2 TierSchG nicht erhältlich.

Für die Gesamtheit der Bundesländer sei hier aus den Antwortschreiben der Justizministerien von Baden-Württemberg, Bayern und Schleswig-Holstein zitiert:

„Statistisch erfasst werden im Bereich der Justiz lediglich strafrechtliche Verurteilungen nach § 17 TierSchG. Eine Differenzierung nach einzelnen Nummern der Norm oder nach bestimmten Tatmodalitäten erfolgt nicht. Über Verurteilungen wegen Ordnungswidrigkeiten liegen dem Justizministerium ebenfalls keine auf einzelne Gesetze bezogene Informationen vor. Ob diese Daten im Rahmen der polizeilichen Kriminalstatistik erhoben werden, ist hier nicht bekannt [...]"

(Ministerium der Justiz und für Europa des Landes Baden-Württemberg, Stuttgart; Schreiben vom 06. 07. 2016 auf Anfrage von V. Mariak)

Das Bayerische Staatsministerium der Justiz antwortete ebenfalls verneinend und führte zusätzlich aus:

„Soweit illegale Schächtungen einen ordnungswidrigen oder strafrechtlich relevanten Verstoß gegen das Tierschutzgesetz darstellen, werden diese sowohl in der polizeilichen Kriminalstatistik als auch in der Strafverfolgungsstatistik unter der Rubrik Verstöße gegen das Tierschutzgesetz erfasst. Insoweit wird nicht näher nach dem konkreten Sachverhalt der Verstöße unterschieden."

(Bayerisches Staatsministerium der Justiz, München; Schreiben vom 13. 07. 2016 auf Anfrage von V. Mariak)

Und das Ministerium für Justiz, Kultur und Europa des Landes Schleswig-Holstein bedauert ebenfalls:

„[...] da in der Strafverfolgungsstatistik und auch in der staatsanwaltschaftlichen Statistik Ermittlungsverfahren oder Ordnungswidrigkeitenverfahren wegen des Verstoßes gegen § 4a TierschG nicht gesondert ausgewiesen werden, kann ich Ihnen leider keine Angaben zu den angefragten Daten machen." (Ministerium für Justiz, Kultur und Europa des Landes Schleswig-Holstein, Kiel; Schreiben vom 19. 07. 2016 auf Anfrage von V. Mariak)

In ähnlicher Weise erfolgten die Antworten der übrigen Justizministerien. Insgesamt zeigt sich das Bild von Länderstatistiken, die zwar Verstöße gegen das Tierschutzgesetz registrieren, diese aber nur in der Gesamtheit der Ordnungswidrigkeiten und Straftaten ausweisen. Auch die polizeiliche Kriminalstatistik (PKS) hilft in diesem Fall nicht weiter: Eine statistische Differenzierung, die es erlaubt, speziell Verstöße gegen die Ausnahmeregelung „betäubungsloses Schächten" quantitativ festzulegen, besteht nicht.

Aufgedeckte und **abgeurteilte** „illegale Schächtungen" – ob nun mit oder ohne Betäubung der Tiere bleiben somit ebenfalls im statistischen Dunkelfeld. Klarheit würde hier allenfalls eine entsprechend aufwendige Einzelauszählung vor Ort in den zuständigen unteren Behörden der Bundesländer erbringen.

In der Gesamtschau zeigt sich, dass im Zeitablauf keine tiefgreifende Besserung der Informationslage erfolgt ist. Schon vor zwei Jahrzehnten beklagte der Arzt und Chirurg Hartinger das von den befassten Behörden zu verantwortende Informations-Manko. Hartinger sprach damals insbesondere an, dass selbst die zentrale Registrierung erteilter Ausnahmegenehmigungen und Schlachtmengen geschächteter Tiere fehlt:

„In Anbetracht der Bestimmung, daß Ausnahmegenehmigungen nur für die Religionsangehörigen mit Wohnsitz
im Geltungsbereich unserer Gesetze ausgestellt werden
dürfen, ist es fernerhin unverständlich, daß es weder eine zentrale Registrierung der erteilten Genehmigungen
gibt und noch weniger eine Kontrolle der Gesamtmenge
der geschächteten Tiere. Es resultiert der Umstand, daß
bedeutend mehr Schlachttiere auf diese Weise getötet
werden, als es für die Zahl der Religionsangehörigen erforderlich wäre. Da von diesen jeweils nur ein kleiner
ausgesuchter Teil der geschlachteten Tiere verzehrt
wird, gelangt der größte Anteil dieser betäubungslos geschächteten Tiere in den normalen Handel und wird dem
Verbraucher ohne dessen Wissen über die Tötungsart
verkauft."

(Dr. Werner Hartinger: „Das betäubungslose Schächten der
Tiere – Religionsvorschrift oder Kulthandlung im 20. Jahrhundert?", S. 37., a. a. O.)

Hierzu ist fairerweise anzumerken, dass immerhin die
statistische Erfassung erteilter Ausnahmegenehmigungen in
den einzelnen Bundesländern erfolgt. Eine länderübergreifen-
de, bundesweite Kontrolle beantragter und gewährter Ausnahmegenehmigungen besteht jedoch nicht, und – wie gesagt – illegale, amtlich bekannt gewordene Schächtungen bleiben statistisch vollkommen im Dunkeln.

Ausgehend von empirisch begründeten Schätzzahlen, die eindeutig auf eine Massenschächtung und nicht auf seltene, ver-
einzelte Tieropfer hinweisen, gelangt man zu folgender weiterer Überlegung, welche ebenfalls die Annahme der Massenschächtung stützt:

Die tatsächlich durchgeführte bzw. marktwirtschaftlich angestrebte Massenschächtung wird durch die Berufshaltung muslimischer Metzger verdeutlicht, die – wie der Metzger in Aßlar
– ihre gesamte ganzjährige Schlachttätigkeit auf das betäubungslose Schächten allein ausrichten.

Hierbei ist es wenig hilfreich, dass per rechtlicher Vorgabe im
Rahmen der Ausnahmegenehmigung auch noch eine Verpflichtung nur auf das betäubungslose Schächten allein geschieht, weil aus justizieller Sicht die religiöse Glaubwürdigkeit
des Schächters nicht mehr gegeben ist, wenn er zu einem früheren Zeitpunkt oder - parallel dazu - auch mit Betäubung
geschächtet hat. (Hirt u. a., München 2016, S. 261; vgl. auch:
Natur und Recht, (NuR) 2003, S. 511, 512, Verwaltungsgericht
Stuttgart)

3. 1. 2. Das „religiöse Ritual" an der automatischen Schächtmaschine

Die Ausrichtung auf Massenschächtungen zeigt sich ebenfalls an dem genutzten betrieblichen Equipment: den professionellen Fixierungsgeräten und weiteren Schlachteinrichtungen wie zum Beispiel der sog. „Jarvis Stun Box", die eindeutig nicht für sporadische Einzelschlachtungen konzipiert sind. Generell sei der berüchtigte Weinberg'schen Umlegeapparat erwähnt, der glücklicherweise in Deutschland nicht zum Einsatz kommt, aber ein bezeichnendes Licht auf die betriebstechnische Herangehensweise der „Halal"-Fleischproduktion wirft. (Zur „Jarvis Stun Box" und weiterer Schlachtmaschinerie siehe u. a. die Fotofolge in: BZZ, Bericht: „Halal: Schächten geht auch mit Betäubung", in: Halal-Produkte in Europa - islamkonforme Lebensmittel, Pharmazeutika und Kosmetika, u. a. das Zitat des Fachjournalisten Peter Ziegler, Basel am 13. 11. 2010; Internet: Datum des letzten Abrufs: 31.10.2016, halal-produkte.-eu/?paged=24)

Daher ist es sinnvoll, auch in vorliegender Schrift kurz auf diesen Sachverhalt einzugehen, um zu zeigen, dass die maschinengestützte Massenschächtung nichts, aber auch gar nichts, mit einem religiös fundierten, zwingend erforderlichen und gottgefälligen Ritual zu schaffen hat.

Über das Schlachten per „Schächttrommel", diesem wahren Highlight pervertierter Ingenieurskunst, berichtet die Tierschutzorganisation „Animal Spirit", die auf eine in Österreich legalisierte Methode des Schächtens mit einer erst nach dem Schnitt vorgesehenen Betäubung (sogenanntem „post-cut stunning") hinweist:

"Unmittelbar nach dem Schächtschnitt (Durchschneiden der Halsschlagadern sowie der Speise- und Luftröhre bei vollem Bewusstsein) bäumen sich die gequälten Tiere unter unsagbaren Schmerzen auf und versuchen verzweifelt, sich aus dieser Foltervorrichtung zu befreien.

In einer Video-Dokumentation ist ersichtlich, wie das Tier mit all seiner Kraft versucht, in Todesangst zu fliehen und es gelingt ihm dabei ein Bein durch die Öffnung zu strecken, aus dem der blutende Kopf herausragt. Jetzt erst sollte das Tier durch das vorgeschriebene ‚post-cut stunning' betäubt werden." (Animal Spirit - Zentrum für Tiere in Not: Internetseite: „Schlachten / Schächten", 07. 01. 2006, Laaben (Österreich); Internet: Datum des letzten Abrufs: 31. 10. 2016, menschen-fuer-tiere.at/themen/nav_schlachten.html)

Und weiter heißt es in dem Bericht zur Realität der Schächt-Schlachtungen:

„Das ist in der Praxis fast undurchführbar. Denn die Schlächter hüten sich zumeist, den tödlich verletzten und in Todespanik herumschlagenden Tieren zu nahe zu kommen. Einen Bolzenschussapparat bei den um ihr Leben kämpfenden Tieren sicher anzusetzen, um sie nach dem Kehlschnitt zu betäuben, ist praktisch unmöglich." (Animal Spirit - Zentrum für Tiere in Not, a. a. O.)

Und mit Recht weisen die Autoren darauf hin, dass hier nicht nur eine besonders perfide Art von Tierquälerei stattfindet, sondern auch Mitarbeiter des Schlachthofes ernstliche Verletzungen erleiden können:

„So könnte der gesetzlich vorgeschriebene Versuch, die Tiere zu betäuben, nachdem sie vorher schwerst verletzt wurden, noch zu zusätzlicher Tierquälerei und zu einer Gefahr für die schlachtenden Menschen führen! Zudem wird diese - praktisch undurchführbare – Vorschrift unseres Wissens nach so gut wie nicht kontrolliert." (Animal Spirit - Zentrum für Tiere in Not, a. a. O.)

Der Verein gegen Tierfabriken (Schweiz) zeigt zum Thema „Schächten – rituelles Schlachten ohne Betäubung" neben entsprechenden Videos ein Werbebild der italienischen Firma Rovani.

Die dort abgebildete Schächtmaschine erbringt eine „Leistung von 80 Köpfen pro Stunde".

(Kessler, Erwin (Hrsg.): „Schächten – rituelles Schlachten ohne Betäubung", in: Verein gegen Tierfabriken (VgT), Gesamtschweizerische Tierschutz- und Konsumentenschutz-Organisation, Internetseite, Tuttwil, o. J.; Internet: Datum des letzten Abrufs: 31. 10. 2016, www.vgt.ch/doc/schaechten/)

Wer es nicht sofort glauben möchte, der Originaltext des Unternehmens lautet wie folgt:

"Cattle/Horse slaughtering line. Max. Production 80 head/hour. **Rovani Engineering & Manufacturing** supplies all the machinery and equipment for the different phases of slaughtering, sectioning, and deboning as showed in the below pictures: [...]"

(Rovani Engineering & Manufacturing S. r. l., Luzzara (Italien), Experience and Research, Internet-Werbeseite der Firma Rovani. Internet: Datum des letzten Abrufs: 31. 10. 2016, www.**rovani**.it/) Die dort aufgezeigte Fotostrecke der Tötungsmaschinen möchte der Autor dem Leser ersparen.

Offenkundig wird hier die betriebsökonomische Dimension der Branche: Nur bei größeren „Stückzahlen" lassen sich diese Schlachtereiunternehmen betriebswirtschaftlich sinnvoll - d. h. gewinnorientiert - führen. Sie werden sich somit kaum noch von „normalen" deutschen Schlachtereibetrieben unterscheiden. Welcher logisch und praxisnah denkende Mensch kann da noch annehmen, dass bei jeder einzelnen Schächtung ein präzises religiöses Ritual eingehalten wird, indem man das Opfertier mit dem Kopf nach Mekka ausrichtet, über jedem Schaf oder Rind dreimal den Namen Allahs anruft und ein Gebet spricht bzw. gar eine volständige Zeremonie durchführt - etwa vermittels der Koran-Sure 2,173? Aber der Homo sapiens ist erfinderisch:

Schächtmaschinen der oben erwähnten Art lassen sich bei Bedarf so aufstellen, dass die Köpfe der Tiere im Todeskampf nach Mekka ausgerichtet sind oder aber der Schächtschnitt Richtung Mekka erfolgt (vgl. Wikipedia, die freie Enzyklopädie, Seitentitel: „Halāl", a. a. O.). Allerdings sollte man sich bei dem angestrebten Schächttempo mit den 80 erforderlichen Gebeten (alle 45 Sekunden ein Gebet pro Schlachtopfer) wirklich beeilen:

„Der Schächtungsvorgang beinhaltet ferner eine ‚Liturgie' mit Segnungsformeln etc., die auch über dem Messer gesprochen werden: ‚Verboten hat er ... das, worüber ein anderer als Gott ausgerufen worden ist' (2,173)." (Zitat aus dem Koran nach: Evangelische Zentralstelle für Weltanschauungsfragen, Materialdienst 3 / 2002: „Zum Schächtungsurteil des Bundesverfassungsgerichts"; Internet: Datum des letzten Abrufs: 31. 10. 2016, www.ezw-berlin.de/html/15_610.php)

In einem anderen Fachtext heißt es zum Thema „rituelle Schächtformel":

„Abraham besteht die Glaubensprüfung und sein Sohn wird durch ein Opfertier ausgelöst. Daran erinnert das Opferfest, auf arabisch aid al-adha, das in der Tradition auch das große Fest genannt wird. Wie in Mina schächten weltweit Muslime Tiere. Dabei wird folgende rituelle Formel gesprochen: Im Namen Gottes. Gott ist groß. Herr, Gott, in Deinem Namen, durch Dich und für Dich. Nimm es von mir an, wie du es von deinem Freund Abraham angenommen hast."

(Matyba, Axel (Pastor, Referent für christlich-islamischen Dialog): „Das große Fest der Muslime", in: Nordkirche weltweit, Zentrum für Mission und Ökumene, Standpunkt, Hamburg, Internetseite aktualisiert am 11. 10. 2013; Internet: Datum des letzten Abrufs: 31. 10. 2016, https://www.nordkirche-weltweit.-de/interreligioeser-dialog/christlich-islamischer-dialog/standpunkt-131013-islamisches-opferfest.html)

Nach aktueller Auffassung reicht es jedoch bei maschineller Schächtung aus, wenn der muslimische „Maschinenführer" beim Drücken des Startknopfes den Namen Allahs ausspricht. (Wikipedia, die freie Enzyklopädie, Seitentitel: „Halāl", a. a. O.)

Man ist somit um eine pragmatische, dem Maschinentakt angemessene, betriebliche Vereinfachung bemüht.

Bei einem achtstündigen Arbeitstag - eine Frühstücks- und Mittagspause von insgesamt einer Stunde abgerechnet - und 560 durchschnittenen Kehlen ruft der Maschinenführer somit ebenso oft den Namen Allahs an – es sei denn, er ist vorher bereits heiser. Die oben erwähnte, im Islam vorgeschriebene rituelle Schächtformel wird er 560 Male am Tag ohnehin nur aufsagen können, wenn er damit zugleich für das Guinnessbuch der Rekorde trainiert.

Mit Blick auf diese „Rationalisierung" wird dann aber auch fraglich, ob ganzjährig und ganztägig im Massenschlachtbetrieb bei jeder Schächtung ein muslimischer Geistlicher anwesend ist, der die Schächtung kontrolliert und weiht?

Wer kann bei Massenschächtungen noch annehmen, dass die Opfertiere vorher tatsächlich voneinander getrennt werden, damit jedes einzelne Tier die Schächtung seiner Leidensgenossen und das ausfließende Blut nicht zu sehen bekommt und die Todesschreie nicht hört? Dass der Schlachtort penibel gereinigt wird, bevor man das nächste Opfertier - zum Beispiel mit Elektrotreibern - in die Fixierungsmechanismen zwingt? Und natürlich ist jedes Tier - wie im Islam vorgeschrieben – angstfrei, wenn es zur Schlachtbank geführt wird. Wer mag das glauben?

In der "Enzyklopädie des Islam" findet sich folgender ernster Rat an die muslimischen Schächter:

„Als zusätzlich dazu empfohlen (mustahab) gilt, dass auch der Schlachter sich in Richtung Gebetsrichtung (quibla) wendet, dem Tier vor der Schlachtung Wasser gereicht wird, und das Tier so zu schlachten, dass es das geringste mögliche Maß an Leid ertragen muss. Und es ist unter anderem verpönt (makruh), ein Tier an einem Ort zu schlachten, wo es andere Tiere sehen oder hören können. Daher wird angestrebt, dass sich der Schlachter für jedes Tier Zeit nimmt, zunächst das Tier beruhigt, streicheln, gut zuredet, zu trinken anbietet und erst wenn das Tier ruhig und entspannt ist, zum Schnitt ansetzt." (Enzyklopädie des Islam, Stichwort: „Islamische Schlachtung"; Internet: Datum des letzten Abrufs: 31. 10. 2016, www.eslam.de/alphabet/i.htm)

Deutlich wird hier, dass muslimische Schächter nicht einmal die eigenen religiösen Vorgaben einhalten. Bei „80 Köpfen pro Stunde" wäre es auch absurd, anzunehmen, dass der dem Akkord verpflichtete muslimische Maschinenführer jedes Tier beruhigt, streichelt, sich Zeit nimmt, usw. – ganz davon zu schweigen, dass das Tier sich wohl kaum im Zustand der Ruhe und Entspannung in der Schächttrommel befindet, bevor es „gewendet" wird, um den Schnitt anzusetzen. Und auch die Massenschächtung von 515 Tieren an den Tagen des Opferfestes (zum Beispiel im Aßlarner Schächtbetrieb) lässt schon aus Zeitgründen und wegen der Begrenztheit des Schlachtortes eine angemessene Erfüllung der genannten religiösen Vorgaben nicht zu – ob das nun „makruh" ist oder nicht.

Angesichts der betrieblich automatisierten Tötungsmaschinerie mit Schächttrommeln und anderen brutalen Fixiereinrichtungen drängt sich der Gedanke auf: Welch verquastes Gottesbild muss jemand haben, der dieses blutige Gemetzel als gottgefälliges Werk begreift und dort, wo kein Gesetz und kein Gericht Einhalt gebieten, per Schächttrommel bis zu 80 Köpfe pro Stunde halb abtrennt, um noch lebende Tiere ausbluten zu lassen?

Ist dieses „Ritual" nicht eher Blasphemie als religiös fundierte, sakrale Handlung? Wird hier wirklich geglaubt, man könne einen Gott der Liebe und Barmherzigkeit mit diesem Blutbad unschuldiger Mitgeschöpfe erfreuen? Und wird Allah nicht als der Barmherzige, der Allerbarmer gesehen?

Zitiert sei hier die „Deutsche Muslim Liga", die mit einer speziellen Schrift zum Tierschutz – mit einem „dringenden Aufruf" - wie folgt zum Tierschutz Position bezieht:

„Salamualeikum liebe Geschwister im Islam, dies soll ein dringender Aufruf sowie eine Erinnerung und Ermahnung für uns alle sein.

Der Islam kennt, wie das Judentum und das Christentum selbstverständlich auch, eine Verantwortung des Menschen für alle Geschöpfe: deren Leben und Wohlbefinden zu schützen ist und dass ihnen nicht grundlos Schmerzen, Leiden oder Schäden zugefügt werden dürfen. Der Islam geht in seinem Tierschutzgedanken sogar noch weiter und verbietet nicht nur die körperliche Misshandlung, sondern er unterbindet auch psychische und ethische Misshandlung und selbst die verbale Abwertung eines Tieres."

Des Weiteren heißt es dort:

"Leider vergessen wir oftmals die Ermahnungen von Allah Taala in allen Hinsichten. Wir Muslime müssen uns bewusst werden wie wir uns gegenüber der Tierwelt zu verhalten haben! Leider wird dieser Aspekt kaum betrachtet oder bewusst erlebt."

(Deutsche Muslim Liga (DML) e. V., Spezial: „Tierschutz im Islam", Bad Neustadt, 2012; Internet: Datum des letzten Abrufs: 31. 10. 2016, www.muslim-liga.de/spezial-tierschutz/)

An einer späteren Stelle heißt es im Text weiterhin:

„So tragen eine Reihe von Suren beispielsweise Tierna-
men, in anderen Suren wird über Tiere gesprochen bzw.
es werden Tiere in unterschiedlichstem Zusammenhang
erwähnt. Gemeinsam ist allen, dass der Mensch immer
wieder daran erinnert wird, dass Mensch und Tier gleichermaßen Teil der Schöpfung sind und dass der
Mensch sich einst vor Allah auch wegen seines Um-
gangs mit den Geschöpfen, den Tieren verantworten
muss. Alle Tiere, die im Quran erwähnt sind, werden
ausschließlich positiv aufgegriffen." (Deutsche Muslim Liga (DML) e. V., a. a. O.)

Wie passt dieses ethisch hochstehende, religiös verpflichtende
Bekenntnis zum Tierschutz zu dem blutigen Gemetzel, dass
regelmäßig an den Tagen des Opferfestes und Tag für Tag
per Schächttrommel in den Schlachtbetrieben geschieht, um
„Halal"-Fleisch zu erzeugen?

Man sollte das Kind beim Namen nennen: Das Schächten ist
kein religiös fundiertes Ritual, keine Kulthandlung, sondern
eine blosse Methode der Fleischgewinnung im Rahmen der
Speiseregeln (Huranyi, Sybille: „Neue Dissertation der Uni Basel: Schächtverbot verletzt Religionsfreiheit nicht", Reinach
(Schweiz), 02. 03. 2005, Internet: Datum des letzten Abrufs:
31. 10. 2016, www.vgt.ch/news2005/050302.htm; siehe dazu
ebenfalls: Sybille Huranyi: „Das Schächtverbot zwischen Tierschutz und Religionsfreiheit.", Basler Studien zur Rechtswissenschaft, Reihe B: Öffentliches Recht, Bd. 70, 1. Auflage,
Helbing & Lichtenhahn, 2004; Internet: Datum des letzten Abrufs: 31. 10. 2061, http://www.helbing.ch/detail/ISBN-978371-
9023522/Das-Sch%C3%A4chtverbot-zwischen-Tierschutz-
und-Religionsfreiheit)

Aus der Frankfurter Rundschau erfährt man über den Aßlarner Schächtschlachter: „Gestern hat Rüstem Altinküpe 15 Schafe ohne Betäubung geschlachtet." (Rippegather, Jutta, Bericht: „Metzger darf wieder schächten", in: Frankfurter Rundschau, 07. 07. 2012, Internet: Datum des letzten Abrufs: 31. 10. 2016, www.fr-online.de › Frankfurter Rundschau › Rhein-Main)

An einem einzigen Tag wurden also im „Fließbandverfahren" 15 Tiere betäubungslos geschächtet – die Hälfte der diesem Betrieb behördlich zugestandenen „Wochenration" von dreißig Schafen. Setzt man einen normalen achtstündigen Arbeitstag – eventuell mit entsprechender Mittagspause – voraus, dann wurden die Tiere im Halbstundentakt geschächtet. Bei Tausenden von Opfertieren und einer rechtlichen Grundsatzentscheidung, die mit Blick auf die Religions- und Berufsfreiheit alle muslimischen Metzgerkollegen des Aßlarner Schlachters in den Stand versetzt, betäubungslos schächten zu dürfen (nach strikter Einzelfallprüfung versteht sich), kommt man zu der Erkenntnis, dass die rechtliche und die logisch fundierte Definition des Begriffes „Ausnahme" weit voneinander entfernt sind.

Die rechtliche Ausnahme nimmt Bezug auf einzelne Metzger bzw. Betriebsführer. **Sie meint nicht die logisch zu erwartende Ausnahme der betäubungslosen Schächtung einiger weniger Tiere.** So gesehen kann ein größerer Schächt-Schlachthof einen gesamten Landkreis oder eine Großstadtregion mit „Halal"-Fleisch aus betäubungslosen Schächtungen versorgen und Hunderte, eventuell Tausende von Tieren – sogar über einen Jahreszeitraum hinweg - „rituell" schlachten und doch nur eine einzige Ausnahme bilden.

Wie erwähnt, wurden zum Beispiel in Niedersachsen anläßlich der Opferfeste in den Jahren 2013 bis 2015 nur drei Ausnahmegenehmigungen erteilt.

Im Rahmen dieser drei „Ausnahmen" erfolgte jedoch die (amtlich bekannte) betäubungslose Schächtung von insgesamt 574 Schafen - Tendenz jährlich steigend (Auskunft des Niedersächsischen Ministeriums für Ernährung, Landwirtschaft und Verbraucherschutz, Hannover, 11. 05. 2016; E-Mail auf Anfrage von V. Mariak).

Ob mit oder ohne Elektrokurzzeit-Betäubung der Opfertiere: Mittlerweile beteiligen sich auch deutsche Schlachthöfe unter christlicher Leitung an den rituellen Schlachtungen. Für Niedersachsen sei beispielhaft ein Schlachtbetrieb erwähnt, der legal und mit Betäubung schächtet. Jedes Jahr zum muslimischen Opferfest setzt zu diesem Betrieb eine wahre Pilgerfahrt ein:

„Und deshalb parken heute, am 10. Tag des 12. Monats im Mondkalender, so viele Autos vor dem Schlachthof Piepmeier in Elsfleth, Landkreis Wesermarsch. Die Autos kommen aus Bremen, Cuxhaven, Oldenburg, Verden oder Westerstede, die Fahrer aus der Türkei, aus Gambia, Elfenbeinküste, Tunesien oder Syrien."

(Krogmann, Karsten, Bericht: „Halal-Schlachter in Elsfleth – Ein Lamm für Allah und die Armen", Nordwest Zeitung Oldenburg / NWZ Online, 25. 09. 2015; Internet: Datum des letzten Abrufs: 01. 11. 2016, www.nwzonline.de › Nachrichten › Wirtschaft › Weser-Ems)

Und weiter heißt es in dem Bericht der „Nordwest Zeitung":

„Piepmeier ist der einzige Schlachthof weit und breit, in dem das Fleisch ‚halal' ist: erlaubt nach islamischem Recht. Bei Piepmeier werden keine unreinen Schweine geschlachtet, bei Piepmeier führen nur gläubige Moslems das Messer, bei Piepmeier dürfen sich die Gläubigen ihr Schaf selbst aussuchen. 300 Lämmer werden heute sterben, am ersten Tag des Opferfestes.

Schäfer Tiedemann bringt 20 aus Bremervörde, Schäfer Sudbrink 70 aus Lemwerder, ein Viehanhänger nach dem anderen rangiert ans Gatter." (Krogmann, Karsten, Bericht: „Halal-Schlachter in Elsfleth – Ein Lamm für Allah und die Armen", a. a. O.)

Natürlich wird auch in anderen Bundesländern - oftmals in deutschen Metzgereien mit nichtmuslimischer Betriebsführung – „halal" geschlachtet, da hier erheblicher Profit winkt. Für Nordrhein-Westfalen ist zum Beispiel der Hof Königshausen nahe Bottrop zu nennen, der mit der Ausrichtung des Opferfestes auf dem eigenen Land im Internet wirbt (Slogan: „Am 01. und 02. September 2017 können Familien das islamische Opferfest auf unserem Hof feiern") und sein „Halal"-Fleisch selbst im Videoportal des ZDF-Fernsehens anpreisen lässt:

"Helal geschlachtet zum Opferfest
Aber gerade vor dem Opferfest geht auch Fleisch: Von Anfang an garantiert der muslimische Metzger Isa Öztürk, dass das Fleisch, das auf dem Hof geschlachtet wird, auch helal ist. Mit seinem muslimischen Direktvertrieb läuft der familiengeführte Bauernhof außer Konkurrenz."

(ZDF-Mediathek, Format: „Forum am Freitag", am 03. 10. 2014, Internet: Datum des letzten Abrufs: 01. 11. 2016, https://webcache.googleusercontent.com/search?q=cache:46klTA6-ll8gJ:https://www.zdf.de/kultur/forum-am-freitag/selbererntenstatt-supermarkt-regio-bio-und-halal-food-100.html+&cd=1&hl=de&ct=clnk&gl=de)

Und die Eigenwerbung lautet:

"Am 01. und 02. September 2017 können Familien das islamische Opferfest auf unserem Hof feiern. Zum Kurban Bayrami bieten wir Bullen und Rinder folgender Fleischrassen an [...] Schafe verschiedener Rassen [...]

Tiere können ab der Ramazan Bayrami Zeit besichtigt und reserviert werden [...] Auf Wunsch können Sie Ihre Tiere fachgerecht zerteilen lassen. Knochensäge und Messerschleifgerät stehen zur Verfügung. [...]" (Internet-Werbeseite des Hofes Königshausen: Hof Königshausen, Stichwort: Kurban Bayrami 2017; Internet: Datum des letzten Abrufs: 01. 11. 2016, www.hof-koenigshausen.de/Kurban_Bayrami.htm)

Der Hof Königshausen wird Fernsehzuschauern auch durch die WDR-Sendung „Land & Lecker" bekannt sein (WDR-Fernsehfolge „Land & Lecker" vom 05. 09. 2016). Zu verdeutlichen ist hier fairerweise, dass nach Auskunft des zuständigen Veterinäramtes die „Halal"-Schlachtungen legal, mit Betäubung und unter Überwachung der zuständigen Amtstierärzte erfolgen.

Das Beispiel zeigt jedoch sehr gut, wie betriebswirtschaftlich lohnend die „Halal"-Fleischproduktion mittlerweile auch für nichtmuslimische Unternehmen ist. Mit Blick auf den Absatzmarkt heißt es in einem Bericht des Bayerischen Rundfunks (BR 24) dazu:

„Denn der Markt ist riesig. In Deutschland leben über vier Millionen Muslime, die bis zu fünf Milliarden Euro jährlich für Nahrungsmittel ausgeben. Weltweit liegt der Umsatz mit Halal-Lebensmitteln bei 650 Milliarden US-Dollar im Jahr! Tendenz steigend. Fast ein Viertel der Weltbevölkerung glaubt an den Islam. Was für ein Kundenkreis! Um den bemühen sich auch bayerische Unternehmen, wie zum Beispiel die Firma Höhenrainer. Der Putenwursthersteller produziert schon seit mehreren Jahren halal und macht daraus auch kein Geheimnis. Auf der Homepage wird sehr ausführlich über die Kriterien der Halal-Produktion informiert. Das ist eher selten."

(Biedermann, Henning, Internetbericht: „Muslime in Deutsch-land, Wirtschaftsfaktor Halal", Bayerischer Rundfunk / BR 24, 04. 12. 2015; Internet: Datum des letzten Abrufs: 01. 11. 2016, http://www.br.de/nachrichten/halal-islam-muslime-100.html)

Und der Bericht des Bayerischen Rundfunks (BR 24) fährt fort:

> „Ein fränkisches Familienunternehmen zeigt da wesent-lich mehr Zivilcourage. Beim Schlachtbetrieb Bärlein-Denterlein setzt man auf Information und hat auch das Bayerische Fernsehen schon zweimal die Halal-Produk-tion filmen lassen. Der Betrieb mit 200 Abnehmern in Süddeutschland schlachtet nur Schafe und Rinder, Schwein ist tabu. Zertifiziert und regelmäßig kontrolliert wird die Firma durch Adel El Rezgui, den Halal-Beauf-tragten des Islamischen Zentrums in München." (Bieder-mann, Henning, Internetbericht: „Muslime in Deutsch-land, Wirtschaftsfaktor Halal", a. a. O.)

Die Liste der „Halal"-Schlachtereien in den einzelnen Bundes-ländern ließt sich wie ein „Who is who" der Fleischindustrie: Wiesenhof, Süddeutsche Truthahn AG, Bayerische Milch-industrie, Heinrich Manten Qualitätsfleisch vom Niederrhein GmbH & Co KG, usw. Wikipedia nennt bereits für das Jahr 2010 die Zahl von rund 400 deutschen Firmen, die „Halal"-Fleisch anboten (Wikipedia, die freie Enzyklopädie, Seitentitel: „Halāl", a. a. O.)

Andere Unternehmen warten auf den für sie günstigsten Zeit-punkt, um in den boomenden Markt einzusteigen und werden aktuell nur durch die befürchtete offene Ablehnung und Ver-weigerung ihrer nichtmuslimischen Kundschaft vom entschei-denden betriebswirtschaftlichen Schritt abgehalten. Über den Konzernriesen VION Food heißt es in der Fachpresse zum Beispiel:

„Leider gäbe es derzeit die sehr effiziente ,Jarvis Stun Box' zwar an drei Schlachthöfen von VION in Crailsheim, Furth i. W. und Bad Buchloe, doch würden diese ca. 75.000 Euro teuren Apparaturen nicht für Halal-Schlachtungen benutzt. ,Dabei fehlt eigentlich an der ,Stunning Box' nur ein Muslim als Schlachter', sagt Ziegler, ,und VION weiß dies auch. Dennoch lässt der Konzern in Grossbritannien lieber ohne jede Betäubung schlachten und kommt damit auch mit konservativen Muslimen nicht in Konflikt."

(BZZ, Bericht: „Halal: Schächten geht auch mit Betäubung", in: Halal-Produkte in Europa - islamkonforme Lebensmittel, Pharmazeutika und Kosmetika; u. a. das Zitat des Fachjournalisten Peter Ziegler, Basel am 13. 11. 2010; Internet: Datum des letzten Abrufs: 31.10.2016; halal-produkte.eu/?paged=24)

Bei VION stand man somit bereits im Jahr 2010 vermittels teurer Investitionen am Start und wartete auf eine zeitnahe Nutzungsmöglichkeit der Schächtmaschinen, um direkt auch am Standort Deutschland „halal" produzieren zu können.

Folgt man der gesunden Logik, die eine Ausnahmeregel über die Anzahl geschächteter Tiere und nicht über die Anzahl der Antragsteller definiert, so resultiert die Frage: Befinden wir uns nicht auf dem besten Wege, aus der Ausnahme-Schlachtung eine Regel zu formen?

Nicht vergessen sollte man in diesem Zusammenhang, dass Schächten – ob mit oder ohne Betäubung – grausam und rational nicht begründbar ist. Daran können auch sinnige Praxis-Vorgaben der deutschen Tierschutz-Schlachtverordnung (TierSchlV) nichts ändern - obwohl sie immerhin das Schlimmste verhüten helfen.

Zu bedenken ist – einmal abgesehen von der Ausnahmeregelung des § 4a Abs. 2 Nr. 2 TierSchG -, dass die Mindestfor-
derung nach der Betäubung vor den Kehlschnitten und dem
Ausbluten bereits einen schwerwiegenden Kompromiss des
Tierschutzes darstellt.

3. 2. Resultierende Fragen

a)

Die Ausnahmegenehmigung steht und fällt mit der Einhaltung verbindlicher religiöser Verhaltensregeln beim Vollzug der betäubungslosen Schächtung (siehe dazu: Hirt u. a., München 2016, S. 261 f.). Der erste Prüfgrundsatz für das Vorliegen „zwingender Vorschriften" lautet daher auch: „Es kommt auf den gelebten und praktizierten Glauben an." (Hirt u. a., a. a. O., S. 257, dort zitiert nach: Kimpfel-Neumayer, Amtstierärztlicher Dienst (AtD) 2010, S.19 ff.)

Werden diese Rituale nicht eingehalten, ist davon auszugehen, dass kein ernsthaft gelebter und praktizierter Glaube der Schächter vorliegt.

Nur: Wer kontrolliert vor Ort die Einhaltung der religiösen Riten? Sicher nicht das Veterinäramt, denn dieses ist nicht kompetent, um muslimische Liturgien und korrekte Koran-Zitate beurteilen zu können. Ganz bestimmt wird die Exekutive auch keinen unabhängigen Islamwissenschaftler bzw. Imam mit der alltäglichen Vor-Ort-Prüfung im Schlachthof beauftragen. Wie verfährt man also? Oder handelt man einfach nach der Devise: Kontrolle ist gut, Vertrauen ist besser?

b)

Ausgehend von jährlichen und täglichen Massenschächtungen gemäß den betriebsökonomischen und marktwirtschaftlichen Erfordernissen der „Halal"-Fleischproduktion (mittlerweile einer der wichtigsten, stark expandierenden Märkte auf dem Lebensmittelsektor) resultiert die Gretchenfrage: Ist der Begriff „rituelles Schlachten" nicht genauso unzutreffend und irreführend wie der Hinweis auf den Ausnahmecharakter betäubungsloser Schächtung? Letzterer hält schon im Lichte der unkontrollierten, mehr oder weniger obskuren „Halal"-Fleisch-Importe keiner Prüfung stand.

So stützt zum Beispiel folgendes Statement der „Animal Rights Watch" die Annahme vermehrter Schächtung:

„Verweigert ein Amtstierarzt das betäubungslose Schlachten, werden oftmals Gerichte bemüht, die sich derzeit mehrheitlich für die Religionsfreiheit entscheiden und das Verbot eines Antrages aufheben." (ARIWA Animal Rights Watch e. V., Internet-Text: „Das ‚Schächten' - Tierquälerei im Namen der Religion?", a. a. O.)

c)
Schließlich: Wie können Ausnahmegenehmigungen zur betäubungslosen Schächtung erteilt werden, wenn sich doch klar abzeichnet, dass die gesetzlichen Prämissen nicht mehr gegeben sind, wenn also massenhaft betäubungslos geschlachtet wird – weit entfernt von irgendeinem religiösen Gesamtritual, das doch juristisch als Hauptprämisse der Erlaubnis zum betäubungslosen Schächten festgelegt wurde?

Die Tierschutzorganisation „pro iure animalis" verweist in diesem Kontext auf die klare Entscheidung des Europäischen Gerichtshofes für Menschenrechte:

„In diesem Zusammenhang sei auch ein Urteil des Gerichtshofs für Menschenrechte in Straßburg / EGMR (Application no.274 177 95) angeführt: Verbot des Schlachtens ohne Betäubung verstößt nicht gegen Religionsfreiheit. Rituelles Schlachten ist kein Gottesdienst."

(pro iure animalis, Hrsg.: Arbeitskreis für Umweltschutz und Tierschutz – Bundesarbeitsgruppe gegen betäubungsloses Schächten, Sonderdruck: „Informationen über das betäubungslose Schächten von Tieren", 8. überarbeitete Auflage, Februar 2013; Internet: Datum des letzten Abrufs: 01. 11. 2016, http://www.pro-iure-animalis.de/dokumente/schaecht_-sonderdruck_www.pdf)

Wenn jedoch das Schächt-Schlachten selbst durch höchst-richterliches, europäisches Urteil seiner religiösen Verbrämung entkleidet wurde:

Warum sieht der deutsche Gesetzgeber keinen Handlungs-bedarf und schafft die Norm der Ausnahmegenehmigung (§ 4a TierSchG Abs. 2 Nr. 2), die eindeutig auf unhaltbare religiöse Begründungen abstellt, nicht endlich ersatzlos ab?

4. Seelennotstand der Schächter

4. 1. Die Kluft zwischen Sein und Sollen: Prüfung der Gewissensnot

4. 1. 1. Veterinärämter und untere Gerichte: Schiedsstellen religiöser Glaubwürdigkeit

Wie im Kommentar zum TierSchG (Hirt u. a., München 2016, S. 258 ff.; siehe auch: Kimpfel-Neumayer, Christine: „Grundsätze zur Genehmigung des Schlachtens ohne Betäubung (Schächten)", in: Amtstierärztlicher Dienst (AtD) 2010, S.19 ff.) ausgeführt wird, sind die zuständigen Behörden vor Erteilung der Ausnahmegenehmigung gehalten, eine Reihe von Prüfpunkten abzuarbeiten. So beinhaltet die Prüfung der „zwingenden religiösen Vorschriften" auch die Beurteilung des Seelenzustandes der Antragsteller:

Eine der zu klärenden Hauptfragen lautet: Setzt die Glaubensgemeinschaft eine verbindliche Verhaltensregel, die für den Antragsteller eine solche Relevanz besitzt, dass ihre Nichteinhaltung unausweichlich zu ernsthafter Gewissensnot führt und den Ausschluss aus der Glaubensgemeinschaft bedeutet? (Hirt u. a., a. a. O., S. 259; vgl. auch: Neue Juristische Wochenzeitschrift (NJW), 2001, 1227: Bundesverwaltungsgericht, Stichwort: „unausweichliche seelische Bedrängnis")

Mit der Abprüfung dieser möglichen Gewissensnot, dieses eventuell vorhandenen „schwerwiegenden Gewissenskonfliktes" und der „unausweichlichen seelischen Bedrängnis", sind im Einzelfall zunächst die Veterinärämter beauftragt und – bei rechtlichen Konflikten - nachfolgend die unteren Gerichte.

Wie im Kommentar zum TierSchG (Hirt u. a., a. a. O., S. 261) weiter genannt, müssen die Darlegungen des Antragstellers u. a. eine konkrete Beschreibung des religiösen Lebens und der tatsächlichen Ausübung der Religionspraxis sowie der religiösen Bedeutung der rituellen Handlung des Schächtens beinhalten. Eine bloß allgemeine Ausführung, Hinweise auf Koranstellen und vorgefertigte Unterschriftenlisten reichen nicht aus (Hirt u. a., a. a. O.).

Frage:

Seit wann sind Amtstierärzte oder Verwaltungsjuristen im Dienste des Veterinäramtes oder auch Richter eines unteren Gerichts befähigt, die religiöse Glaubwürdigkeit und den religiösen Lebenswandel islamischer Antragsteller zu bewerten?

Auch hier wird sicher nicht das Gutachten eines Islamwissenschaftlers herangezogen. Oder wenden sich die Amtsveterinäre gar an den zuständigen Imam, der dann als unabhängiger Religionsrichter über den Aussagewert des mehr oder weniger gläubigen Antragstellers entscheidet?

Die Juristen Kristin Köpernik und Johannes Caspar äußern im Rahmen eines Ethik-Workshops (DIAREL-Projekt) mit Blick auf die damalige hessische Bundesratsinitiative und die Darlegung „zwingender religiöser Vorschriften" durch die Antragsteller folgende Bedenken: Die rechtliche Problemlösung, wonach die Veterinärbehörde einer Ausnahmegenehmigung nur zustimmen darf, ...

„[...] wenn die Antragsteller nachgewiesen haben, dass zwingende Vorschriften ihrer Religionsgemeinschaften das betäubungslose Schlachten vorschreiben, begegnet verfassungsrechtlichen Bedenken: Zum einen kann die Berufung auf die individuell garantierte Glaubensfreiheit nicht von einem dem Staat gegenüber geführten objektiven Nachweis seitens des Grundrechtsträgers abhängig gemacht werden."

Und weiter fahren die Autoren fort:

„Zum anderen suggeriert die Fassung des Entwurfs bei Vorliegen aller tatbestandlichen Voraussetzungen durch das Wort »darf« ein Entschließungsermessen der Behörde, das im Schutzbereich des Art. 4 GG gar nicht besteht: Ein repressives Verbot mit Befreiungsvorbehalt kann es aus Verfassungsgründen hier nicht geben. Liegen die Voraussetzungen für die Genehmigung vor, so hat die Behörde eine gebundene Entscheidung zu erlassen. Soweit der Gesetzentwurf darüber hinaus den Nachweis fordert, dass durch den Vorgang der religiösen Schlachtung dem Tier im Vergleich zum herkömmlichen Schlachten keine zusätzlichen erheblichen Schmerzen oder Leiden entstehen, dürfte dies nur schwer zu erfüllen sein. Sowohl zugunsten der Grundrechtsträger als auch zugunsten des Tierschutzes bleibt eine klare gesetzliche Regelung zu fordern, die in der Praxis auch ohne Zuhilfenahme von veterinärmedizinischen Gutachten zu vollziehen ist."

(Köpernik, Kristin u. Caspar, Johannes: „Juristische Evaluation des deutschen Dilemmas: Religionsfreiheit und Staatsziel Tierschutz als Verfassungsinhalte, Regelungsansätze für das religiöse Schlachten in Deutschland, zur Bundesratsinitiative von Hessen", in: DIAREL Ethik-Workshop 2, Caspar, Johannes u. Luy, Jörg (Hrsg.): Tierschutz bei der religiösen Schlachtung, Die Ethik-Workshops des DIAREL-Projekts, NOMOS Baden-Baden, 1. Aufl. 2010)

Diese Argumentation ist logisch schlüssig. Dennoch und trotz der in Legislative und Judikative allgemein bekannten rechtlichen Problematik geschieht keine Änderung:

Im Entscheidungsalltag der Veterinärämter und unteren Gerichte verfährt man zwangsläufig nach den vorgegebenen Weisungen: „business as usual" – auch wenn jeder Involvierte mittlerweile weiß, wie zweifelhaft die juristische Entscheidungsbasis seit Langem ist.

4. 1. 2. Ermittlung „seelischer Bedrängnis" – ein historischer Exkurs

In diesem Zusammenhang sei daran erinnert, dass in deutschen Verwaltungsbehörden schon einmal und vor nicht allzu langer Zeit der Versuch der massenweisen Gewissenserforschung unternommen wurde – bis man erkannte, dass Gesetzgebung und Judikative von den ausführenden Stellen Unmögliches verlangten. Da ganz eindeutig Parallelen bestehen, soll hier kurz darauf eingegangen werden.

Wie bei der Prüfung religiöser Glaubwürdigkeit und Gewissensnot potenzieller Schächter wurde bis 1976 eine amtliche Prüfung mit Blick auf die Ernsthaftigkeit der Gewissensentscheidung von Kriegsdienstverweigerern vorgenommen. Dies geschah sowohl durch Bewertung einer schriftlichen Begründung als auch durch die mündliche Anhörung. Die Prüfungskommissionen waren den Kreiswehrersatzämtern zugeordnet. (siehe dazu: Wehrpflichtgesetz (WPflG) § 25 vom 21. 07. 1956, sowie: Wikipedia, die freie Enzyklopädie, Seitentitel: „Antragsverfahren", Beispiel: „Antrag auf Anerkennung als Kriegsdienstverweigerer", Autoren: Wikipedia-Autoren, siehe Versionsgeschichte, Datum der letzten Bearbeitung: 11. 07. 2012, 20:20 UTC, Versions-ID der Seite: 105464656, Datum des Abrufs: 24. 10. 2016, 07:37 UTC, Permanentlink: https://-de.wikipedia.org/w/index.php?title=Antragsverfahren&oldid=10 5464656)

Die Aufgabe dieser Kommissionen ist bezüglich der Kluft zwischen Sein und Sollen – zwischen rechtstheoretischem Anspruch und praktischer Undurchführbarkeit – vergleichbar mit den aktuellen Prüfverfahren der Veterinärämter und unteren Gerichte bei Antragstellung auf betäubungsloses Schächten.

Es wundert nicht, dass man sich schon damals mit der Erforschung der „Gewissensentscheidung" bzw. der „Gewissensnot" genauso schwer tat wie heute mit der Eruierung „unausweichlicher seelischer Bedrängnis" und „religiöser Glaubwürdigkeit": In beiden Fällen stehen zum einen als Leitlinie nur recht nebulöse juristische Definitionen zur Verfügung. Zum anderen sind Verwaltungsbeamte bzw. Juristen − ob nun im Kreiswehrersatzamt oder im Veterinäramt bzw. Gericht − nun einmal keine Psychoanalytiker.

In einer Reihe von Grundsatzurteilen bemühte sich das Bundesverfassungsgericht (BVerfG) im Zusammenhang mit dem Grundrecht der Kriegsdienstverweigerung um eine Klärung des Wortinhaltes „Gewissen".

Das Resultat könnte man als juristisch elegante Umgehung eindeutiger, klarer Begriffsdeutung und Weisung bezeichnen. Da der damalige Begriff der „Gewissensnot" mit der heutigen Bezeichnung „unausweichliche seelische Bedrängnis" als synonym betrachtet werden kann, lohnt es sich, den Wortlaut der BVerfG-Begründung und -Definition ausführlicher anzusehen. Im Urteil 12 / 54 stellte das BVerfG fest:

„'Gewissen' im Sinne des allgemeinen Sprachgebrauchs und somit auch im Sinne des Art. 4 Abs. 3 GG ist als ein (wie immer begründbares, jedenfalls aber) real erfahrbares seelisches Phänomen zu verstehen, dessen Forderungen, Mahnungen und Warnungen für den Menschen unmittelbar evidente Gebote unbedingten Sollens sind. Derselben Auffassung war offenbar der Gesetzgeber, der es in § 25 WehrpflG nicht für erforderlich gehalten hat, den Begriff des Gewissens (‚aus Gewissensgründen') näher zu erläutern."

Und dann folgt die schwerwiegende, praxisleitende Aussage:

„Bei der Auslegung der Bestimmungen bedarf es deshalb keiner Auseinandersetzung mit theologischen und philosophischen Lehren über Begriff, Wesen, Ursprung des Gewissens; sie überschritte die Kompetenz des Richters und wäre auch rechtlich unergiebig, weil über viele der hier auftretenden Probleme in den zuständigen Disziplinen tiefgehende Meinungsverschiedenheiten bestehen."

(Bundesverfassungsgericht (BVerfG), 12,45 – Kriegsdienstverweigerung, 17. Oktober 2014, A.: Beschluss des Ersten Senats vom 20. Dezember 1960, -- 1 BvL 21 / 60 --, in dem Verfahren wegen verfassungsrechtlicher Prüfung des § 25 des Wehrpflichtgesetzes vom 21. Juli 1956 (BGBl. I S. 651) – Vorlage des Schleswig-Holsteinischen Verwaltungsgerichts vom 30. August 1960 (Nr. 3 KW – 291 / 59). Entscheidungsformel, Gründe: D II 3b) und c); Internet: Zuletzt bearbeitet durch A. Tschentscher am 12. 07. 2016, letzter Abruf: 03. 12. 2016, http://www.servat.unibe.ch/dfr/bv012045.html) Des Weiteren führt das BVerfG dort aus:

„Eine Gewissensentscheidung wird - das folgt aus ihrem Wesen - stets angesichts einer bestimmten Lage getroffen, in der es innerlich unabweisbar wird, sich zu entscheiden; der Ruf des Gewissens wird dem Einzelnen vernehmbar als eine sittliche und unbedingt verbindliche Entscheidung über das ihm gebotene Verhalten. In diesem Sinn ist die Gewissensentscheidung wesenhaft und immer ‚situationsbezogen'; dass sie zugleich ‚normbezogen' sein kann, etwa wenn es sich um die Bewährung einer grundsätzlichen weltanschaulichen Überzeugung oder Glaubenshaltung handelt, wird damit nicht geleugnet, denn dabei geht es um die besondere Frage, welche Maßstäbe und Einflüsse auf das Zustandekommen der Entscheidung (bewusst oder unbewusst) einwirken."
(Bundesverfassungsgericht (BVerfG), 12, 45, a. a. O.)

Die Schlussfolgerung des BVerfG lautet dann - man möchte sagen, im logischen Zirkel – wie nachstehend genannt:

„Als eine Gewissensentscheidung ist somit jede ernste sittliche, d. h. an den Kategorien von ‚Gut' und ‚Böse' orientierte Entscheidung anzusehen, die der Einzelne in einer bestimmten Lage als für sich bindend und unbedingt verpflichtend innerlich erfährt, so dass er gegen sie nicht ohne ernste Gewissensnot handeln könnte." (Bundesverfassungsgericht (BVerfG), 12, 45 – Kriegsdienstverweigerung, a. a. O.)

Eine Gewissensentscheidung ist danach folglich eine Entscheidung, die zur Vermeidung von Gewissensnot geschieht. Damit ist jeder wissenschaftlich fundierte Erklärungsbedarf gedeckt – oder nicht?

Unwillkürlich wird man an Jean-Baptiste Molières Beispiel von der medizinischen Erklärung des Leidens einer stummen Tochter erinnert: Der Vater möchte wissen, warum seine Tochter stumm ist. „Nichts einfacher als das", erwidert der Arzt, „das hängt vom verlorenen Sprachvermögen ab." „Natürlich, natürlich", entgegnet der Vater, „aber sagen Sie mir bitte, aus welchem Grund hat sie das Sprachvermögen verloren?" Darauf der Arzt: "Alle unsere besten Autoren sagen uns, dass das vom Unvermögen abhängt, die Sprache zu beherrschen." (Jean-Baptiste Molière, zitiert nach: Wikipedia, die freie Enzyklopädie (Hrsg.), Seitentitel: Zirkelschluss, Autoren. Wikipedia-Autoren, siehe Versionsgeschichte, Datum der letzten Bearbeitung: 30. 08. 2016, 09:58 UTC, Versions-ID der Seite: 157-508529, Datum des letzten Abrufs: 01. 11. 2016, 09:43 UTC, Permanentlink: https://de.wikipedia.org/w/index.php?title=Zirkelschluss&oldid=157508529)

Abschließend erlässt das BVerfG folgende Weisung zur praktischen Anwendung im verwaltungstechnischen bzw. juristischen Alltag:

„Die Anwendung der Verfassungsnorm im Einzelfall darf dem Phänomen ‚Gewissen' nur so weit nachgehen, als sie mit den ihr zu Gebote stehenden Erkenntnismitteln zu prüfen hat, ob, was sich nach außen als Gewissensentscheidung kundgibt, wirklich den Charakter eines unabweisbaren, den Ernst eines die ganze Persönlichkeit ergreifenden sittlichen Gebots, einer inneren Warnung vor dem Bösen und eines unmittelbaren Anrufs zum Guten, trägt. Praktische Schwierigkeiten bei der Beurteilung solcher Sachverhalte müssen in Kauf genommen werden; sie liegen in der Natur der Sache, sind übrigens - wie die bisherigen Erfahrungen zeigen - nicht unüberwindlich." (Bundesverfassungsgericht (BVerfG), 12, 45 – Kriegsdienstverweigerung, a. a. O.)

Wie zu ersehen ist, erkennt man durchaus die Hürden, die sich realiter bei der Umsetzung der rechtlichen Weisungen ergeben. Daher heißt es dort dann auch einschränkend:

„Die richterliche Prüfungsbefugnis geht jedenfalls nicht so weit, dass die - einmal als solche erkannte – Gewissensentscheidung in irgendeinem Sinn, etwa als ‚irrig', ‚falsch', ‚richtig', bewertet werden dürfte. Die Frage, wie es zu der Gewissensentscheidung gekommen ist, d. h. vor allem, welche geistigen Einflüsse auf das Gewissen gewirkt haben, ist nur zulässig, soweit davon die Feststellung abhängt, ob wirklich eine ‚Gewissens'-Entscheidung vorliegt." (Bundesverfassungsgericht (BVerfG), 12, 45 – Kriegsdienstverweigerung, a. a. O.)

Aufgrund dieser rechtlichen Leitlinie waren nun ausführende Behörden gehalten, über das tatsächliche Vorliegen von "Gewissensnot" bzw. „seelischer Bedrängnis" zu entscheiden.

Die „zu Gebote stehenden Erkenntnismittel" der Beamten in den Prüfungsausschüssen sollten demzufolge so angewandt werden, dass für die Außendarstellung der möglichen Gewissensentscheidung abzuklären war, ob „wirklich der Charakter eines unabweisbaren, den Ernst eines die ganze Persönlichkeit ergreifenden sittlichen Gebots, einer inneren Warnung vor dem Bösen und eines unmittelbaren Anrufs zum Guten" vorlag oder nur vorgespiegelt wurde (Bundesverfassungsgericht (BVerfG), 12, 45 – Kriegsdienstverweigerung, a. a. O.)

Die Frage nach den verfügbaren „Erkenntnismitteln" lässt sich leicht beantworten:

Man nutzte Vernehmungs- und Verhörtechniken, wie sie eben auch die Polizei verwendet, um die Glaubwürdigkeit von Zeugen zu prüfen oder Straftäter zu überführen (siehe dazu zum Beispiel: Brusten, Manfred, und Malinowski, Peter: „Sozialpsychologie der polizeilichen Vernehmung", in: Lösel, Friedrich (Hrsg.), Kriminalpsychologie. Grundlagen und Anwendungsbereiche, S. 150 f., Beltz-Verlag, Weinheim und Basel 1983).

Zu nennen ist hier etwa die Diskrepanzaufweisstrategie, die Verstrickungsstrategie, die Vervollständigungsstrategie oder die Strategie des „Glaubwürdigkeitsentzuges". Ohne näher auf diese Praktiken einzugehen, sei gesagt, dass hierbei explizite Rechtfertigungen und Zusatzinformationen genauso provoziert wurden wie Widersprüche und impulsive Reaktionen, um den Betroffenen psychisch unter Druck zu setzen. (Brusten, Manfred, und Malinowski, Peter: „Sozialpsychologie der polizeilichen Vernehmung", a. a. O.). Fangfragen wurden gestellt, Unsicherheiten und Widersprüche fanden akribische Notiz – generell trugen die Verfahren den Charakter der Willkür:

„Der Gang vor den Ausschuss wurde für Zehntausende zum zermürbenden Verhör in eisiger Atmosphäre. Nicht wenige empfanden es als Inquisition. Die professionellen Gewissensprüfer traktierten die Verweigerer stundenlang mit absurd-kreativen Fangfragen: ‚Würden Sie einem Zonenflüchtling, der von Volkspolizisten beschossen wird, Feuerschutz gewähren?' Oder: ‚Was machen Sie, wenn Sie mit der Freundin durch den Wald gehen und Ihre Freundin plötzlich von einer Horde Russen angegriffen wird - greifen Sie zur Waffe?'."

(Gunkel, Christoph: „Kampf gegen den Kriegsdienst", Bericht: „Das wahren reine Willkürverfahren", SPIEGEL ONLINE, EINESTAGES, 26. 11. 2010; Internet: Datum des letzten Abrufs: 01. 11. 2016, http://www.spiegel.de/einestages/kampf-gegen-den-kriegsdienst-a-946864.html)

Vor diesem historischen Erfahrungshintergrund stellen sich die Fragen:

Sind die heutigen „Erkenntnismittel" der Veterinärbehörden und unteren Gerichte bei der Anhörung zur Gewissenserforschung der Antragsteller betäubungsloser Schächtung so verschieden von den früher eingesetzten Befragungstechniken? Haben Gesetzgeber und höchstrichterliche Rechtsprechung nichts aus dem damaligen Fiasko gelernt? Wie hieß es doch gleich: Praktische Schwierigkeiten bei der Beurteilung müssten in Kauf genommen werden. Sie lägen in der Natur der Sache, wären aber nicht unüberwindlich (Bundesverfassungsgericht (BVerfG), 12, 45 – Kriegsdienstverweigerung, a. a. O.).

Und natürlich sieht man vom Einbezug „zuständiger Disziplinen" ab, da selbst diese Begriff, Wesen und Ursprung des „Gewissens" nach Auffassung höchstrichterlicher Rechtsprechung nicht angemessen klären können.

Ernst H. Hirsch, Jurist und Rechtssoziologe, griff bereits 1979 mit dem Hinweis auf die autonome sittliche Persönlichkeit des Menschen genau diese Problematik auf:

Die Persönlicheit definiert sich wesentlich durch die Freiheit des Gewissens und dementsprechend eigenständige Entscheidungen. Die Freiheit des Gewissens ist durch Art. 4 Abs. 1 GG verfassungsrechtlich geschützt, jedoch:

> „Allerdings ist der Begriff ‚autonome sittliche Persönlichkeit' als Rechtsbegriff im Rahmen einer rationalen Argumentation nur fassbar und verwendbar, <u>wenn das Gericht sich mit theologischen und philosophischen Lehren gerade über den Begriff, den Ursprung und das Wesen des ‚Gewissens' auseinandersetzt</u>; denn eine ‚dezidierte Standpunktnahme' für ein bestimmtes Menschenbild scheint provoziert und geboten zu sein durch die Aufgabe der Bewältigung der ‚idealistischen' Vergangenheit der Gewissensproblematik."

(Hirsch, Ernst E.: „Zur juristischen Dimension des Gewissens und der Unverletzlichkeit der Gewissensfreiheit des Richters", Schriftenreihe zur Rechtssoziologie und Rechtstatsachenforschung, Hrsg.: Hirsch, Ernst E., und Rehbinder, Manfred, Bd. 43, S. 49, Duncker und Humblot, Berlin 1979; Unterstreichungen von V. Mariak)

Der Begriff, der Ursprung und das Wesen des „Gewissens" darf nach Ernst Hirsch somit im Alltag der Rechtsprechung eben gerade nicht ausgeklammert werden. Zu Recht kritisiert auch Gerhard Klier in seiner Arbeit „Gewissensfreiheit und Psychologie" die zweifelhafte Herangehensweise der Judikative:

„Sieht man von der Arbeit *Ekkehard Steins* über „Gewissensfreiheit und Demokratie" ab, findet sich in der verfassungsrechtlichen Literatur keine sachgemäße Auseinandersetzung mit dem psychoanalytischen Gewissensbegriff. Die Rechtsprechung läßt ihn sogar gänzlich unbeachtet. Tief verwurzelte Vorurteile scheinen es zu verhindern, das psychoanalytische Instrumentarium für die verfassungsrechtliche Normbereichsanalyse fruchtbar zu machen. Ohne nach der theoretischen und empirischen Absicherung des eigenen Standortes zu fragen, wird bis heute der psychoanalytischen Gewissenstheorie „Gewissensfeindlichkeit" [...] vorgeworfen."

(Klier, Gerhard: „Gewissensfreiheit und Psychologie. Der Beitrag der Psychologie zur Normbereichsanalyse des Grundrechts der Gewissensfreiheit", S. 94 f., Abschnitt: f) Kritik; Duncker und Humblot, Berlin 1978)

Die logische Forderung, verfassungsrechtliche Worthülsen wie „Gewissen" und „Gewissensfreiheit" vor der gerichtlichen Entscheidung mit wissenschaftlich gesicherten Inhalten zu füllen und diese Maßstäbe dann einzubeziehen, trifft jedoch nicht nur für Juristen „vor Ort" auf unüberwindbare Hürden. In seiner rechtstheoretischen Arbeit zur Gewissensfreiheit sichtete Gerd Ulrich Freihalter 1972 die vielfältigen wissenschaftlichen – aber leider auch ideologisch gefärbten – Erklärungsansätze und kommt zu dem ernüchternden Schluss:

„Die Aufzählung sei hier abgebrochen; sie ließe sich beliebig fortsetzen und auf andere sozialwissenschaftliche Bereiche erweitern. Diese Ideologieabhängigkeit gilt auch für die Soziologie [...], wo sich die philosophisch-anthropologischen Grundlagen bis in hochabstrakte Theorien nachweisen lassen, etwa für den strukturell-funktionalen Ansatz *Parsons'* [...] und damit auch die funktional-strukturelle Systemtheorie *Luhmanns*."

(Freihalter, Gerd Ulrich: „Gewissensfreiheit – Aspekte eines Grundrechts", in: Schriften zur Rechtstheorie, Heft Nr. 31, S. 60 f., Duncker und Humblot, Berlin 41, 1973, Nachdruck: 2016; Hinweise auf Fußnoten, die den Themenkreis dieser Schrift überschreiten, wurden wie Textauslassungen durch die Markierung „[...]" ersetzt. V. Mariak)

Freihalter kommt zu demselben Schluss wie bereits vor ihm Ernst Stadter (Psychoanalyse und Gewissen, Stuttgart, Berlin, Köln, Mainz, 1970, S. 15, 35): Man fände so viele Philosophien wie es Gewissenstheorien gäbe. Die unbesehene Entscheidung für eine Theorie bzw. einen bestimmten Gewissensbegriff impliziere folglich den Konflikt verschiedenster Weltanschauungen (Freihalter, Gerd Ulrich: „Gewissensfreiheit – Aspekte eines Grundrechts", a. a. O.)

Frage:

Was verlangte man da und fordert heute noch von den Mitarbeitern der ausführenden Behörden - der Veterinärämter, Gerichte und, früher, der Kreiswehrersatzämter? Wie soll und sollte dort in heiklen Fragen der „unausweichlichen seelischen Bedrängnis" über Antragsteller entschieden werden, wenn selbst die höchstrichterliche Rechtsprechung damals nicht fähig war und bis heute noch nicht fähig ist, entscheidende Sachverhalte zu präzisieren? Und auch mit Blick auf die aktuelle Prüfsituation in den Veterinärämtern stellt sich die Frage:

Wie kann man in einer Sache entscheiden, deren Bedeutung und Wesen man nicht begreift, sondern notgedrungen nur alltagstheoretisch erfasst? Selbst aus juristischen Reihen kam lebhafte Kritik an der rechtlichen Praxis der Gewissenserforschung. Zu nennen ist hier erneut der vorerwähnte Rechtstheoretiker Freihalter, der sich vertieft mit dem grundrechtlichen Aspekt der Gewissensfreiheit auseinandersetzte und nachfolgend die Prüfung der „Echtheit" der Gewissensentscheidung anspricht:

„Das Problem der Praktikabilität der Gewissensfreiheit, das sich auch als Frage nach der ‚Bereitschaft zur Konsequenz‘ [...], nach der ‚Echtheit‘ [...] oder ‚Ernsthaftigkeit‘ [...] der Gewissensentscheidung oder in ähnlicher Weise [...] formulieren lässt, umfasst die Frage, wie dem faktischen [...] Missbrauch des Grundrechts gewehrt werden kann. Gewissens‘überzeugungen‘ sind nach außen hin darstellbar, ohne tatsächlich der inneren Überzeugung des einzelnen entsprechen zu müssen [...]. Er kann vielmehr die ‚Rolle‘ des Kriegsdienstverweigerers, des Gewissenstäters, des Steuerverweigerers usw. spielen und dennoch ein anderer sein als der, den er darstellt. [...] Die *Echtheit* der Gewissensüberzeugung wie auch der Grad ihrer Intensität lassen sich allenfalls durch manipulative Mittel nachweisen.“ (Freihalter, Gerd Ulrich: „Gewissensfreiheit – Aspekte eines Grundrechts“, a. a. O., S. 167 f.)

Freihalter weist daraufhin, dass bestimmte Beeinflussungsformen selbst in einem bloßen Beweisverfahren dem absoluten Manipulationsverbot unterliegen und er fährt in seiner Argumentation fort:

„Andere Arten unmittelbaren Beweises für Echtheit und Stärke einer Gewissenseinstellung, die keinen manipulativen Charakter tragen, gibt es nicht. [...] So bleibt nur der Gewissensträger selbst, dem auch seine sittliche Haltung und sein Gewissenserlebnis allein zugänglich sind.“ (Freihalter, Gerd Ulrich: „Gewissensfreiheit – Aspekte eines Grundrechts“, a. a. O., S.168 f.)

Problematisch ist hier u. a. die alleinige Fixierung auf die Aussagen des Betroffenen. Erinnert wird man unwillkürlich an das rechtliche Manko des sich selbst bestätigenden Zeugen:

Entscheidet ein Gericht, dass ein Zeuge glaubwürdig ist und stützt es sich dabei nur auf die Darlegungen des Zeugen selbst, so drängt sich der Verdacht auf, dass bereits vor der Zeugenaussage ein Urteil über die Glaubwürdigkeit des Zeugen getroffen wurde (Joerden, Jan C.: "Logik im Recht", 2. Auflage, Springer 2010, S. 364).

Gerade mit heutigem Blick auf die zu erforschende „unausweichliche seelische Bedrängnis" der Antragsteller zur Ausübung betäubungsloser Schächtung und die Ernsthaftigkeit ihres religiösen Lebenswandels sind die folgenden Ausführungen von besonderem Interesse: Freihalter spricht hier die Möglichkeit zur amtlichen Bewertung der Glaubwürdigkeit des Betroffenen an und kommt zu dem Schluss:

„Seine persönliche Lebensführung besagt nichts zu seiner Gewissensüberzeugung [...], zumal sie ‚objektiv' nur wieder von anderen Personen erhoben werden kann. [...] Auch das Indiz der allgemeinen Glaubwürdigkeit [...] als Lockerung der Forderung nach vollem Beweis versagt, da man sich Glaubwürdigkeit erspielen [...] oder verspielen kann, ohne seine Gewissensüberzeugung hinlänglich darstellen zu können. Die Indizfunktion der Zugehörigkeit zu einer Religions- oder Weltanschauungsgemeinschaft [...] ist [...] unzulässig." (Freihalter, Gerd Ulrich: „Gewissensfreiheit – Aspekte eines Grundrechts", a. a. O., S.169 f.)

Des Weiteren heißt es in dieser Argumentation:

„So bleibt lediglich die Erklärung des Gewissensträgers [...], die sich auf den Inhalt des Gewissensgebotes beschränken kann [...].

Es bleibt demnach der klassische Fall des ‚non liquet'
[...] Ihm kann jedoch nicht durch die Grundsätze mate-
rieller Beweislast begegnet werden [...]; denn die Be-
weislastregeln setzen notwendig die *Beweisbarkeit* voraus, die lediglich im konkreten Fall sich nicht zum Beweis verdichtet. Hier aber ist ein Beweis in zulässiger
Form gar nicht möglich." (Freihalter, Gerd Ulrich: „Gewissensfreiheit – Aspekte eines Grundrechts", a. a. O.,
S.170)

Bezüglich der Antragsteller auf Ausübung betäubungsloser
Schächtungen ist insbesondere die Aussage zum **Lebenswandel** bedeutsam. Der persönlichen Lebensführung, die
nach Darlegung des Autors nichts über die Gewissensüberzeugung des Betroffenen aussagt, wird nämlich in den Prüfverfahren der befassten Veterinärämter und Gerichte ein be-
sonderes Gewicht eingeräumt:

Der Antragsteller muss zum Beispiel zwingend einer Religionsgemeinschaft angehören und dieser durch gemeinsame
Glaubensüberzeugungen verbunden sein, wobei die Religionsgemeinschaft das betäubungslose rituelle Schächten als
unabdingbar ansieht (Hirt u. a., München 2016, S. 258). Für
die gesamte Glaubensgemeinschaft – und damit auch für den
Antragsteller – müssen sich die gemeinsamen Glaubensüberzeugungen auf zentrale Glaubensinhalte und für die Religion
wesentliche Fragen konzentrieren. Entsprechend der gesetzlichen Zielsetzung lautet die Prüfvorgabe dann: „[...] dass diese
Einigkeit nicht nur verbal bekundet, sondern auch nach außen
hin gelebt und gemeinsam praktiziert wird [...]"

(Hirt u. a., München 2016, S. 269; siehe auch: Neue Juristische Wochenzeitschrift (NJW) 2001, 1225: Bundesverfassungsgericht (BVerfG).

Zur Glaubwürdigkeitsprüfung sei gesagt, dass gemäß höchstrichterlicher Rechtsprechung der Antragsteller im persönlichen Gespräch mit der Behörde und im Beisein eines Vertreters seiner Religionsgemeinschaft den religiösen Standpunkt der Gemeinschaft darzulegen hat. Er hat des Weiteren theologisch zu begründen, weshalb das Unterlassen jeglicher Betäubung in seiner Religion als zwingend geboten angesehen wird (Hirt u. a., München 2016, S. 260 f.). In diesen Rahmen gehört ebenfalls die konkrete Beschreibung des religiösen Lebens der Glaubensmitglieder (Hirt u. a., München 2016, S. 261)

Veterinärämter und – in zweiter Instanz - untere Gerichte sind somit gehalten, über die Ernsthaftigkeit der Religionsausübung und die Echtheit der Gewissenskonflikte von Antragstellern zu rechten - zumindest soweit diese sich nach rechtstheoretischer Vorgabe in der Außendarstellung manifestieren. In seiner Argumentation zeigt Freihalter auf, wie problematisch sich diese Aufgabe der Gewissenserforschung realiter gestaltet:

Würde der Richter es unternehmen, den Gewissenskonflikt des Beteiligten zu untersuchen, so muss er scheitern, da ihm zum einen die konkrete Situation des Betroffenen fremd ist und er zum anderen auch den individuellen Handlungsspielraum des anderen nicht kennt. Natürlich besteht die Möglichkeit, eigene Moralvorstellungen zur Bewertung der Situation einzusetzen – aber damit gerät man in die ideologische Falle:

„Dies hieße jedoch wieder, die Ideologie des Richters in die Diskussion bringen, sie dem Grundgesetz und dem Grundrecht der Gewissensfreiheit zu unterlegen und damit einen pseudo-objektiven Maßstab gerade für dieses Verfahren zu schaffen." (Freihalter, Gerd Ulrich: „Gewissensfreiheit – Aspekte eines Grundrechts", a. a. O., S. 120)

Die Schlussfolgerung Freihalters lautet dann:

„[...] Dem Richter bleibt nur nachzuprüfen, ob sich das Gewissensgebot in das für den Betreffenden maßgebliche Kontinuum des sittlich Guten und Bösen einordnen läßt – wobei er sich der Kriterien des Fremd- und Selbstideals heuristisch bedienen kann – und ob es sich nicht lediglich um individuell utilitaristische oder individuell eudämonistiche Ansichten handelt [...] In der Regel sind die behaupteten Klassifikationen hinzunehmen [...]" (Freihalter, Gerd Ulrich: „Gewissensfreiheit – Aspekte eines Grundrechts", a. a. O., S. 120)

Speziell mit Blick auf die Zugehörigkeit zu Religionsgemeinschaften und eine darauf abzielende Argumentation des Antragstellers fährt der Autor fort:

„Beruft sich der Einzelne zur Unterstützung seiner Weigerung auf den Kodex einer Religion oder Weltanschauung, und erweist sich nach diesem das staatliche Begehren als gewissensmäßig, so kann ihm dies entgegengehalten werden. Beharrt er dennoch auf der Gewissenswidrigkeit des staatlich geforderten Verhaltens, so ist auch dies anzuerkennen, da die sittlichen Haltungen des Einzelnen mit dem Moralkodex seiner Gemeinschaft nicht übereinzustimmen brauchen [...]" (Freihalter, Gerd Ulrich: „Gewissensfreiheit – Aspekte eines Grundrechts", a. a. O., S. 120 f.)

Von besonderem Informationswert ist mit Blick auf die „unausweichliche seelische Bedrängnis des Gläubigen" (Hirt u. a., München 2016, S. 261; siehe auch: Verwaltungsgericht München, Beschluss vom 04. 12. 2008, M 18 E 08.5953, juris-Rn. 15) und „die zwingende unausweichliche Bindung an ein religiöses Gebot" (Hirt u. a., München 2016, S. 261; siehe auch: Verwaltungsgericht München, Beschluss vom 03. 12. 2008, M 18 E 08.5876, juris-Rn. 21, 22) ein von Freihalter genanntes Fallbeispiel. Der Sachverhalt:

Der Beschwerdeführer, ein evangelischer Pfarrer, verweigerte unter Berufung auf sein Grundrecht der Glaubens- und Gewissensfreiheit den Zeugeneid. Seine Begründung: Nach den Worten Christi – gemäß der Bergpredigt (Matth. 5, 33 – 37) – sei ihm jedes Schwören untersagt. Der Pfarrer wurde daraufhin zu einer Ordnungsstrafe und zur Übernahme der Kosten verurteilt. Später hob das BVerfG Beschluss und verwerfende Beschwerdeentscheidung auf. (Freihalter, Gerd Ulrich: „Gewissensfreiheit – Aspekte eines Grundrechts", a. a. O., S. 121; siehe auch: Entscheidungen in Kirchensachen seit 1946, 12. Band (1971 / 72), „Eidesverweigerung aus religiösen Gründen", Walter de Gruyter, Berlin und New York 1976, S. 419)

Rechtstheoretisch problematisch erscheint hier die in abweichender Meinung dargelegte Herangehensweise des Richters v. Schlabrendorff, der eben nicht nur juristisch sachlich sondern auch vertieft theologisch argumentiert.

Freihalter weist in diesem Kontext auf die Gefahren hin, die resultieren, wenn Richter mit dem betroffenen Individuum zu rechten beginnen (Freihalter, Gerd Ulrich: „Gewissensfreiheit – Aspekte eines Grundrechts", a. a. O., S. 121 f.). Von Schlabrendorff führt - bezogen auf die Eidesverweigerung aus religiösen Gründen – das Folgende aus:

„Über einen Punkt kann es keine Meinungsverschiedenheit geben: Kein Artikel des Grundgesetzes, auch nicht Art. 4 GG, gibt dem Staatsbürger das Recht der Narrenfreiheit. Es muss sich also um den Ausdruck eines wirklichen Glaubensaktes handeln. Was aber ist Glaube? Die Antwort gibt uns Paul Tillich mit dem Satz, dass der Glaube das ist, was den Einzelnen unmittelbar und unbedingt als letztes angeht. Mit anderen Worten: Glaube ist nicht gleichbedeutend mit Meinung oder Überzeugung. Glaube ist die tiefste Tiefe der für den Menschen erreichbaren Metaphysik.

Schon aus dieser Erkenntnis ergeben sich folgende Zweifel: Handelt es sich um die Verweigerung des Eides sowohl in der religiösen wie in der weltlichen Form als Glaubensakt oder handelt es sich hier um nicht mehr als um eine achtbare menschliche Überzeugung, gegründet auf das Bewusstsein der Verantwortung."

(Bundesverfassungsgericht (BVerfG), Entscheidungen des Bundesverfassungsgerichts BVerfGE 33, 23 – Eidesverweigerung aus Glaubensgründen, Beschluss des Zweiten Senats vom 11. April 1972, BvR 75 / 71 in dem Verfahren über die Verfassungsbeschwerde des Pfarrers Werner S.; Abweichende Meinung des Richters Dr. v. Schlabrendorff zum Beschluss des Zweiten Senats des Bundesverfassungsgerichts vom 11. April 1972, BvR 75/71; Internet: Datum des letzten Abrufs: 01. 11. 2016, www.servat.unibe.ch/dfr/bv033023.html; ebenso: v. Schlabrendorff, Fabian: „Eidesverweigerung aus religiösen Gründen", in: Entscheidungen in Kirchensachen seit 1946, 12. Band (1971 / 72), Walter de Gruyter, Berlin und New York 1976, S. 419; Internet: Datum des letzten Abrufs: 01. 11. 2016, https://books.google.de/books?isbn=3110069172)

Des Weiteren heißt es mit Blick auf den Text der Bergpredigt und die Interpretationen der Kirchenväter wie etwa Thomas von Aquino oder Calvin:

„[...] Der Beschwerdeführer beruft sich zur Begründung seiner Haltung auf die Bergpredigt. Die Mehrheit des Senats meint, der Vortrag des Beschwerdeführers finde eine gewisse Stütze in der Bergpredigt. Dieser Umstand zwingt dazu, sich mit Sinn und Bedeutung der Bergpredigt auseinanderzusetzen. [...] Die Bergpredigt ist kein Gesetz und vor allem kein Gesetz für den diesseitigen Äon. Sie zeigt vielmehr die Gebote an, die im jenseitigen Äon gelten. Die Bergpredigt darf daher nur unter dem Gesichtspunkt der Eschatologie gelesen und verstanden werden.

Wer das nicht beherzigt, läuft Gefahr, sich unter die Schwarmgeister zu gesellen, die es für ihre Aufgabe halten, diese Welt unter Hinweis auf die Bergpredigt in ein Pseudoparadies zu verwandeln."

(Bundesverfassungsgericht (BVerfG), Entscheidungen des Bundesverfassungsgerichts BVerfGE 33, 23 – Eidesverweigerung aus Glaubensgründen, a. a. O.; ebenso: v. Schlabrendorff, Fabian: „Eidesverweigerung aus religiösen Gründen", a. a. O.)

Der Autor fährt dann fort: In der Interpretation von Helmut Thielicke sei die Sinnhaftigkeit der Bergpredigt vielmehr darin zu sehen, dass dem diesseitigen Menschen seine irdische Unvollkommenheit vor Augen geführt werden soll. Das vorgestellte Ziel sei die erst im Jenseits erreichbare Vollkommenheit: „Wer die Bergpredigt positivistisch auslegt, ist geschichtslos und führt die Gefahr der politischen Verantwortungslosigkeit herauf." (Bundesverfassungsgericht (BVerfG), Entscheidungen des Bundesverfassungsgerichts BVerfGE 33, 23 – Eidesverweigerung aus Glaubensgründen, a. a. O.; ebenso: v. Schlabrendorff, Fabian: „Eidesverweigerung aus religiösen Gründen", a. a. O., S. 420)

Die Argumentation des Richters mündet dann in folgende Schlussfolgerung:

„Nun ist der Mehrheit des Senates zwar zuzugeben, dass einige moderne Theologen nicht mehr die Auffassung eines Thomas von Aquino und die Vorstellung der Reformatoren teilen. Aber das ist eine Frage der richtigen oder falschen Interpretation der Bergpredigt. Es liegt deshalb die Vermutung nahe, dass die Haltung des Beschwerdeführers keinen Glaubensakt, sondern eine Fehlinterpretation beinhaltet.

Eine offensichtliche Fehlinterpretation, die durch einen Staatsbürger vorgenommen wird, der sich nach seinem eigenen Vortrag zum christlichen Glauben bekennt, hat keinen Anspruch auf den Schutz des Art. 4 GG."

(Bundesverfassungsgericht (BVerfG), Entscheidungen des Bundesverfassungsgerichts BVerfGE 33, 23 – Eidesverweigerung aus Glaubensgründen, a. a. O.; ebenso: v. Schlabrendorff, Fabian: „Eidesverweigerung aus religiösen Gründen", a. a. O., S. 420)

Und die Darlegung der „Abweichenden Meinung" schließt mit den Worten:

„Ich fasse zusammen: Die Schutzwürdigkeit des Gemeinwesens steht höher als die geringfügige Beeinträchtigung der durch den Beschwerdeführer vertretenen Überzeugung."

(Bundesverfassungsgericht (BVerfG), Entscheidungen des Bundesverfassungsgerichts BVerfGE 33, 23 – Eidesverweigerung aus Glaubensgründen, a. a. O.)

Das besondere Problem besteht hier nicht in der juristischen Negation der Mehrheitsentscheidung des BVerfG-Senats. Es findet sich vielmehr in dem Versuch der rechtstheologischen Argumentation mit dem beschwerdeführenden Pfarrer und der angestrebten Durchsetzung eigener, subjektiver religiöser Standpunkte und Maßstäbe. Die Parallelen des Fallbeispiels zu der heutigen rechtlichen Situation der Erforschung „unausweichlicher seelischer Bedrängnis" der muslimischen Antragsteller durch Veterinärämter und untere Gerichte treten offen zutage:

Setzt man für den Sachverhalt der Eidverweigerung aus religiöser Überzeugung den Sachverhalt „rituelles betäubungsloses Schächten" und für die Berufung auf die Bergpredigt die Argumentation mit den Textstellen des Koran, so lassen sich beide juristische Problematiken gut miteinander vergleichen.

Das Fazit daraus liegt auf der Hand:

Es ist absurd und wissenschaftlich nicht hinnehmbar, dass Juristen in Veterinärbehörden und unteren Gerichten mit den Antragstellern über theologische Begründungen und den „echten" religiösen Lebenswandel rechten und daraus Schlussfolgerungen für die individuelle Glaubwürdigkeit ziehen.

Die behördliche Diskussion über mehr oder weniger zutreffende Korantexte und der Prüfungsversuch, die Ernsthaftigkeit des religiösen Lebens in den Glaubensgemeinschaften auszuloten, führen dann tatsächlich unweigerlich in „die tiefste Tiefe der für den Menschen erreichbaren Metaphysik" wie Tillich es nannte (Tillich, Paul, zitiert in: „Eidesverweigerung aus religiösen Gründen", „Entscheidungen in Kirchensachen seit 1946", 12. Band (1971 / 72), Walter de Gruyter, Berlin und New York 1976, S. 419)

Eine rational überprüfbare Erkenntnis (Freihalter, Gerd Ulrich: „Gewissensfreiheit – Aspekte eines Grundrechts", a. a. O., S. 123) wird so nicht gewonnen. Für Herangehensweisen dieser Art sind Veterinärämter und untere Gerichte keine angemessenen Diskurspartner und Entscheider. Ebenso ungenügend ist jedoch die aus dieser Notlage erwachsende Zuflucht befasster Juristen zum allgemeinen Sprachgebrauch – so, wie sie leider auch das Bundesverfassungsgericht pflegt. Allgemeinplätze bei der Einschätzung von „Gewissensnot" und „unausweichlicher seelischer Bedrängnis" verhelfen nicht zu einer angemessenen rechtlichen Lösung.

Mit Blick auf die aktuell herrschende juristische Meinung soll zum Thema „unausweichliche seelische Bedrängnis" eine weitere Stimme Gehör finden. Im Rahmen des 70. Deutschen Juristentages (2014) wurden Thesen zum Referat des Richters Wilhelm Schluckebier (BVerfG) ins Feld geführt, die den Konflikt zwischen Rechtspflicht und Glaubensgebot in strafrechtlichem Rahmen zum Gegenstand hatten, und zwar:

> „[...] wenn der Täter sich nicht aus mangelnder Rechtsgesinnung gegen die staatliche Rechtsordnung auflehnt, sondern sich in eine Grenzsituation gestellt sieht, in der der Konflikt zwischen Rechtspflicht und Glaubensgebot ihn in eine seelische Bedrängnis bringt, der gegenüber sich die Bestrafung als eine übermäßige, menschenwürde-verletzende soziale Reaktion darstellen würde. Selbst eine solche seelische Bedrängnis wird aber dann nicht anzuerkennen sein, wenn sie sich als Gewissenskonflikt in zumutbarer Weise durch nahe liegende andere Handlungsalternativen lösen lässt (vgl. BVerfGE 32, 98; BVerfGK 8, 151)."

Des Weiteren folgt die These:

> „[...] Ohnehin ist bei der Geltendmachung einer handlungsleitenden religiösen Regel durch einen Straftäter stets eine Plausibilisierung dahin zu verlangen, dass eine entsprechende religiöse Verhaltenspflicht besteht. Die Anforderungen an diese Plausibilisierung sind umso höher, je weiter das straftatbestandsmäßige Verhalten von typischen religiösen Kernbetätigungen entfernt liegt und je weniger unauflöslich ein behaupteter Konflikt zwischen staatlichen und religiösen Verhaltensanforderungen erscheint."

(Schluckebier, Wilhelm: „Thesen zum Referat von Richter des BVerfG Wilhelm Schluckebier", in: Strafrecht. Kultur, Religion, Strafrecht – Neue Herausforderungen in einer pluralistischen Gesellschaft, Absatz 1, b) und c), S. 29, Karlsruhe, 70. Deutscher Juristentag, Hannover 2014; Internet: Datum des letzten Abrufs: 01. 11. 2016, http://www.djt.de/fileadmin/downloads/-70/djt_70_Thesen_Strafrecht_140804.pdf)

Auch hier – im strafrechtlichen Rahmen – arbeitet man mit Begriffen wie „Gewissenskonflikt" und „seelischer Bedrängnis", obgleich die wissenschaftlich fundierte Erklärung dieser Begriffe nicht einmal ansatzweise gegeben ist und daher auch nicht in Entscheidungen einfließen kann. Es bleibt für nachgeordnete, ausführende Instanzen nur die Möglichkeit, sich aufgrund subjektiver, zufälliger Erfahrungen und Beobachtungen eigene Maßstäbe des Handelns aufzubauen, wobei für diese alltagstheoretische Herangehensweise immer auch klar sein muss: Eine intersubjektive Überprüfbarkeit ist keinesfalls vorhanden, da Alltagstheorien eben nicht systematisch gewonnen werden und keine allgemeine Gültigkeit besitzen.

Für Veterinärämter und untere Gerichte resultiert hieraus eine Entscheidungssituation wie zwischen Scylla und Charybdis:

Die rechtlichen Beschlüsse werden sich nicht auf wissenschaftlich gesicherte Fundamente stützen. Involvierte Behörden sind – wenn sie sich nicht verweigern wollen – auf alltagstheoretische bzw. eigene ideologisch belastete Begründungen und Argumentationen angewiesen. Sowohl hinsichtlich bekannter wissenschaftlicher Erklärungsversuche als auch bezüglich der Fallbewertung aus eigener Lebenserfahrung geraten juristische Entscheider zwangsläufig in die ideologische Falle: Sie setzen ihre eigene Ideologie gegen die Ideologie der Betroffenen.

Um die Worte Freihalters aufzugreifen: Es wird schlicht „aus dem Glauben über den Glauben" gerichtet (Freihalter, Gerd Ulrich: „Gewissensfreiheit – Aspekte eines Grundrechts", a. a. O., S. 124, zitiert nach: Arndt, Adolf: „Rechtsdenken in unserer Zeit. Positivismus und Naturrecht", S. 7, Tübingen 1955).

Der zunächst theoretisch denkbare „Fluchtweg" wäre eine kategorische Weigerung der befassten Juristen in Veterinärämtern und unteren Gerichten, in dieser prekären Situation rechtlich verbindliche Entscheidungen zu treffen.

Zumindest für Richter gilt jedoch, dass sie grundsätzlich keine Verwerfungskompetenz besitzen. Es besteht kein Leistungsrecht, das dem Richter bei eigenem Gewissenskonflikt die Verweigerung von Verhandlung und Urteil erlauben würde (Freihalter, Gerd Ulrich: „Gewissensfreiheit – Aspekte eines Grundrechts", a. a. O., S. 220 f.).

Ist somit in dieser Lage eine rechtliche Entscheidung zwingend herbeizuführen, so **müssen** Juristen der befassten Behörden bestimmen, welche der konkurrierenden Normen im konkreten Fall einen höheren „Wert" besitzt.

Sehen wir von dem historischen Beispiel „Kriegsdienstverweigerung aus Gewissensnot" ab und wenden uns der Schächtungsproblematik und der zu beurteilenden „unausweichlichen seelischen Bedrängnis" zu:

Dort war und ist abzuwägen, ob der verfassungsrechtlich garantierten freien Berufs- und Religionsausübung gegenüber dem Tierschutz Priorität einzuräumen ist. Freihalter weist darauf hin, dass Wahlen dieser Art nur rational diskutiert werden können, wenn man die Konsequenzen bedenkt, die einer Bevorzugung dieser oder jener Norm folgen (Freihalter, Gerd Ulrich: „Gewissensfreiheit – Aspekte eines Grundrechts", a. a. O., S. 237):

„Es ist demnach zu fragen, welcher der beiden möglichen Zustände und aus welchen Gründen vorzuziehen ist und welcher Zustand aus welchen Gründen benachteiligt werden darf." (Freihalter, Gerd Ulrich: „Gewissensfreiheit – Aspekte eines Grundrechts", a. a. O.)

In die Diskussion gerät hier das rechtliche Prinzip der Güterabwägung zur Abwehr eines faktischen Missbrauchs verfassungsrechtlicher Normen. Aber auch die Güterabwägung zeigt sich nicht als Königsweg aus dem juristischen Entscheidungsdilemma:

„Die Güterabwägung ist in der Tat nicht problemlos; denn sie gibt gerade nicht, was ihre Befürworter erhoffen und ihre Gegner ihr absprechen: die letztgültige Entscheidungsrichtlinie. Der Hinweis auf den fehlenden Abwägungsmaßstab [...] besteht zu Recht. Der Rekurs auf die Verfassung hilft nicht weiter [...], da die Verfassung den Interpreten in der hier umrissenen Situation gerade im Stich lässt oder allenfalls vage Richtlinien und Hilfen anbietet, die aber ebensogut in die eine wie in die andere Waagschale geworfen werden können." (Freihalter, Gerd Ulrich: „Gewissensfreiheit – Aspekte eines Grundrechts", a. a. O., S. 234)

Und die Argumentation wird fortgeführt:

„Gerade die Abwägung bei der Gewissensfreiheit beweist dies, wo sich vom Grundgesetz hoch bewertete Normen gegenüberstehen können und das angeblich höhere Gewicht der einen sich lediglich als negative Behauptung zuungunsten der anderen darstellt." (Freihalter, Gerd Ulrich: „Gewissensfreiheit – Aspekte eines Grundrechts", a. a. O.)

Um überhaupt begründet richten zu können, obwohl objektive Abwägungsmaßstäbe fehlen und ideologische „Kontaminierung" auch bei den Entscheidern nicht ausgeräumt werden kann, zieht man sich auf die Minimalforderung nach Plausibilisierung zurück. So erfolgt der Ruf nach Plausibilisierung zum Beispiel auch im Abschnitt c) der Thesen, die auf dem 70. Deutschen Juristentag mit Blick auf das Strafrecht und das Referat des erwähnten BVerfG-Richters vorgelegt wurden: Der Betroffene soll zum Beispiel eine religiöse Verhaltenspflicht nachweisen – so, wie der Antragsteller für betäubungslose Schächtungen „zwingende religiöse Vorschriften" in das Feld zu führen hat. (Schluckebier, Wilhelm: „Thesen zum Referat von Richter des BVerfG Wilhelm Schluckebier", a. a. O., S. 29)

Damit wird neben nebulösen Begriffen wie „unausweichliche seelische Bedrängnis" und „ernsthafte Gewissensnot" ein weiteres Kernproblem offensichtlich, das über juristisch-theoretische Mängel und deutsche verfassungsrechtliche Auslegungsdifferenzen hinausführt und selbst christlich-theologisches Wissen weit überschreitet:

Im Fall der muslimischen Antragsteller zur Ausübung betäubungsloser Schächtungen gelangen befasste Veterinärämter und Gerichte mit ihrem eher rudimentären religiösen Fachwissen schnell in das Abseits, wenn vorgetragene „zwingende Vorschriften" einer kulturfremden Religion auf ihre Relevanz zu prüfen sind. Die nachstehenden Beispiele zeigen, dass selbst ausgewiesene Islam-Experten sich hinsichtlich der „zwingenden Vorschriften" nicht festlegen können. So äußerte sich der Islam-Wissenschaftler Osama Badran im Deutschlandfunk dazu wie folgt:

„Es gibt verschiedene Rechtsschulen, und alles ist nicht so streng und ordentlich, wie man sich das in Europa wünscht. Man muss den Angaben des Moslems einfach glauben."

(Bernstein, Christian, Bericht: „Neuer Erlass zum Schächten", Deutschlandfunk, 19. 12. 2002, Internet: Datum des letzten Abrufs: 01. 11. 2016, http://www.deutschlandfunk.de/neuer-erlass-zum-schaechten.697.de.html?dram:article_id=71825)

Und dann heißt es in dem Deutschlandfunk-Bericht weiter:

„Gestern blieb auch offen, wie in Nordrhein-Westfalen ab dem 1. Januar mit Anträgen auf die Befreiung von der Betäubung verfahren wird. Die Rechtspraxis ist bisher nicht eindeutig klar, der Islam hat zur Betäubung beim Schächten keine einheitliche Auffassung. Badran empfiehlt deswegen: ‚Am besten die Al-Aksa-Universität in Ägypten fragen, die haben Experten für so etwas.' Ein Vorschlag, auf den sich deutsche Beamte wohl kaum einlassen werden." (Bernstein, Christian, Bericht: „Neuer Erlass zum Schächten", a. a. O.)

Und natürlich ist es kein Problem, die Palette der Expertenmeinungen auch im Jahr 2016 auszuweiten, da selbst jetzt noch keine Einigung mit bestimmten fundamentalistisch-orthodoxen Kreisen im Islam zu erzielen ist:

„‚Unter zeitgenössischen muslimischen Gelehrten ist umstritten, ob Fleisch als 'halal' gelten darf, das von unter Betäubung geschlachteten Tieren stammt', betont etwa Bilal Erkin, Forscher am Institut für Islamische Theologie an der Universität Osnabrück."

(Jochheim, Tobias, Bericht: „Tierschützer vs. Islam. Schächter wider Willen", Neuß-Grevenbroicher Zeitung, NGZ-Online bzw. Rheinische Post, Internet: Datum der Veröffentlichung: 25. 01. 2016, 11:52 Uhr, Datum des letzten Abrufs: 02. 11. 2016, http://www.rp-online.de/nrw/staedte/neuss/neusser-schlachthof-fuer-halal-fleisch-schaechter-wider-willen-aid-1.5710719)

Weiter heißt es dort:

„In der Tat verlassen sich die meisten Gläubigen unter der türkischstämmigen muslimischen Bevölkerung in Deutschland in religiösen Fragen auf die Türkisch-Islamische Union der Anstalt für Religion e. V. (DITIB). Und in deren Buch ‚Grundzüge islamischer Religion' [...] heißt es auf Seite 319 unmissverständlich: ‚Wenn das Tier mit Elektroschock betäubt wird, muss es, bevor das Tier stirbt, nach der richtigen Art und Weise geschächtet werden, in diesem Fall ist das Fleisch essbar.' Das dürfte selbst vielen Muslimen, die sich daran gebunden fühlen, allerdings nicht bewusst sein, wie Islam-Experte Erkin bestätigt."

(Jochheim, Tobias, Bericht: „Tierschützer vs. Islam. Schächter wider Willen", a. a. O.)

Die Grußbotschaft des DITIB zum Opferfest des Jahres 2009 an die Gemeinschaft der Gläubigen lautete dann auch klar und eindeutig im Sinne der bezogenen religiösen Position: Das rituelle Schächten der Opfertiere mit vorheriger Betäubung ist dem Islam gemäß erlaubt:

„Wer zum Fest ein Opfertier darbringt, sollte darauf achten, dass dies entsprechend der Bestimmungen und Regeln des Islam erfolgt und die notwendigen Hygiene- und sonstigen Schutzbestimmungen dabei eingehalten werden. Es spricht nichts dagegen, die Tiere vor dem Schächten durch einen Elektroschock oder durch ähnliche Mittel zu betäuben, um ihnen unnötige Qualen zu ersparen."

(Türkisch-Islamische Union der Anstalt für Religion e. V. (DITIB): „Grußbotschaft des DITIB-Vorsitzenden Sadi Arslan zum Opferfest", in: Internetseite: DITIB Presse, Köln, 25. 11. 2009, Internet: Datum des letzten Abrufs: 02. 11. 2016, http://www.ditib.de/detail1.php?id=176&lang=de)

Aus dem Vorstehenden wird klar:

Prekär ist die Uneinheitlichkeit in den Schächtungsausagen islamischer Religionsgemeinschaften für deutsche behördliche Entscheider. Und ausgerechnet primär die Veterinärämter vor Ort sollen in diesem religionstheoretischen „Minenfeld" klare, fundierte Beurteilungen erstellen und mit Blick auf mehr oder weniger zutreffende religiöse Begründungen handeln?

Ebenfalls zeigt sich:

Verfassungsrechtliche Begriffe wie „Gewissen" oder „Gewissensfreiheit" lassen sich bei bestem wissenschaftlichem Willen nicht mit konkreten, gesellschaftlich verbindlichen Inhalten und interdisziplinär anerkannten Maßstäben füllen. Die Vielzahl konkurrierender Erklärungsversuche zeigt in der Tat die auch heute noch bestehende rechtstheoretische Hilflosigkeit. Daraus folgt, dass sich auch Worthülsen wie „Gewissenskonflikt" und „unausweichliche seelische Bedrängnis" nicht wissenschaftlich fundiert definieren lassen. Um mit Freihalter zu sprechen: Sie entziehen sich ebenfalls jeder rational nachprüfbaren Erkenntnis und sind nur in ihrer „Außenwirkung" bewertbar:

> „Dies bedeutet etwa für das ‚Gewissen', dass nicht nach seinem ‚Wesen', sondern nur nach seinen Äußerungen, nach seinen Eigenschaften und seinen Relationen im Rahmen unserer gegenwärtigen Erkenntnisse zu fragen sein wird." (Freihalter, Gerd Ulrich: „Gewissensfreiheit – Aspekte eines Grundrechts", a. a. O., S. 78)

Sieht man die Begriffsinhalte für „Gewissen", „Gewissensnot" und „unausweichliche seelische Bedrängnis" ganz pragmatisch als „black box" und ignoriert wissenschaftliche oder alltagstheoretische Argumentationen um mögliche Bedeutungen, so gelangt man zwangsläufig zur Akzeptanz und Verwendung der rechtstheoretischen Minimalforderung „Plausibilität".

Der Betroffene hat glaubhaft und nachvollziehbar darzulegen, warum er zum Beispiel aus religiösen Gründen zu betäubungslosem Schächten gezwungen ist und ob nicht doch der Ausweg alternativen Handelns besteht - etwa durch eine Geldspende zum Opferfest anstelle des Schächtens.

Lässt man sich auf diese rechtstheoretische Notlösung ein, die nur eine oberflächliche Bewertung des mehr oder minder logischen Agierens der Betroffenen ermöglicht, so zeigt sich selbst hier, dass man vor gravierenden Fehleinschätzungen nicht gefeit ist. Nachstehend sei an rechtspraktischem Beispiel dargestellt, wie der auf Plausibilitätsüberlegungen gründende Glaubwürdikeitstest in die Falschentscheidung führen kann.

4. 1. 3. Glaubwürdigkeitsprüfung der Religiosität im Praxistest

Zurück also zu einem handfesten Lehrbeispiel religiöser Glaubwürdigkeit aus dem Schächtbetrieb in Aßlar: Da der türkische Schlachter Ausnahmegenehmigungen zum Schächten erhielt, darf angenommen werden, dass er neben der unzulässigen Einschränkung seiner Berufsfreiheit auch eine „unausweichliche seelische Bedrängnis" und einen „gelebten und praktizierten Glauben" gerichtsfest nachweisen konnte (vgl. Hirt u. a., München 2016, S. 257).

Selbst wenn dieser Antragsteller tatsächlich betäubungslose Massenschächtungen als seine unbedingte religiöse Pflicht glaubhaft darstellte: Was ist mit seinen Mitarbeitern bzw. Hilfskräften? Es ist wohl sicher, dass eine Schlachterei dieser Größenordnung kein Ein-Mann-Unternehmen sein kann. Haben die angestellten Schlachterei-Hilfskräfte, die in den Betrieben im Zeitablauf natürlich auch wechseln, ebenfalls ihre „unausweichliche seelische Bedrängnis" und ihren „gelebten und praktizierten Glauben" darlegen müssen, bevor die Ausnahmegenehmigung erteilt wurde? Werden neu eingestellte Hilfskräfte, die zum Beispiel nur zum Opferfest tätig werden, ebenfalls entsprechend überprüft? Hier sind berechtigte Zweifel angebracht.

Wie es um die Strenggläubigkeit (und damit auch um die Glaubwürdigkeit der amtlichen Überprüfung) des Schlachters aus Aßlar bestellt ist, zeigt ein Artikel in der Frankfurter Rundschau, der auch von „pro iure animalis" zitiert wird:

„Muslim-Metzger Rüstem Altinküpe, Aßlar, nach eigenem Bekenntnis angeblich strenggläubiger Sunnit (der wegen religiös begründeter Schächtbegehr vor das Bundesverfassungsgericht zog) fragte sogar bei einer jüdischen Gemeinde (!) an, ‚ob er pro forma dort Mitglied werden könne, weil Juden in Deutschland das Schächten doch erlaubt sei'."

(pro iure animalis (Hrsg.): Arbeitskreis für Umweltschutz und Tierschutz – Bundesarbeitsgruppe gegen betäubungsloses Schächten, Sonderdruck: „Informationen über das betäubungslose Schächten von Tieren", 8. überarbeitete Auflage, Februar 2013; Quelle: Frankfurter Rundschau vom 15. 01. 2002; Internet: Datum des letzten Abrufs: 02. 11. 2016, http:-//www.pro-iure-animalis.de/dokumente/schaecht_sonderdruck-_www.pdf)

Soweit zur gerichtsfesten Glaubwürdigkeit und Integrität dieses Schächters. In der „Berliner Zeitung" vom 06. 04. 2005 erfährt man ebenfalls Erstaunliches. Es heißt dort:

„Zwischen 1995 und 2002 wurden in Deutschland keine Ausnahmegenehmigungen für betäubungslose Halal-Schlachtungen erteilt. In dieser Zeit haben alle muslimischen Schlachter mit Elektrokurzzeitbetäubung geschlachtet (auch R. Altinküpe, dessen Prozess bis zum BVerfG gelangte)."

(Schädlich, Susan: „Tierärzte lehnen es ab, Tiere ohne Betäubung zu töten. Für religiöse Schlachtungen suchen sie nach Kompromissen – Auf Messers Schneide", in: Berliner Zeitung vom 06. 04. 2005; Internet: Datum des letzten Abrufs: 02. 11. 2016, http://www.berliner-zeitung.de/tieraerzte-lehnen-es-ab--tiere-ohne-betaeubung-zu-toeten--fuer-religioese-schlachtung-en-suchen-sie-nach-kompromissen-auf-messers-schneide-15-515720)

Diese Fragen drängen sich auf:

Wo war die „unausweichliche seelische Bedrängnis", wo war die ins Feld geführte „unbedingte religiöse Pflicht" zum betäubungslosen Schächten in der Zeit vor 2002?

Wie kann jemand noch gerichtlich glaubwürdig sein, der vor dem Schächturteil jahrelang kein Problem mit der Anwendung der EKZB vor dem Schächten hatte? Aber auch hier stellt sich die Zusatzfrage:

Wie steht es mit der Glaubwürdigkeit der amtlichen Überprüfung? Sah man über das frühere, für die Seriosität seiner religiösen Einstellung so bezeichnende Verhalten gütig hinweg oder hatten die veterinärmedizinischen und juristischen Entscheider einfach nur einen schlechten Tag?

Anzuwenden war hier der zweite Grundsatz zur Prüfung des Vorliegens „zwingender Vorschriften", der auf ein widersprüchliches Verhalten des Antragstellers abhebt: „Widersprüchliches Verhalten spricht gegen das Vorliegen einer zwingenden Notwendigkeit" (Neue Zeitschrift für Verwaltungsrecht (NVwZ), Rechtsprechungsreport, 2010, S. 262: Verwaltungsgerichtshof München; zitiert nach: Hirt u. a., München 2016, S. 257). Und wie früher vorstehend erwähnt: „Wer bereits Tiere mit normaler oder Elektro-Kurzzeitbetäubung (EKZB) geschlachtet hat, kann sich nicht mehr auf einen Gewissenskonflikt und ein daraus resultierendes zwingendes Betäubungsverbot berufen, [...]" (Hirt u. a., München 2016, S. 261; vgl. auch: Natur und Recht, (NuR) 2003, S. 511, 512, Verwaltungsgericht Stuttgart)

In seiner Fachschrift „Das betäubungslose Schächten der Tiere" führte der Arzt und Tierschützer Hartinger mit Blick auf die Rechtsprechung des Bundesverwaltungsgerichts bereits im Jahre 1996 aus:

„Entsprechend unseren Gesetzen gehört es zur Pflicht von Verwaltungsbehörden, für beantragte Ausnahmegenehmigungen zum betäubungslosen Schächten der Tiere den Nachweis der **zwingenden Religionsvorschrift** zu fordern."

(Hartinger, Werner: „Das betäubungslose Schächten der Tiere
– Religionsvorschrift oder Kulthandlung im 20. Jahrhundert?",
Abschnitt: „Amtsermittlungspflicht", S. 42 f., Sept. 1996, a. a.
O.)

Weiterhin wird dort der naheliegende Verdacht geäußert, dass
eine angemessene Glaubwürdigkeitsprüfung durch die befassten Behörden oftmals nicht stattfindet, ja sogar aufgrund indi-
rekter Vorgaben vorgesetzter Stellen unterbleibt, da man vom
Pfade falsch verstandener „political correctness" nicht abwei-
chen möchte:

„Trotz des erwähnten Urteils des Bundesverwaltungsgerichts ist das erstaunlicherweise nicht der Fall. Offensichtlich werden diesbezügliche Erklärungen von Religionsangehörigen sozusagen als eine Art ‚Gotteswort'
übernommen, das über eine Nachprüfung erhaben ist.
Das geht so weit, daß zur Rechtfertigung solcher Ausnahmegenehmigungen laut Aussage des Berliner Sena-
tors für das Gesundheitswesen, Peter Luther (CDU),
sogar ‚geschichtliche Verpflichtungen' angeführt werden.
(SZ vom 26. 01. 96) Damit wird eindeutig gegen die
Amtsermittlungspflicht verstoßen."

(Hartinger, Werner: „Das betäubungslose Schächten der Tiere
– Religionsvorschrift oder Kulthandlung im 20. Jahrhundert?",
Abschnitt: „Amtsermittlungspflicht", Sept. 1996, a. a. O.)

Die Einschätzung Hartingers ist mittlerweile zwanzig Jahre alt,
aber in keiner Weise von Entwicklungen der Zwischenzeit
überholt. Leider ist zu konstatieren, dass sich in der Alltags-
routine der Entscheider in Veterinärämtern und unteren Gerichten kaum etwas zum Besseren bewegt hat.

Allerdings war gerade Hartinger auch bekannt, dass sich „zwingende religiöse Vorschriften" weder in der Thora noch im Koran finden lassen, womit eine Suche danach und die Nachweisführung vor dem zuständigen Amt schlicht in die Absurdität abgleiten. Beharrt etwa die Veterinärbehörde auf der Darlegung entsprechender religiöser Textbeweise, so fordert sie vom Antragsteller die Quadratur des Kreises.

Sollten das auch die damit befassten Amtsveterinäre und Juristen wissen, dann erklärt sich damit zumindest teilweise die von Hartinger beobachtete Unlust, sich bei Antragstellung tiefer mit dem Sachverhalt der „zwingenden Vorschriften" zu beschäftigen – ganz abgesehen davon, dass rational denkenden Menschen (also auch Amtsträgern) die Unmöglichkeit der Erforschung des Gewissens und der „unausweichlichen seelischen Bedrängnis" der Antragsteller klar sein wird.

Der zweite Punkt der Kritik bei Hartinger hat ebenfalls aktuellen Charakter: Auch heute noch ist bezüglich der „rituellen betäubungslosen Schächtung" oftmals eine soziopolitische Haltung zu beobachten, die man tatsächlich mit politischer Korrektheit benennen könnte. Damit ist jedoch nicht allein die moralische Rücksichtnahme auf religiöse Minderheiten - wie die der Juden oder Muslime in Deutschland - gemeint. Der bei Hartinger genannte Begriff der besonderen „geschichtlichen Verpflichtungen" spricht hier Bände, und es ist traurig und lachhaft zugleich, wenn engagierte Tierschützer mit Blick auf das angestrebte Verbot der rituellen betäubungslosen Schächtung als rechtslastig oder gar neonazistisch angehaucht bezeichnet werden.

Durch Argumentationsstrategien dieser Art, die natürlich unter die Gürtellinie zielen, dürfen die Institutionen des demokratischen deutschen Rechtsystems nicht beschädigt werden. Kommt es soweit, dass zum Beispiel die Amtsermittlungspflicht ausgehebelt wird, weil entsprechend meinungsgefärbte politische Einflussnahmen erfolgen, dann haben in unserem Staat nicht nur Tierschützer ein ernstes Problem.

4. 1. 4. Der deutsch-islamische Sonderweg des ZMD

Eine diametral entgegengesetzte Position zu muslimischen Befürwortern der Schächtung mit Betäubung nimmt der Zentralrat der Muslime in Deutschland ein. Es lohnt sich daher, näher auf dargelegte Argumente einzugehen:

„Alle wesentlichen islamischen Gruppierungen Deutschlands haben bisher immer wieder ihre sorgfältig geprüfte Glaubensüberzeugung zum Ausdruck gebracht, nach der die betäubungslose Schächtung als wesentlicher Bestandteil unserer Religionsausübung zwingend vorgeschrieben ist und zum lebendigen Inhalt unseres Glaubens gehört."

(Zentralrat der Muslime in Deutschland e. V. (ZMD): „Zum Thema islamisches Schächten", offener Brief, Antwort auf die Briefaktionen der Tierschutzvereine, Köln, 04. 03. 2000, Unterzeichner: Dr. Nadeem Elyas, Vorsitzender; Internet: Datum des letzten Abrufs: 02. 11. 2016, http://zentralrat.de/14594.-php)

Und weiter folgt dann nachstehende klare Positionierung für das **Schächten ohne Betäubung**:

„Wir sind ebenfalls davon überzeugt, dass unsere Art der Schlachtung die humanste ist. Durch die Durchtrennung der Halsschlagader erfolgt eine sofortige Anämie des Hirns mit gleichzeitiger Betäubung und sekundenschnellem Tod durch Stillegung des Atemzentrums. Eine vorherige Betäubung bringt nur eine unnötige zusätzliche Qual für das Tier mit sich." (Zentralrat der Muslime in Deutschland e. V., a. a. O.)

Diese Position, die alle wissenschaftlichen Belege der Tierquälerei durch betäubungslose Schächtung ignoriert und ausgerechnet die Betäubung selbst als tierquälerisch abqualifiziert, wurde bis heute nicht korrigiert.

Sie wird weiterhin vom aktuellen Vorsitzenden des Zentralrats der Muslime (ZMD), Ayman Mazyek, vertreten, der betäubungsloses Schächten als Voraussetzung für die richtige Form des Fleischverzehrs benennt. Auf die kürzliche Frage des Journalisten der „Frankfurter Allgemeine", ob ein Verbot des betäubungslosen Schächtens überhaupt mit dem Islam vereinbar sei, antwortete der Zentralratsvorsitzende:

„Die richtige Form des Fleischverzehrs für Muslime und Juden sieht diese Form des Schächtens in der Tat vor. Davon machen Muslime in Deutschland auch direkt oder indirekt Gebrauch; indirekt, weil auch viel Fleisch aus anderen Ländern wie z. B. Belgien importiert wird."

(Georgi, Oliver, Bericht: „Zentralrat der Muslime zu AfD. Haben noch keine Antwort von Petry erhalten", in: Frankfurter Allgemeine, Rubrik Politik, 02. 05. 2016; Internet: Datum des letzten Abrufs: 02. 11. 2016, http://www.faz.net/aktuell/politik/-inland/zentralrat-der-muslime-zu-afd-haben-noch-keine-antwort-von-petry-erhalten-14211690.html)

Angehängt wurde dann der relativierende Satz:

„Bei uns in Deutschland ist das Schächten von Tieren aber schon jetzt nur als sehr reglementierte Ausnahmeregelung möglich und wo der Tierschutz gewahrt werden muss."(Georgi, Oliver, Bericht: „Zentralrat der Muslime zu AfD. Haben noch keine Antwort von Petry erhalten", a. a. O.)

Die klare Antwort auf die Frage nach der Vereinbarkeit des Verbots der Schächtung ohne Betäubung mit dem Islam wurde somit geschickt umgangen, indem man nebulös auf die „sehr reglementierte Ausnahmegenehmigung" hinwies. Der Kern der Aussage ist bei aller rhetorischen Taktik jedoch deutlich erkennbar:

Alle gläubigen Muslime, die auf die „richtige" - also dem Islam entsprechende - Weise Fleisch verzehren wollen, müssen dem ZMD zufolge auf das Fleisch betäubungslos geschächteter Tiere zurückgreifen.

Mit vorgenannten Aussagen dient diese Position leider vielen gläubigen Muslimen weiterhin als religiöse Richtschnur, obgleich der Verein „Zentralrat der Muslime in Deutschland" nur etwa 10.000 Mitglieder zählt (n-tv spricht von 20.000 Mitgliedern) und somit gerade einmal 0,2 % bzw. 0,4 % der nunmehr fast fünf Millionen Muslime in der Bundesrepublik erfasst.

(Wikipedia, die freie Enzyklopädie (Hrsg.), Seitentitel: „Zentralrat der Muslime in Deutschland", Autoren: Wikipedia-Autoren, siehe Versionsgeschichte, Datum der letzten Bearbeitung: 10. 10. 2016, 04:29 UTC, Versions-ID der Seite: 158618494, Datum des Abrufs: 25. 10. 2016, 07:54 UTC, Permanentlink: https://de.wikipedia.org/w/index.php?title=Zentralrat_der_Musli me_in_Deutschland&oldid=158618494; ebenfalls: epd, Bericht: „Studie der Konrad Adenauer Stiftung: Größte Muslimgemeinschaft künftig in Deutschland", in: Migazin, Migration in Germany, Fachmagazin für Migration und Integration Overath, 14. 01. 2016; vgl. auch: Schareika, Nora, Bericht: „Ditib, Islamrat und Co.: Wer spricht für die Muslime in Deutschland?", in: n-tv, 13. 01. 2015; Internet: Datum des letzten Abrufs: 02. 11. 2016, http://www.n-tv.de/politik/Wer-spricht-fuer-die-Muslime-in-Deutschland-article14309876.html)

Um das n-tv-Motto aufzugreifen:

Wer spricht für die Muslime in Deutschland? Erwähnt wurde bereits die Türkisch-Islamische Union der Anstalt für Religion (DITIB), die einer Schächtung mit Betäubung zustimmt. An dieser Stelle lohnt sich daher ein Größenvergleich mit dem medienwirksam anscheinend allgegenwärtigen ZMD. Die Türkisch-Islamische Union schreibt über sich selbst:

„DITIB wurde in der Mitgliederversammlung vom 05. 07.1984 in Köln nach bürgerlichem Recht für die Koordinierung der religiösen, sozialen und kulturellen Tätigkeiten der in ihr organisierten Vereine als bundesweiter Dachverband gegründet. Im Gründungsjahr waren dies 230 Vereine, mittlerwiele sind es über 900."

(Türkisch-Islamische Union der Anstalt für Religion e. V. (DITIB), Köln 2016, Internetseite: „Über uns", Stichworte: „Dachverband - Gründung und Struktur"; Internet: Datum des letzten Abrufs: 02. 11. 2016, http://www.ditib.de/; siehe auch: Schareika, Nora, Bericht: „Ditib, Islamrat und Co.: Wer spricht für die Muslime in Deutschland?", a. a. O.)

Und weiter heißt es dort:

„Die angeschlossenen Ortsgemeinden sind rechtlich und wirtschaftlich selbstständige eingetragene Vereine, die die gleichen Prinzipien und satzungsgemäßen Zwecke der DITIB verfolgen und die DITIB als Dachverband anerkennen. DITIB ist heute die mitgliederstärkste Migrantenorganisation in der Bundesrepublik Deutschland und ist zu einem anerkannten Glied in der Kette der anderen Anstalten und Einrichtungen mit religiöser und sozialer Zielsetzung in der Bundesrepublik Deutschland, und so zu einer wichtigen Säule der Gesellschaft, geworden. Umfragen zufolge, vertritt die DITIB über 70% der in Deutschland lebenden Muslime."

(Türkisch-Islamische Union der Anstalt für Religion e. V. (DITIB), Köln 2016, Internetseite: „Über uns"; siehe auch: Schareika, Nora, Bericht: „Ditib, Islamrat und Co.: Wer spricht für die Muslime in Deutschland?", a. a. O.; Unterstreichung von V. Mariak)

Rechnet man mit etwa fünf Millionen deutscher Muslime, dann vertritt die DITIB eine Bevölkerungsgruppe von insgesamt 3.500.000 Personen gegenüber den maximal 20.000 Muslimen des ZMD. Soviel zum Stellenwert des ZMD – insbesondere bezogen auf seine Erklärungen / Weisungen zum betäubungslosen Schächten.

Das selbst streng islamische Länder sich seit Jahren für die Schächtung mit Betäubung entscheiden und entsprechend religiöse Weisungen an die Glaubensgemeinschaft erteilen, zeigen nachfolgende Beispiele.

So berichtet die Tierschutzorganisation „ANIMAL LIFE" von ihrem Engagement in der Türkei bereits im Jahre 2001:

„Der Bürgermeister von Bursa informierte die anwesenden Politiker, Amtstierärzte, Vertreter der Metzgerverbände und des Fleischhandels und die Presseleute über Massnahmen zur Verbesserung der Fleischhygiene und der Fleischqualität und teilte mit, dass von Regierungsseite keine Einwände gegen die Betäubung der Schlachttiere vorlägen. Veranlasst durch unseren Besuch beim Dekan forderte die veterinärmedizinische Fakultät Bursa bei der obersten religiösen Autorität in Ankara eine schriftliche Stellungnahme zur Betäubung an. Der Hohe Ausschuss für Religionsangelegenheiten bestätigt daraufhin in seinem Gutachten, dass von religiöser Seite keine Einwände gegen die Betäubung bestünden. Somit existieren weder rechtsgültige Verordnungen noch geistliche Einwände, die am betäubungslosen Schächten festhalten."

(Hardegger, Dora, Bericht: „Betäubung vor dem Schächten in der Türkei", Animal Life Schweiz - Tierschutz ohne Grenzen, 2006; Internet: Datum des letzten Abrufs: 02. 11. 2016, http://-www.animal-life.ch/projekte/betaeubung_vor_dem_schaechten/bet_turkei.html; Unterstreichungen von V. Mariak)

Sichten wir noch eine andere wichtige Quelle geistig-religiöser Führung und deren Position zum Schächten mit Betäubung:

Gemeint ist hier das „Ständige Komitee für islamische For-schung und Rechtsfragen". Dieses Komitee wirkt als beraten-des Amt für islamische Rechtsfragen (Fataawa) im streng-gläubigen Königreich Saudi Arabien, 1971 gegründet mit kö-niglichem Dekret. Keine Fatwa wird von diesem Komitee ver-öffentlicht, ohne das die Mehrheit der Gelehrten in absoluter Übereinstimmung (Ijma) über sie ist. Das Komitee besteht aus fünf führenden Religionsgelehrten in der Funktion eines Alims oder Muftis sowie dem Vorsitzenden. Dieses Gremium geist-licher Führer kommt hinsichtlich der Schächtung mit Betäu-bung zu folgendem Schluss:

„Wenn das Tier trotz Betäubung noch lebt und die Schlachtung entsprechend der Schari'ah erfolgt, dann ist es erlaubt, von seinem Fleisch zu essen. Wenn das Tier unter der Narkose stirbt, ist es rechtswidrig, von seinem Fleisch zu essen; die Schlachtung nach dem Tod wäre nutzlos."

(ISLAMfatwa, Das Ständige Komitee für islamische Forschung und Rechtsfragen, Saudi Arabien, Internetauskunft, Soziale Angelegenheiten, Frage an das Komitee: „Fleisch von Tieren, die unter Betäubung geschlachtet werden, halal?", 2016, Inter-net: Datum des letzten Abrufs: 02. 11. 2016, http://islamfatwa.-de/soziale-angelegenheiten/177-essen-und-trinken/essen/983-fleisch-von-tieren-die-unter-betaeubung-geschlachtet-werden-halal)

Fazit:

In diesem Lichte bleibt festzuhalten: Die Darlegungen des Zentralrates der Muslime Deutschlands zum Thema betäu-bungsloses Schächten sind schlicht falsch.

Sie sind aber nicht nur desinformativ bezüglich wissenschaftlicher Fakten - wie nachstehend noch näher ausgeführt wird -, sondern wenden sich auch gegen Religionsexperten aus der eigenen Glaubensgemeinschaft.

Sowohl die oberste Religionsbehörde in Ankara als auch das „Ständige Komitee für Rechtsfragen" in Saudi-Arabien halten die Betäubung der zu schächtenden Tiere für angemessen. In Deutschland hat sich die Türkisch-Islamische Union (DITIB) ebenfalls klar für die Betäubung ausgesprochen.

Warum also wendet sich der Zentralrat der Muslime e. V. in Deutschland dagegen? Besitzt der ZMD eine höhere religiöse Kompetenz als die türkische Religionsbehörde und das „Ständige Komitee für Rechtsfragen" im strenggläubigen Saudi-Arabien? Oder wird hier einfach ein fundamentalistischer Sonderweg versucht, um als relativ kleiner Verein im öffentlichen Gespräch zu bleiben?

In diesem Zusammenhang stellt sich auch eine grundlegende rechtstheoretische Frage: Kann es denn wirklich die Aufgabe des Staates sein, dem einzelnen Mitglied einer Glaubensgemeinschaft Privilegien zu gewähren, zu deren Einräumung der weitaus überwiegende Teil der Glaubensgemeinschaft selbst keinen Anlass sieht? (Peters, Karl, Juristenzeitung (JZ) Tübingen, Nr. 72, S. 521; siehe auch: Freihalter, Gerd Ulrich: „Gewissensfreiheit – Aspekte eines Grundrechts", a. a. O., S. 121, Fußnote 229)

4. 1. 5. Schächten – ein schneller, schmerzloser Tod?

Mit Blick auf die Befürwortung der betäubungslosen Schächtung durch den ZMD sollen hier die Aussagen „sofortige Anämie" und „sekundenschneller Tod" noch einmal nähere Betrachtung finden. Der Vorstand des ZMD hätte sich die Zeit für
die Sichtung einschlägiger wissenschaftlicher Berichte nehmen müssen, um zu erkennen, welch pseudowissenschaftli-
che Desinformation der ZMD da zum Besten gibt. So fand Dr.
Ernst Breitling, der frühere Präsident der Bundestierärztekammer, zum Thema betäubungsloses Schächten dann auch
deutliche Worte:

"<u>Es liegt ein klarer Fall von Tierquälerei vor</u>. Und es kann
nur so sein, dass diese Ausnahmen nicht mehr zugelas-
sen werden. Und damit muss das Gesetz geändert werden. Das ist unsere Position."

(Report Mainz: „Neue Erkenntnisse der Bundestierärztekammer", Statement von Dr. Ernst Breitling, Präsident der Bundestierärztekammer, in: Das Erste, ARD-Politmagazin, 13. 06.
2008; Internet: Datum des letzten Abrufs: 02. 11. 2016, http://-
www.swr.de/report/ist-schaechten-tierquaelerei-neue-erkennt-
nisse-der-bundestieraerztekammer/-/id=233454/did=3563876/-
nid=233454/56xitl/index.html; siehe auch: Redaktion Fleischwirtschaft, Fleischwirtschaft.de – Bonn, 18. 07. 2008: „Tierärzte gegen Schächten", Quelle: Allgemeine Fleischerzeitung
29 / 2008; Internet: Datum des letzten Abrufs: 02. 11. 2016, http://www.fleischwirtschaft.de/wirtschaft/nachrichten/Tieraerzte-
gegen-Schaechten-11321, Unterstreichung von V. Mariak)

Jahrelang zeigten immer wieder tierärztliche Experten wie zum
Beispiel Eugen Seiferle (Professor für Veterinär-Anatomie an
der Universität Zürich) mit wissenschaftlicher Gründlichkeit
auf, dass mit dem betäubungslosen Schächten erhebliche
Schmerzen verbunden sind und die Tiere keinesfalls nach
dem Schächtschnitt sofort in einen Schock verfallen.

Die Autoren Hirt u. a. sprechen in ihrem Kommentar zum Tier-SchG genau dieses Thema an und bieten einen tiefergehen-den Überblick entsprechender Fachliteratur (Hirt u. a., München 2016, S. 251 ff.; Beispiel: Seiferle, Eugen: „Der Standpunkt des Veterinärmediziners und Tierpsychologen", in: Schriftenreihe des Schweizerischen Tierschutzverbandes, Basel 1971, Nr. 6: „Das sogenannte Schächtverbot").

Im Kommentar zum TierSchG von Hirt u. a. wird insbesondere auf die Problematik fehlerhafter Schächtung näher eingegangen:

„**Fehler, die beim Schächtvorgang häufig vorkommen,** können darüber hinaus zu zusätzlichen Leiden führen. Beispiele: Sägende oder hackende Schnitte; ungeeignete, nicht ausreichend scharfe Messer, Bildung von Thromben an der Schnittwunde, die das Entbluten und damit den Bewusstseinsverlust verzögern und u. U. ein höchst schmerzhaftes ‚Nachschneiden' notwendig machen; Zurückrutschen der Enden der durchschnittenen Halsschlagadern in die Muskulatur, was das Ausfließen des Blutes behindert, Thromben begünstigt und ebenfalls zu Nachschneiden führt; Schächten von Tieren, die stark erregt sind und bei denen infolgedessen der Bewusstseinsverlust noch später als sonst eintritt; Aspirieren von Blut und / oder Panseninhalt durch Bildung von Blutseen beim Schächten in Rückenlage; gegenseitiges Berühren der Wundränder während oder nach dem Schächtschnitt; [...]" (Hirt u. a., München 2016, S. 251)

Ebenso deutlich wird Dr. Erwin Kessler, Präsident des „Vereins gegen Tierfabriken (VgT Schweiz)" in seiner Schrift „Wie lange leiden Tiere beim Schächten?".

Indem er zunächst aus chirurgischer bzw. anaesthesiologischer Sicht den Schächtvorgang in allen blutigen Details beschreibt, zitiert E. Kessler den Arzt und Chirurgen Hartinger (Kessler, Erwin: „Wie lange leiden Tiere beim Schächten?", in: Verein gegen Tierfabriken (VgT), Gesamtschweizerische Tierschutz- und Konsumentenschutz-Organisation, 10. 10. 2001 Tuttwil (Schweiz); Internet: Datum des letzten Abrufs: 02. 11. 2016, http://www.vgt.ch/news_bis2001/011010.htm)

Bereits 1996 schilderte Hartinger in seiner Dokumentation „Das betäubungslose Schächten der Tiere im 20. Jahrhundert" - beginnend mit dem Kapitel „Anatomische Verhältnisse der cerebralen Durchblutung des Tieres" - präzise den Schächtverlauf, die Schmerzreaktionen und die Effekte während des langsamen Ausblutens und schließt mit dem Kapitel „Medizinische Beurteilung des Blutentzuges". (Hartinger, Werner: „Anatomische Verhältnisse der cerebralen Durchblutung des Tieres", in: Hartinger, Werner: „Das betäubungslose Schächten der Tiere im 20. Jahrhundert", Sept. 1996, a. a. O., S. 46 ff., und folgende Kapitel bis einschl. S. 53).

Hartinger benennt detailliert in seinem Kapitel „Der Schächtvorgang" folgende Effekte:

„Zu den unerträglichen Schnittschmerzen bekommt das Tier somit noch Todesangst durch Atemnot. Infolge dieses atemnot-, angst- und schmerzbedingt verstärkten Atmungsvorganges wird das Blut und der aus der durchtrennten Speiseröhre austretende Vormageninhalt in die Lungen aspiriert, was zusätzlich zu schweren Erstickungsanfällen führt. Und das alles - im Gegensatz zu den Behauptungen der Schächt-Befürworter - bei vollem Bewußtsein des Tieres! Denn die Blutversorgung des Gehirnes ist noch gegeben." (Hartinger, Werner: „Das betäubungslose Schächten der Tiere im 20. Jahrhundert", Sept. 1996, a. a. O., S. 50)

Des Weiteren berichtet Hartinger:

„Filmaufnahmen belegen die volle Reaktionsfähigkeit und bewußte Orientierung des ausblutenden Tieres, das nach dem Entfesseln mit der entsetzlichen Halswunde aufsteht und orientiert dem Ausgang des Raumes zutaumelt. Der Oberveterinär-Rat und Schlachthofdirektor Dr. med. vet. Klein Remscheid-Lennep hat diese Beweisführung über das noch vorhandene Bewußtsein des Tieres in Bildreihen festgehalten. Gleichwertige Aussagen finden sich in dem Buch ,Tierschutz und Kultur' von M. Kyber mit Vorwort des Präsidenten des Deutschen Tierschutzbundes Dr. A. Grasmüller."

(Hartinger, Werner: „Das betäubungslose Schächten der Tiere im 20. Jahrhundert", Sept. 1996)

Von hoher Bedeutung ist der Einwand Kesslers, dass in der Regel – wie etwa auch bei der Darlegung des Veterinär-Anästhesiologen Urs Schatzmann (Professor des Faches an der Universität Bern) - Laborergebnisse vorgetragen werden, die man folglich nur unter optimal kontrollierten Versuchsbedingungen erzielte und die sich bezüglich der alltäglichen Situation in den Schlachthöfen kaum verallgemeinern lassen (vgl. Hirt u. a., München 2016, S. 250; siehe dazu auch: Schatzmann, Urs: „Das Schächten von Tieren. Wissenschaftliche und tierschützerische Aspekte", in: Neue Zürcher Zeitung (NZZ), 10. 10. 2001; Internet: Datum des letzten Abrufs: 02. 11. 2016, http://www.vgt.ch/news_bis2001/schatzmann-schaechten.pdf)

Die Kritik an Professor Schatzmann umfasst eine weitere fachliche Information zur Blutzufuhr speziell bei Rindern, die entscheidende Bedeutung für das Argument der angeblich schnellen Bewusstlosigkeit nach den Kehlschnitten besitzt und in diesem Text anfangs bereits erwähnt wurde:

„In einer Veröffentlichung in der NZZ vom 10. Oktober 2001 behauptet Prof. Urs Schatzmann, Bern, nach dem Schächtschnitt würden Rinder das Bewusstsein nach maximal 32 Sekunden verlieren. Wie aus dem Text hervorgeht, liegt dieser Behauptung die Annahme einer plötzlichen Unterbrechung der Blutzufuhr zum Gehirn zugrunde. Diese Annahme ist falsch. Prof. Schatzmann unterschlägt die vom Schächtschnitt nicht durchtrennten Arterien im Nacken." Kessler, Erwin: „Wie lange leiden Tiere beim Schächten?", in: Verein gegen Tierfabriken (VgT Schweiz), a. a. O.)

Und Kessler fährt fort mit der detailgetreuen Schilderung entsprechender Videoaufzeichnungen. Diese Sequenz ist für die Einschätzung des Schächtvorgangs m. E. von zentraler Bedeutung, da sie den Schächtalltag aufzeigt und keine „graue Theorie". Sie soll daher ausführlich in besonderer Textlänge genannt werden:

„Ich selber habe das Schächten von Munis im Schlachthof Wien aus nächster Nähe beobachten können, insbesondere auch die Augenbewegungen der Tiere. Dass Rinder nach maximal 32 Sekunden das Bewusstsein verlieren würden, stimmt definitiv nicht. Jedermann kann sich selbst davon überzeugen: Von der Website www-.vgt.ch können neue Videoaufnahmen von jüdischem Schächten in England und weitere Dokumentarfilme heruntergeladen werden - nur für starke Nerven. Selbst Menschen, die einiges gewohnt sind - Ärzte, Jäger, Metzger - wird es dabei schlecht." (Kessler, Erwin: „Wie lange leiden Tiere beim Schächten?", in: Verein gegen Tierfabriken (VgT Schweiz), a. a. O.)

Der Autor beschreibt dann schrittweise den beobachteten Schächtvorgang in jedem seiner entsetzlichen, abstoßenden Details:

„Folgendes ist zu sehen: Es handelt sich offensichtlich um einen Ausschnitt aus der Routinearbeit eines mechanisierten jüdischen Schlachthofes.

Fall 1

Der Hals der Kuh wird durch eine mechanische Hebevorrichtung gestreckt durch Aufwärtsdrücken des Kopfes. Die Nüstern der Kuh vibrieren. Vor Schmerz und Angst aufgerissene Augen. Schäumender Speichel fliesst aus dem Maul. Der Schächter schneided die Kehle der Kuh durch, indem er 13 mal hin und her säbelt. Die Kuh zuckt vom Messer zurück soweit sie kann und ihr Ausdruck zeigt Schmerz und große Angst. Die Kuh verliert das Bewusstsein nicht sofort; der Film endet vorher.

Fall 2

Wieder wird der Hals der Kuh gestreckt und der Kopf mechanisch aufwärts gedrückt. Die Kuh steht dabei aufrecht in einer Box. Nach drei Schnitten strömt das Blut heraus; der mechanische Halsstrecker wird gelöst, aber das Tier verliert das Bewusstsein nicht. Es ist deutlich bei vollem Bewusstsein während das Blut aus der klaffenden Wunde strömt.

Seine Augen blicken und blinken, es bewegt seine Ohren und es hält seinen Kopf aufrecht. Nach 30 Sekunden wird auf der Stirne ein Bolzenschuss angesetzt, aber die Kuh verliert das Bewusstsein immer noch nicht. Sie schafft es immer noch, ihren Kopf frei aufrecht zu halten, als der Film nach 50 Sekunden endet." (Kessler, Erwin: „Wie lange leiden Tiere beim Schächten?", in: Verein gegen Tierfabriken (VgT Schweiz), a. a. O.; Unterstreichungen von V. Mariak)

Und Kessler schließt mit den Worten:

„Am Ende der ganzen Videosequenz macht die Kuh nach der ganzen Prozedur - Schächtschnitte und Bolzenschuss – sogar noch einen Schritt zurück, gerade noch sichtbar, bevor der Film abbricht."

Des Weiteren folgt die Bewertung der grauenhaften Szenen bezüglich der unzureichenden Bolzenschussanwendung:

„Vermutlich werden für den Bolzenschuss zu schwache Ladungen verwendet oder absichtlich Fehlschüsse angewendet, damit das Tier während dem Schlachtvorgang nicht getötet wird, weil die Tiere angeblich gemäss Religionsvorschrift lebend geschächtet werden müssen, jedoch vom Schlachthof nach 30 Sekunden ein Bolzenschuss vorgeschrieben ist, um die Leidenszeit zu begrenzen. Diese Praxis - Verwendung von Kleinviehmunition für Grossvieh - habe ich persönlich bei moslemischem Schächten in einer türkischen Metzgerei in Lengnau / BE beobachtet. Im vorliegenden Videofilm ist die Ladung offenbar so schwach, dass die Kuh nicht einmal momentan bewusstlos wird, sondern nur von Schmerz gepeinigt die Augen zukneift - eine satanische Schlachtmethode im Namen Gottes!" (Kessler, Erwin: „Wie lange leiden Tiere beim Schächten?", a. a. O.)

Der bereits zitierte Chirurg Hartinger berichtete in seiner Fachschrift im Kapitel "Gehirndurchblutung und Bewußtlosigkeit":

„Die Blutversorgung des tierischen Gehirnes erfolgt also durch drei paarig angelegte Gefäss-Stränge. Zwei Hals-Schlagadern, zwei Arterien innerhalb der Halswirbelkörper und zwei weitere in der Nackenmuskulatur.

Diese sechs Hauptarterien anastomosieren im oberen Halsbereich sowie weitere Gefässverbindungen im vorderen Kopfbereich über die Arteria maxillaris zur Schädelbasis vorhanden sind." (Hartinger, Werner: „Das betäubungslose Schächten der Tiere im 20. Jahrhundert", Sept. 1996, a. a. O., S. 50)

Und weiter legte Hartinger dar:

„Außerdem existieren Gefäss-Anastomosen über die massive Nackenmuskulatur zum Kopfesinneren. Diese Vernetzung der Gefässe hat auch bei Durchtrennung der Halsschlagadern eine noch ausreichende Blutversorgung des Gehirnes zur Folge. Entsprechend des bekannten physiologischen Vorganges reduziert der Körper beim Ausbluten seine periphere Durchblutung zugunsten von Hirn, Herz und Nieren bis auf Null. Da das Tier außerdem an den Hinterläufen aufgehängt wird, versorgt der orthostatische Flüssigkeitsdruck im Gefäßsystem zusätzlich das Gehirn so lange mit Blut und hält das Tier bei Bewußtsein, bis praktisch bei schlagendem Herzen der gesamte Blutinhalt des Gefäss-Systems auf diese Weise ausgelaufen ist." (Hartinger, Werner: „Das betäubungslose Schächten der Tiere im 20. Jahrhundert", Sept. 1996, a. a. O.)

Bis zum Eintritt der Bewusstlosigkeit und somit einsetzender Schmerzfreiheit vergehen in diesem Todeskampf nicht etwa Sekundenbruchteile oder Sekunden sondern Minuten:

„Dieser Vorgang dauert nach allgemeiner Erfahrung mehrere Minuten, wobei Angaben bis zu 14 Minuten existieren.

Die unterschiedlichen Zeitangaben sind auf die verschiedenen Kriterien zurückzuführen, ob man die Reaktionen des Körpers als Maßstab nimmt, den Cornealreflex, das Kreislaufsystem oder das Aufhören des Blutens aus den Gefäßenden oder des Herzschlages." (Hartinger, Werner: „Das betäubungslose Schächten der Tiere im 20. Jahrhundert", Sept. 1996, a. a. O., S. 51)

Jeder weitere Kommentar hierzu erübrigt sich. Hartinger war hochqualifizierter Chirurg und beschrieb mit wissenschaftlicher Präzision und aus medizinischer Sicht den Vorgang des betäubungslosen Schächtens. Ein schneller, fast schmerzfreier Tod – wie die Schächtbefürworter diese Schlachtart so gern charakterisieren – sieht anders aus.

4. 1. 6. Verursacht Elektro-Betäubung zusätzliche Schmerzen?

Bezogen auf die pseudowissenschaftlichen Ausführungen des ZMD, die betäubungslose Schächtung sei die humanste Schlachtweise, weil sofortige Anämie des Hirns durch Lähmung des Atemzentrums zum sekundenschnellen Tod führe und gerade die vorherige Betäubung (z. B. durch Elektrokurzzeitbetäubung bzw. EKZB) nur zusätzliche Qualen verursache, soll hier ein Forschungsresultat angesprochen werden, dass diese „schräge" Argumentationsstrategie scheinbar untermauert.

Der Sachverhalt ist richtig: Die neuere Forschung der israelischen Wissenschaftler Zivotofsky und Strous legt nahe, dass auch die Elektro-Betäubung von Tieren nicht den Königsweg darstellt, sondern ebenfalls problembehaftet ist. Die beiden Forscher haben im Rahmen ihrer Arbeiten zur Elektrokrampftherapie Resultate vorgelegt, die auch Befürwortern der EKZB erneut zeigen, dass die EKZB nur ein Zwischenziel des Tierschutzes sein kann.

Zur Faktenlage:

In den Praxis-Informationen des „Mitteilungsblattes Fleischforschung Kulmbach" wird die Fachschrift von Zitovsky und Strous erörtert und in Kurzform vorgestellt:

„Die meisten Wissenschaftler sind heute der Meinung, dass eine effektive elektrische Betaubung, die zu einem *Grand mal*, einem epileptischen Anfall führt, tatsächlich einen Zustand der Empfindungslosigkeit für mehrere 10 Sekunden hervorruft. Dies wird, in Kombination mit einer effektiven Entblutung, von Vielen als humane Methode betrachtet, um Tiere zu schlachten.

Die israelischen Wissenschaftler A. Z. Zivotofsky und R. D. Strous haben nun eine Bewertung der Elektrobetäubung von Tieren auf Grundlage der Erfahrungen von Menschen mit der Elektrokrampftherapie (EKT) vorgelegt (a perspective on the electrical stunning of animals: Are there lessons to be learned from human electro-convulsive therapy?).“

(Troeger, Klaus: „Die Elektrobetäubung von Tieren im Lichte der Elektrokrampftherapie beim Menschen“, in: Mitteilungsblatt Fleischforschung Kulmbach (2012) 51, Nr. 195 – Praxis-Informationen; Quelle: Meat Science 90 (2012) 956-961; Internet: Datum des letzten Abrufs: 02. 11. 2016, http://www.fgbaff.de/-upload/meine_bilder/mtb-01-2012/PI%20195%2001%20Troeger%20S511.pdf)

Letztendlich heißt es dann dort:

„Die Autoren kommen zu dem Schluss, dass Fehlbetäubungen oder auch Betäubungen mit korrekt platzierten Elektroden, die jedoch nur eine elektrische Stimulation unterhalb der Krampfschwelle (Immobilisation) bewirken, weniger human sind als ein Schlachten (durch Blutentzug) ohne Betäubung. Derartige Fehlbetäubungen halten sie, selbst unter den besten Bedingungen, für unvermeidbar.“ (Troeger, Klaus: „Die Elektrobetäubung von Tieren im Lichte der Elektrokrampftherapie beim Menschen“, a. a. O.)

Mit Blick auf die bei Menschen angewandte Elektrokrampftherapie argumentieren Zivotofsky und Strous, dass diese Behandlungsform aktuell nur bei Sedierung und Allgemeinanästhesie vertretbar sei. Ohne diese zusätzliche, schmerzdämpfende Behandlung wäre Elektrokrampftherapie „[...] als grausam, unethisch und ungerechtfertigt Leiden verursachend anzusehen – ob bei Menschen oder Tieren.“. (Troeger, Klaus: „Die Elektrobetäubung von Tieren im Lichte der Elektrokrampftherapie beim Menschen“, a. a. O.)

Sollten die Resultate der beiden israelischen Forscher – wie wissenschaftlich üblich - überprüft und nicht falsifiziert werden können, dann ist auch die Elektrokurzzeitbetäubung unter einem anderen Lichte zu sehen.

Völlig abwegig wäre jedoch die Schlussfolgerung, man müsse nun auf EKZB generell verzichten und nur noch ohne Betäubung schlachten bzw. schächten, weil dieses Töten dann angeblich „humaner" sei.

Im voraufgegangenen Text wurde ausführlich auf das qualvolle Verenden (oder sollte man besser sagen: Krepieren) der Tiere bei betäubungslosem Schächten eingegangen. Erinnert sei hier nur an die Berichte von Hartinger und Kessler oder an die klare Aussage des früheren Präsidenten der Bundestierärztekammer, Dr. Ernst Breitling (Präsident von 2003 bis zum Jahre 2007)

Das Fazit dieser Experten:

Betäubungsloses Schächten ist übelste Tierquälerei. Von „grausamen, unethischen und ungerechtfertigten Leiden" bei Elektrobetäubung zu sprechen (s. o.) und gleichzeitig den Tod durch Aufschneiden und langsames Ausbluten und Ersticken bei vollem Bewusstsein zu propagieren, ist entweder sehr naiv oder zynisch.

Zu den Forschungsresultaten von Zivotofsky und Strous sei angemerkt: Sie beziehen sich im Rahmen der vergleichenden Forschung natürlich nur auf spezielle Gruppen und nicht etwa auf die Gesamtheit aller menschlichen Patienten oder die Gesamtheit aller Schlachttiere. Somit lassen sie sich lediglich bedingt verallgemeinern. Soweit auf Fehlbetäubungen abgehoben wird, sei darauf hingewiesen, dass Tierschützer und Veterinäre vor Ort seit Langem über die „Schwächen" der Betäubungsmethoden informieren.

So verweist die Tierschutzorganisation PETA in ihrem Internet-Bericht über „die qualvollen Betäubungsmethoden in deutschen Schlachthöfen" gerade auch auf die Problematik der Elektro-Betäubung („elektrische Durchströmung"):

„Auch bei dieser Art der Betäubung werden viele Tiere unter anderem aus folgenden Gründen nicht ausreichend bewusstlos und erfahren daher einen schmerzhaften Stromschlag: unruhige und panische Tiere, Elektroden an der falschen Stelle, zu geringe Stromstärke und Dauer, ungeeignetes und mangelhaft gewartetes Gerät sowie zu viele Tiere in der Betäubungsbox. Laute oder stumme Aufschreie sind die Folge einer Fehlbetäubung."

(PETA Deutschland e. V., Bericht: „Die qualvollen Betäubungsmethoden in deutschen Schlachthöfen", Abschnitt: „Elektrische Durchströmung", Stuttgart, Stand: April 2015, Internet: Datum des letzten Abrufs: 02. 11. 2016, http://www.peta.de/im-schlachthof#.WBoID9XhAnQ)

Ob die Betäubung durch elektrische Durchströmung, Bolzenschuss oder Vergasung durch Kohlendioxid (CO_2) geschieht: Immer erfolgt auch eine Vielzahl von Fehlbetäubungen, und in jedem Fall sind dabei unvorstellbare Schmerzen und Leiden die Folge. Wer meint, dass ein völlig schmerzfreies Schlachten möglich ist, befindet sich im Land der Fantasie. Daran ändern leider auch die detaillierten rechtlichen Praxis-Vorgaben der Tierschutz-Schlachtverordnung (TierSchlV) nicht allzu viel (siehe dazu: Hirt u. a., München 2016, S. 1019 ff., Anlage 1, (zu § 12 Absatz 3 und 10). Abweichende und zusätzliche Bestimmungen zu den zulässigen Betäubungsverfahren nach Anhang I der Verordnung (EG) Nr. 1099 / 2009)

Ein Kommentar von „Vegan.eu" fasst diesen unbefriedigenden Sachverhalt noch einmal zusammen:

„So wichtig es auch ist, für die Einhaltung der Tierschutz-gesetze und für deren Ausbau einzutreten, so ist es eine Illusion zu glauben, dass ein schmerzfreies Töten von Tieren selbst bei optimalem Vorgehen in jedem Einzelfall gewährleistet werden könnte. Selbst bei korrekter An-wendung von Betäubungsmethoden - von der wir oft noch weit entfernt sind - wird es immer einen, wenn auch geringen, Prozentsatz an Tieren geben, bei denen die Betäubung nicht hinreichend greift und die daher unter Schmerzen sterben."

(Vegan.eu: Bericht: „Elektrobetäubung beim Schlachten ist grausam und inhuman. Humane Schlachtungen sind eine Illu-sion.", 29. 12. 2012, Quelle: Zivotofsky, A. Z., & Strous, R. D. (2012): "A perspective on the electrical stunning of animals: are there lessons to be learned from human electroconvulsive therapy (ECT)?", in: *Meat Science*, 90(4): 956-61; Internet: Datum des letzten Abrufs: 03. 11. 2016, http://www.vegan.eu/-index.php/meldung-komplett/items/elektrobet%C3%A4ubung.-html)

Und weiter heißt es dort:

„Natürlich ist die betäubungslose Schlachtung keine Al-ternative, sondern erhöht im Gegenteil das Leid für die große Mehrheit der Tiere. Dennoch ist aber eine Schlachtung mit Elektrobetäubung nicht als human zu betrachten, weil sie für eine Minderheit der Tiere zu ei-nem Schmerzexzess führt, der sogar noch über dem durch eine betäubungslose Schlachtung erzeugten Leid liegt. Wenn wir aber davon ausgehen, dass das Leid des einzelnen Tieres zählt, ist es widersinnig, einer derar-tigen Betäubungsform einen humanen und nichtgrausa-men Charakter zuzusprechen. Für einen Teil der Tiere ist diese Betäubungsart vielmehr wie eine Operation oh-ne Narkose zu bewerten."

(Vegan.eu: Bericht: „Elektrobetäubung beim Schlachten ist grausam und inhuman. Humane Schlachtungen sind eine Illusion.", a. a. O.)

Zu dieser ethisch integren Position ist anzumerken:

Selbstverständlich zählt das Leid der einzelnen Tiere und ebenso selbstverständlich muss es das Ziel des Tierschutzes sein, das Schlachten bzw. Schächten völlig abzustellen. Das Problem ist die Durchsetzbarkeit in der sozio-ökonomischen, kulturellen und rechtlichen Realität unserer Gesellschaft. Strategisch klug handelt, wer eine Politik der kleinen Schritte verfolgt und nicht davon ausgeht, dass der ganz große Wurf schon übermorgen gelingt: Die vegane oder auch nur vegetarische Lebensphilosophie wird sich in absehbarer Zeit nicht gesellschaftsumfassend etablieren können.

Mit Blick auf die Tötung durch betäubungsloses Schächten muss deutlich sein: Die geforderte Elektrokurzzeitbetäubung (EKZB) wird das Leiden bei der überwiegenden Mehrheit der Tiere erheblich mindern. Die Forderung nach der EKZB beim Schächten ist als Kompromiss zu begreifen, da eine totale Abkehr von der im Judentum und im Islam gängigen Praxis des Schächtens kurz- und mittelfristig so wenig erreichbar ist, wie die umfassende Beendigung der Tierquälerei und des Tötens in den Schlachthöfen des deutschen bzw. westeuropäischen Standards. Für alle menschlich und verständig Denkenden bleibt die Folgerung:

Solange Tiere in unseren Schlachthöfen nur als „Fleischprodukt auf Beinen" gesehen und brutal getötet werden, solange wird es dort Leiden, Schmerzen und Tierquälerei geben.

Eine Überlegung, die sich in diesem Zusammenhang auf-drängt und insbesondere mit Sicht auf zweifelhafte Schäch-tungs-Begründungen im Stile des Zentralrates der Muslime in Deutschland (ZMD) abhebt, richtet sich auf die bereits erwähn-te Pseudowissenschaftlichkeit und ihre oftmals religiös-ortho-doxe Fundierung.

Dieser leise Verdacht liegt auch nahe bei den beiden israeli-schen Forschern, wenn sie betonen, dass ein betäubungs-loses Schlachten durch Blutentzug humaner sei als eine feh-lerhafte Elektrobetäubung. Ohne die Ergebnisse der beiden Wissenschaftler infrage zu stellen, sei hier noch einmal der Bericht des Chirurgen Hartinger rekapituliert, damit auch im letzten Detail deutlich wird, welche Tragweite die Ausführung der Forscher besitzt, sollte man aufgrund dessen von Betäu-bungen absehen:

Jeder, der mit operativer und anästhesiologischer Erfahrung den präzisen Ablauf einer betäubungslosen Schächtung beobachtet hat oder medizinisch nachvollziehen kann, weiß, dass während des Ausblutens die zerschnittenen Gefäße thromboisieren und verstopfen, dass es zu einer Lähmung der Zwerchfell-Muskulatur kommt, die das Atmen erschwert, dass zu den unerträglichen Schnittschmerzen noch die Todesangst des Tieres gesteigert wird, weil es in Atemnot gerät. Er weiß weiterhin, dass der Vormagen-Inhalt aus der durchtrennten Speiseröhre austritt und in die Lungen aspiriert, was zu schweren Erstickungsanfällen führt. (Ablauf-Schilderung des Schächtvorgangs nach: Hartinger, Werner: „Anatomische Ver-hältnisse der cerebralen Durchblutung des Tieres", in: „Das betäubungslose Schächten der Tiere im 20. Jahrhundert", Sept. 1996, S. 46 ff., und folgende Kapitel bis einschl. S. 49 f., a. a. O.)

Dies alles geschieht bei vollem Bewusstsein des Tieres - wie vom ZMD gefordert und von Zivotofsky und Strous zumindest nahegelegt:

Die Blutversorgung des Gehirns ist noch gegeben und eine volle Reaktionsfähigkeit und bewusste Orientierung des ausblutenden Tieres besteht weiterhin. (Zum Ablauf der Schächtung: Hartinger, Werner: „Das betäubungslose Schächten der Tiere im 20. Jahrhundert", a. a. O., S. 50)

Wie können Wissenschaftler mit dieser Kenntnis noch von weniger oder mehr Humanität sprechen? Oder bestehen in diesem Feld überhaupt keine präziseren medizinischen Erfahrungen der Autoren? Zum Abschluss eines Ethik-Workshops im Rahmen des DIAREL-Projektes legte der Direktor des Taubenschlag-Institutes der Universität Tel Aviv, Shai Lavi, seine Schlussfolgerungen dar:

„Obwohl die Argumente in der Sprache der Wissenschaft vorgebracht werden, liegt ihnen oftmals a priori die Überzeugung zugrunde, dass religiöse Vorschriften nicht nur im spirituellen Bereich der Normen, sondern auch im Bereich der Wissenschaft gültig und überlegen seien. Die hier zugrunde liegende Motivation einschließlich ihres Ergebnisses einer religiösen Instrumentalisierung der Wissenschaft ist im besten Fall als auf Entschuldigung zielend, im schlimmsten Fall als fundamentalistisch zu bezeichnen."

Und weiter argumentiert der Direktor des universitären Taubenschlag-Instituts, dass diese Haltung sowohl bezüglich der Normen als auch hinsichtlich tatsächlicher Sachverhalte der Religion implizit das letzte Wort zuweist:

Statt zu einem offenem Dialog zu führen, hat der Versuch, religiöse Überzeugungen auf wissenschaftlichen Boden abzustützen, oftmals den gegenteiligen Effekt mit sich gebracht und selbst dann zur Ablehnung neuer Schlachtmethoden geführt, wenn diese gar nicht den Wortlaut der religiösen Vorschriften, sondern lediglich die (zudem irreführende) Interpretation ihres Geistes verletzten.

Nach jüdisch-fundamentalistischer Auffassung, in welcher Fakten und Normen durcheinander geraten, kann eine neue Methode schon deswegen nicht besser für den Schutz der Tiere sein, weil die jüdische Religion in jedem Falle die beste Lösung für sämtliche Probleme biete.

(Lavi, Shai, Director of the Taubenschlag Institute of Criminal Law, Faculty of Law, Tel Aviv University: „Die Geschichte der Schächt-Debatte in Deutschland und ihre Lehren für die Gegenwart", Appendices, Appendix 1, in: Caspar, Johannes u. Harrer, Friedrich (Hrsg.): Das Recht der Tiere und der Landwirtschaft, Bd. 6: Caspar, Johannes u. Luy, Jörg (Hrsg.): Tierschutz bei der religiösen Schlachtung, Die Ethik-Workshops des DIAREL-Projekts, NOMOS Baden-Baden, 1. Aufl. 2010, S. 36)

Shai Lavi fügt abschließend hinzu, er habe erst vor kurzem eine ähnliche Betrachtungsweise auch bei Muslimen beobachten können (Lavy, Shai, Director of the Taubenschlag Institute of Criminal Law, Faculty of Law, Tel Aviv University: „Die Geschichte der Schächt-Debatte in Deutschland und ihre Lehren für die Gegenwart", a. a. O.)

Es ist interessant, dass selbst moderate, dem rücksichtsvollen Diskurs verflichtete Experten, die den Dialog zwischen Wissenschaft und Religion anstreben, zu dem vorgenannten Resultat gelangen - sogar wenn es ihre eigene Religion betrifft und nicht nur die Befürworter betäubungsloser Schächtung im Bereich des Islam.

Angesprochen wird in diesem Kontext zumindest indirekt ein Vorwurf gegenüber Schächtgegnern, der mit Sicht auf die seit 71 Jahren zurückliegende Überwindung des NS-Terrors und unser heutiges demokratisches Staatswesen eine besonders perfide Argumentation aufzeigt: **Der Vorwurf, Schächtgegner seien automatisch verkappte Antisemiten oder Rassisten.**

Dieser Vorwurf hat Tradition. Ein Blick in die deutsche Vergangenheit sei daher erlaubt:

Lange vor der Machergreifung des NS-Regimes in Deutschland wurde am 29. 01. 1930 im bayerischen Landtag ein „Gesetz über das Schlachten von Tieren" erlassen, das die Schächtung von Rindern, Schweinen, Schafen, Ziegen, usw. nur unter der Prämisse vollständiger Betäubung erlaubte. Dem Gesetz zufolge konnte die Betäubung durch mechanische Apparate oder durch einen Kopfschlag erfolgen. Bei Nichtbefolgung waren Geldstrafen oder eine Haft bis zu sechs Monaten Gefängnis möglich. Diese Schächtverbot galt damals orthodoxen Juden als die erste antisemitisch motivierte Verletzung der Rechtsgleichheit von Juden. (Wikipedia, die freie Enzyklopädie (Hrsg.), Seitentitel: „Schächten", Autoren: Wikipedia-Autoren, siehe Versionsgeschichte, Datum der letzten Bearbeitung: 07. 10. 2016, 19:10 UTC, Versions-ID der Seite: 158557085, Datum des Abrufs: 25. 10. 2016, 07:44 UTC, Permanentlink: https://de.wikipedia.org/w/index.php?title=Sch-%C3%A4chten&oldid=158557085)

Späterhin – 1936 - wurde die Elektro-Betäubung vor der Schechita von dem Rabbiner Yehiel Jacob Weinberg erforscht. Auch hier erfolgte die Ablehnung dieses ethisch vertretbaren Kompromisses durch fast alle Rabbiner. Begründung: Das Problem der Betäubung sei zumindest teilweise antisemitisch motiviert. Der bereits erwähnte Professor Shai Lavi führt dazu aus:

„Einige Rabbis wählten allerdings eine andere Herangehensweise, darunter Rabbi Yehiel Jacob Weinberg, Direktor des Orthodoxen Rabbinerseminars in Berlin, und Rabbi Isaac Unna, der Rabbi von Mannheim. Sogar während des Nationalsozialismus' konnten sie erkennen, dass das Verbot der betäubungslosen Schlachtung nicht bloß auf die Verfolgung der jüdischen Religion zielte.

Unna und Weinberg argumentierten, dass im Gegensatz zu historischen Verfolgungen der jüdischen Religion, das gegenwärtige Verbot nicht nur Juden betreffe, sondern jüdische wie nichtjüdische Fleischer gleichermaßen. Außerdem war das Verbot ihrer Meinung nach das Ergebnis eines neuen moralischen Empfindens, das nicht direkt mit dem Regime des Bösen zusammenhängt und bereits seit Jahren in anderen europäischen Ländern existiert, insbesondere in der Schweiz seit 1893. Schlussendlich stellten sie fest, dass mehrere Gegner der rituellen Schlachtung Juden nicht hassten, sogar Juden bei anderen Angelegenheiten unterstützt haben, und einfach ernsthaft, wenn auch fälschlicherweise glaubten, dass die rituelle Schlachtung für die Tiere grausam sei."

(Lavi, Shai, Director of the Taubenschlag Institute of Criminal Law, Faculty of Law, Tel Aviv University: „Die Geschichte der Schächt-Debatte in Deutschland und ihre Lehren für die Gegenwart", a. a. O., S. 34)

Deutlich wird hier die Absage an unsachliche, vorschnelle Argumentation, die aktuell eben auch aus den Reihen orthodoxer Juden und Muslime kommt. Seine bemerkenswerte Schlussfolgerung, die ein klares Votum für den offenen, wissenschaftlichen Diskurs enthält, lautet dann auch:

„Paradoxerweise besteht der einzige Weg, den frontalen Zusammenstoß zu vermeiden und den Weg für einen Dialog zu öffnen, darin, die Nichtverrechenbarkeit von Religion und Wissenschaft anzuerkennen. Auch diese Position lässt sich in der Geschichte der Debatte finden. Rabbiner haben oftmals zugegeben, dass die traditionelle Ausübung der rituellen Schlachtung den Tieren Schmerzen bereiten könnte und nicht dazu geeignet sei, Schmerzen und Leiden der Tiere zu minimieren."

(Lavi, Shai, Director of the Taubenschlag Institute of Criminal Law, Faculty of Law, Tel Aviv University: „Die Geschichte der Schächt-Debatte in Deutschland und ihre Lehren für die Gegenwart", a. a. O., S. 36)

Speziell hinsichtlich der Antisemitismus- und Rassismus-Vorwürfe sei abschließend noch ein Wort des bereits genannten Arztes Hartinger zitiert:

> „Doch der Tierschützer, der sich gegen die Robben-Tötungen ausspricht, ist deshalb kein ‚Anti-Kanadier', der die Stierkämpfe ablehnt kein ‚Anti-Spanier', der das Wal-Abschlachten verurteilt kein ‚Anti-Japaner', der das Gemetzel der Schafe am Kurban-Bayrami-Fest nicht akzeptiert kein ‚Anti-Islamit' und derjenige, der aus Tierschutzaspekten eine Partei-Richtung nicht akzeptabel findet, kein ‚Anti-Politiker', sondern eben ein Tierschützer ... nicht mehr und nicht weniger!"

(Hartinger, Werner: „Das betäubungslose Schächten der Tiere in unserer Zeit", Vortrag am 08. 09. 2000, Vortragsreihe der Tierschutzpartei in Berlin-Charlottenburg, Quelle: www.tierschutz-online.de, 26. 09. 2000; Internet: Datum des letzten Abrufs: 03. 11. 2016, http://www.vgt.ch/news_bis2001/000926-.htm / Dortiger Text wurde übernommen von http://www.tierschutz-online.de/tierschutz/bgbs/hartinger-vortrag.shtml)

4. 1. 7. Das Konzept der seelischen Verrohung

Dem Konzept der „unausweichlichen seelischen Bedrängnis" steht ein anderes gegenüber, das mindestens genauso relevant ist: Die seelische Verrohung der Tierquäler. Schon der Moralphilosoph E. Kant (Metaphysik der Sitten, §§ 16 – 18) warnte vor dieser Gefahr. Eine aktuelle Schrift greift seine Argumentation noch einmal auf:

> „Da nichtmenschliche Tiere aber Schmerzen fühlen können, würden Menschen seelisch verrohen, wenn sie nichtmenschliche Tiere quälen. Die Folge ist die Forderung nach Leidensminimierung für nichtmenschliche Tiere, der Beginn des klassischen Tierschutzes."

(Balluch, Martin: „Autonomie bei Hunden", in: Wirth, Sven / Laue, Annett, / Kurt, Marcus / Dornenzweig, Katharina / Bossert, Leonie / Balgar, Karsten (Hrsg.): „Das Handeln der Tiere: Tierliche Agency im Focus der Human-Animal-Studies", S. 220, transcript-Verlag, Dezember 2015).

Einmal abgesehen von den heute klar widerlegten, irrigen moralphilosophischen Schlüssen, dass Tiere nicht mehr als eine bloße Sache im Eigentum des Menschen wären und der Schmerz der Tiere nur dann relevant sei, wenn er zwischenmenschliche Beziehungen belaste, weist Kant hier auf einen Sachverhalt hin, der als sogenanntes „Verrohungsargument" selbst in die erste Tierschutzgesetzgebung einfloss. Das Deutsche Referenzzentrum für Ethik in den Biowissenschaften definiert diese historische Position wie folgt:

> „Das Verbot der Tierquälerei begründet Kant nicht damit, dass derjenige, der Tiere quält, diesen Unrecht zufügt, sondern damit, dass der Tierquäler sich selbst in seiner Fähigkeit zum moralischen Handeln schwäche.

So verletze er eine Pflicht, die er gegen sich selbst habe. Tierquälerei beeinträchtige zudem die Fähigkeit zur Empathie mit fremdem (auch menschlichem) Leiden. Da diese Fähigkeit aber für das Zusammenleben von Menschen in einer Gemeinschaft ‚sehr dienlich' sei, verletze derjenige, der sie mutwillig aufs Spiel setzt, eine Pflicht gegenüber seinen Mitmenschen."

(Vermeulen, Verena (Verfasserin 2006): „Tierversuche in der Forschung", Kapitel III: „Kernfragen der ethischen Diskussion.", überarbeitet von: Galert, Thorsten, (März 2016, März 2013), Halsband, Aurélie, (Mai 2010), Herrfurth-Rödig, Birte, (2007), in: Deutsches Referenzzentrum für Ethik in den Biowissenschaften (DRZE), Bonn im Juli 2016; Internet: Datum des letzten Abrufs: 03. 11. 2016, http://www.drze.de/im-blick-punkt/pdfs/pdf-tierversuche-in-der-forschung/at_download/file)

Natürlich ist es kriminalpsychologisch nicht haltbar, von ausgeübter Tierquälerei automatisch und direkt auf eine spätere Gewaltbereitschaft gegenüber Mitmenschen zu schließen. Hier soll auch gar nicht erst William Hogarth mit seinen bekannten „four stages of cruelty" bemüht werden:

Es gibt keinen einfachen, direkten Automatismus von der Tierquälerei zur Gewalt gegen Menschen. Fakt ist jedoch, dass bei notorischen Gewalttätern eine zunehmende soziale Abstumpfung, ein Verlust an Empathie bis hin zur ausgeprägten dissozialen Persönlichkeitsstörung zu beobachten ist. Schon in früher Kindheit können sich psychopathische Züge ausbilden, die über die Tierquälerei bis späterhin zum Tötungsdelikt führen. Die Tierschutzorganisation „PETA Deutschland e. V." berichtet zu diesem Thema:

„Immer mehr Studien belegen, dass Gewalttaten gegen Tiere von Gerichten, Staatsanwaltschaften und Pädagogen ernst genommen werden müssen – Tierquälerei wurde inzwischen als kennzeichnendes Merkmal für die Störung des Sozialverhaltens und damit auch für die antisoziale Persönlichkeitsstörung aufgenommen (in der internationalen Klassifikation psychischer Krankheiten: ICD). Gerade wiederholte Tierquälerei ist ein wichtiges Alarmsignal und kann auf eine schwere psychische Störung des Täters hindeuten – und auf die Möglichkeit, dass er auch vor Gewalt gegen Menschen nicht zurückschreckt. Eine wachsende Zahl von Studien, beispielsweise die Kölner GAP-Studie, belegt diesen Zusammenhang. Täter, die in der Kindheit oder Jugend Tiere gequält haben, zeigen mit einer höheren Wahrscheinlichkeit auch Gewaltbereitschaft gegenüber Menschen. (1)"

(PETA Deutschland e. V.,Bericht: „Missbrauch von Tier und Mensch", Februar 2014; (1) zitiert aus: Sevecke, Kathrin, und Krischer, Maya K: „Tierquälerei und Persönlichkeitspathologie bei delinquenten Jungen und Mädchen. Ergebnisse aus der Kölner GAP-Studie", in: Persönlichkeitsstörungen: Theorie und Therapie, Vol. 13, Nr. 4, 2009; Internet: Letzter Abruf: 03. 11. 2016, http://www.peta.de/missbrauch-von-tier-und-mensch-leidensgenossen#.WBrqu9XhAnQ; Anmerkung von V. Mariak: Dem PETA-Text sind Fallbeispiele und eine sehr informative Literaturliste zum Thema beigefügt)

Im Abschnitt „Ein langer Weg der Gewalt" verweist der PETA-Bericht auf entsprechende Forschungsresultate:

„Tierquälerei ist nicht alleine das Ergebnis einer geringfügigen Persönlichkeitsspaltung des Tierquälers, sondern Symptom für eine tiefreichende Störung.

Die Forschung im Bereich der Psychologie und Kriminologie zeigt, dass Menschen, die Gewalttaten gegen Tiere begehen, es dabei nicht lassen. Viele von ihnen weiten ihre Taten auch auf ihre Mitmenschen aus." (PETA Deutschland e. V.,Bericht: „Missbrauch von Tier und Mensch", a. a. O.)

Weiter heißt es dort mit Blick auf amerikanische Befunde, dass nach Erkenntnissen des FBI wiederholte Tierquälerei - den FBI-Berichten zufolge - häufig zum Merkmalsbestand von Gewalttätern gehöre. Es folgt die klare Aussage:

„In den Richtlinien zur Diagnose und Behandlung psychischer und emotionaler Störungen wird Tierquälerei als Diagnosekriterium für Verhaltensstörungen genannt. (3) (4)"

(PETA Deutschland e. V., Bericht: „Missbrauch von Tier und Mensch", Februar 2014, a. a. O.; (3) zitiert aus: Goleman, Daniel: "Child's Love of Cruelty may Hint a Future Killer", in: The New York Times, 07. 08. 1991; (4) zitiert aus: New Orleans Times-Picayune: „Animal Abuse Forecast of Violence", 01. 01. 1987)

An einer späteren Stelle des PETA-Berichts wird auf den Zusammenhang zwischen Tierquälerei und Gewalt in der Familie hingewiesen:

„Da sich häuslicher Missbrauch immer gegen Schwächere richtet, gehen Tier- und Kindesmissbrauch oft Hand in Hand. Eltern, die die Bedürfnisse eines Tieres ignorieren oder Tiere quälen, neigen dazu, dies auch auf ihre Kinder zu übertragen. Von 57 untersuchten Familien im US-Bundesstaat New Jersey, die wegen Kindesmissbrauchs aufgefallen waren, hatte bei 88 % auch Tiermissbrauch stattgefunden.(15)

Von 23 britischen Familien, in denen Tiere gequält wurden, wurden 83 % von Experten des Kindesmissbrauchs oder der Vernachlässigung von Kindern für gefährdet befunden. (16)"

(PETA Deutschland e. V., Bericht: „Missbrauch von Tier und Mensch", Februar 2014, a. a. O.; (15) zitiert aus: DeViney, Elizabeth, Jeffrey Dickert, and Randall Lockwood: "The Care of Pets Within Child-Abusing Families," in: International Journal for the Study of Animal Problems, 1983, 4 : 321-329. (16) zitiert aus: Washington Humane Society: "Child Abuse and Cruelty to Animals")

Eine weitere bedeutsame Quelle sei hier angeführt. Sie beinhaltet das Statement eines ausgewiesenen deutschen Experten auf dem Gebiet der Psychologie. In der Beitragsreihe „Psychiatrie Heute" erörtert der Facharzt für Neurologie, Psychiatrie und Psychotherapie, Professor Dr. med. Volker Faust, das Problem der Tierquälerei speziell mit dem Blick auf junge Straftäter. In seiner Einführung heißt es:

„In der forensischen Literatur (Forensik: Gerichtliche Aspekte psychischer Krankheiten) spielt die Tierquälerei als Risikofaktor für späteres gewalttätiges Verhalten eine nicht unerhebliche Rolle (Einzelheiten beispielsweise siehe auch der Beitrag über den ‚gewissenlosen Psychopathen' in dieser Serie). So finden sich Berichte von Mehrfach- und Massenmördern, die in ihrer Kindheit regelmäßig Tiere quälten. Das lässt sich bisweilen sogar bis zu ernsthaften Phantasie-Extremen zurückverfolgen (z. B. einmal ‚Serien-Mörder' werden zu wollen und bereits durch Tierquälerei aufgefallen zu sein). Kurz: Es gibt offenbar einen wissenschaftlich nachweisbaren Zusammenhang zwischen Tierquälerei und späterer Gewalttätigkeit."

(Faust, Volker: „Tierquälerei - Was sind das bei jungen Tätern für Menschen?", in: PSYCHIATRIE HEUTE, Seelische Störungen erkennen, verstehen, verhindern; Arbeitsgemeinschaft Psychosoziale Gesundheit, Ravensburg, S. 3, o. J.; Internet: Datum des letzten Abrufs: 03. 11. 2016, http://www.psychosoziale-gesundheit.net/pdf/(Int.1-Tierquaelerei).pdf)

Dieser auch von Professor Faust beobachtete Zusammenhang zwischen der Gewalt gegen Tiere und der parallel erfolgenden oder später schrittweise einsetzenden Gewalt gegen Menschen sollte nicht gering geachtet werden, da es sich hier nicht nur um herausragende Einzelfälle handelt. Leider ist es so, dass eine Vielzahl notorischer Straftäter mit Gewaltdelikten gegen Menschen am Beginn ihrer „Karriere" ebenfalls als Tierquäler tätig war.

Mittlerweile ist die psychosoziale bzw. kriminologische Forschung gerade auch durch quantitative Aspekte dieses abweichenden Verhaltens sensibilisiert. Faust berichtet dazu in dem bereits genannten Fachtext, dass die Häufigkeit von Tierquälerei erst in den letzten Jahrzehnten konkreter in das Blickfeld der Forschung trat: Bis in die 80er Jahre wurde Tierquälerei zwar als Verhaltensauffälligkeit wahrgenommen und allgemein als abnorm eingestuft, jedoch nicht durchgehend und eindeutig als Symptom psychischer Störungen bewertet. Erst die dritte Überarbeitung des Diagnostischen und Statistischen Manuals Psychischer Störungen (DSMIII-R 1980) der Amerikanischen Psychiatrischen Vereinigung (APA) sowie die Internationale Klassifikation psychischer Störungen (ICD) der Weltgesundheitsorganisation (WHO) bewirkten hier eine Änderung. (Faust, Volker: „Tierquälerei - Was sind das bei jungen Tätern für Menschen?", S. 4, a. a. O.)

Beschäftigt man sich mit dem Thema Tierquälerei, so sind bestimmte fachliche Definitionen der psychologischen bzw. psychosozialen Disziplin hilfreich, um dort erörterte Sachverhalte besser verstehen zu können..

147

Wichtig ist hier zunächst der wissenschaftliche Unterschied zwischen „passiver" und „aktiver" Tierquälerei. Während passive Tierquälerei auf ein Unterlassen abhebt, wie zum Beispiel die Vernachlässigung oder Verwahrlosung von Tieren, liegt aktive Tierquälerei immer dann vor, wenn direkt gequält, misshandelt oder unnötig getötet wird. Ein weiterer bedeutender Unterschied besteht aus psychologischer Sicht mit dem Begriffspaar „normale" und „pathologische" Tierquälerei. Während normale Tierquälerei etwa bei Kindern im Vorschulalter geschieht und auf unreife emotionale Intelligenz oder mangelnde Beaufsichtigung gründet, ist pathologische Tierquälerei erst in einem späteren Alter zuzuordnen. (Faust, Volker: „Tierquälerei - Was sind das bei jungen Tätern für Menschen?", S. 2 f., a. a. O.)

Bezüglich der **Tierquälerei durch betäubungsloses Schächten** haben wir somit die Möglichkeit einer aktiven, pathologischen Handlung zu prüfen, die - auch wenn sie von bestimmten religiös-orthodoxen Gruppen gebilligt wird - ihren Negativ-Charakter nicht verliert. Mit Blick auf die Resultate der Kölner GAP-Studie (Gewalt – Aggression – Persönlichkeit) und die bereits erwähnte Veröffentlichung der Autorinnen Kathrin Sevecke und Maya K. Krischer (Sevecke, Kathrin, Krischer, Maya K.: „Tierquälerei und Persönlichkeitspathologie bei delinquenten Jungen und Mädchen. Ergebnisse aus der Kölner GAP-Studie", a. a. O.) schildert Faust – zunächst bezogen auf Kinder und Jugendliche – pathologische Tierquälerei wie folgt:

„[...] pathologische Tierquälerei erfasst nun nach Experten-Meinung vor allem ältere Kinder und Jugendliche. Bei ihnen ist Tierquälerei Ausdruck seelischen Ungleichgewichts, beispielsweise durch körperlichen oder sexuellen Missbrauch oder häusliche Gewalt. - In diesem Zusammenhang wurde auch ein dritter Typus vorgeschlagen, nämlich der mit delinquenten Tierquälern (Delinquenz:

Straffälligkeit durch Verletzungen rechtlicher Normen). Das sind Täter, die Alkohol oder Rauschdrogen während der Tierquälerei konsumieren oder andere antisoziale Handlungen begehen."

In der Argumentation zur pathologischen Tierquälerei nennt Faust eine Vielzahl weiterer Erklärungen für dieses abweichende Verhalten:

„Als pathologische (d. h. seelisch krankhafte) Gründe für Tierquälerei in diesen Zusammenhängen werten die Experten: Langeweile, Stimmungsverbesserung, Selbstwert-Erhöhung, gezieltes Abreagieren von Aggressionen, Ausleben sadistischer Phantasien oder die Wieder-Inszenierung des eigenen Traumas (also eine gezielte Wieder-Belebung früherer seelischer und psycho-sozialer Verwundungen)." (Faust, Volker: „Tierquälerei - Was sind das bei jungen Tätern für Menschen?", S. 4, a. a. O.)

Der Autor gelangt dann aufgrund der persönlichkeits-pathologischen Profile dieser Tätergruppe zu der Schlussfolgerung, dass Tierquälerei symptomatisch für zurückliegende Negativ-Erfahrungen sein könnte: Dies gelte insbesondere mit Blick auf familiäre Gewalt und häuslichen Missbrauch. Eine gezielte Untersuchung müsse daher detailliert Häufigkeit, Schweregrad und Motiv der möglichen Tierquälerei erheben sowie die Form des Übergriffs und die Tierart. Tierquälerei wäre ein Indiz für bestimmte Persönlichkeitsdefizite, sogar konkrete Persönlichkeitsstörungen bis hin zur antisozialen Persönlichkeitsstörung. (Faust, Volker: „Tierquälerei - Was sind das bei jungen Tätern für Menschen?", S. 11, a. a. O.)

Weiter berichtet Faust, dass ansonsten ebenfalls Lücken im Bereich des Gemütslebens dieser Tätergruppe bestünden:

Diese aktiven Defizite wie das Fehlen von „Gewissensbissen" oder der Mangel an "Empathie" würden ebenfalls das seelisch-krankhafte Persönlichkeitsprofil der männlichen Jugendlichen in der untersuchten Gruppe kennzeichnen. (Faust, Volker: „Tierquälerei - Was sind das bei jungen Tätern für Menschen?", S. 9, a. a. O.) Der Autor resümiert bezüglich der verhaltensauffälligen männlichen Jugendlichen dann wie folgt:

„Diese unglückselige Charakter-Kombination im Sinne eines paranoid-narzisstisch-empathie-losen Profils der delinquenten Jungen korreliert mit dem Schweregrad der Tierquälerei. Und ist prognostisch ungünstig zu bewerten (welche Heilungsaussichten sind möglich). Hier zieht das eine das andere nach sich. Beispiel: So kann die Empathie-Fähigkeit durch eine Desensibilisierung (seelisch unempfindlich werden und schließlich sein) gegenüber dem Schmerz der Tiere weiter abnehmen. Folgenschwer offenbar auch die psycho-sozialen, vor allem familiären Belastungs-Aspekte, wie sie die Wissenschaft herausgearbeitet hat: Sogar in einer Stichprobe strafgefangener Männer gab die Hälfte Ärger und ein Drittel Spaß an, mit dem sie ihre Tierquälerei in der Kindheit begründeten. Spaß als Motiv, das mit Sensations-Suche und Empathie-Losigkeit einhergeht war aber auch das stärkste Vorhersage-Kriterium für spätere Gewalt." (Faust, Volker: „Tierquälerei - Was sind das bei jungen Tätern für Menschen?", S. 10 f., a. a. O.; Unterstreichungen von V. Mariak)

Dass insbesondere auch die Biografie der Probanden entscheidenden Anteil an den Ursachen pathologischer Tierquälerei besitzt, wird deutlich herausgestellt. Bedenklich sei u. a. der Bezug zum biographischen Hintergrund: Mit Blick darauf werde eine „transgenerationale Weitergabe der Gewalt" diskutiert. Gemeint sei damit die mögliche Hack-Ordnung aggressiven Verhaltens (Familienoberhaupt – Kinder – Tiere), die stets auch Empathie-Mangel bedinge.

Letztendlich sei eine Korrelation zwischen Tierquälerei und Borderline-Persönlichkeits-Dimension zu beachten: So zeige jedes vierte inhaftierte Mädchen und fast jeder zehnte Junge das Vollbild einer Borderline-Persönlichkeitsstörung. (Faust, Volker: „Tierquälerei - Was sind das bei jungen Tätern für Menschen?", S. 11, a. a. O.)

In der Verknüpfung genannter Ursachen sehen die Forscherinnen der GAP-Studie, Kathrin Sevecke und Maya K. Krischer, das affektiv-traumatische Profil Betroffener: „Und das deckt sich mit den schon von früher vorliegenden Erfahrungen über Tierquälerei auf Grund eines psychischen Ungleichgewichts bei körperlichem / sexuellem Missbrauch oder häuslicher Gewalt." (Faust, Volker: „Tierquälerei - Was sind das bei jungen Tätern für Menschen?", S. 11, a. a. O.; Basis der Erörterung: Sevecke, Kathrin, Krischer, Maya K.: „Tierquälerei und Persönlichkeitspathologie bei delinquenten Jungen und Mädchen. Ergebnisse aus der Kölner GAP-Studie", a. a. O.)

Dass hier nicht nur die pathologische Tierquälerei jugendlicher Probanden auf dem wissenschaftlichen Prüfstand steht, ist offensichtlich: Was geschieht mit diesen durch affektiv-traumatische Profile belasteten Menschen in späteren Lebensabschnitten? Verschwinden Persönlichkeits-Defizite und gravierende charakterliche Fehlentwicklungen wie etwa die antisoziale Persönlichkeitsstörung mit zunehmendem Alter? Oder werden die Desensibilisierungseffekte so stark, dass sie in eine Gewaltspirale auch gegen Mitmenschen einmünden?

Nicht aus dem Blickfeld zu verlieren ist hierbei die regelmäßig wiederholte betäubungslose Schächtung von Tieren, die im muslimischen Bereich – etwa zum alljährlichen Opferfest – stets auch Kindern und Jugendlichen im Rahmen der Glaubens-Tradition oftmals als religiös und sozial zwingend dargelegt und nahegebracht wird.

Hier geschieht von Kindesbeinen an eine Erziehung zur Tierquälerei. Haben wir es dabei nicht auch mit der vorgenannten „transgenerationalen Weitergabe von Gewalt" zu tun? Das Familienoberhaupt weist seine noch minderjährigen Söhne in die angeblich gottgefällige Schächtung wehrloser Kreaturen ein. Auch in dieser Hinsicht sei ein einprägsames Beispiel der Realität ritueller „Halal"-Schlachtungen genannt:

Ein Bericht des Westdeutschen Rundfunks (WDR 1) vom 20. 12. 2007 zeigt folgende Situation auf: In der Schafschlachterei Lupp in Grevenbroich wurden zum jährlichen Opferfest Kurban Bayrami (Beginn am 20. 12. 2007) rund einhundert Schafe rituell geschlachtet. Der nichtmuslimische Eigentümer der Schafschlachterei hatte aus Köln extra einen muslimischen Metzger kommen lassen. Der WDR-Bericht fährt dann wie nachstehend fort:

„Inzwischen sind die ersten Kunden eingetroffen, und ihre reservierten Schafe werden zur Schlachtbank geführt. Mehrere Helfer heben die Tiere auf die Bänke, die alle gen Mekka ausgerichtet sind. Dann werden sie mit der Elektrozange betäubt. Schlachter Caltecin murmelt die arabische Formel ‚Im Namen Gottes, Gott ist groß' und schneidet dem Tier mit einem einzigen routinierten Schnitt die Kehle durch. Einmal bittet ihn eine verschleierte Kundin um einen etwas aufwändigeren Ritus: Caltecin nimmt sich Zeit für die gewünschten Gebete. Obwohl das Blut in dichten Strömen fließt, haben die Helfer auch mit toten Tieren alle Hände voll zu tun: Selbst kopflose Schafe können sich anscheinend noch mit aller Kraft gegen ihr Schicksal wehren. ‚Das sieht schlimm aus, aber es sind nur noch Reflexe. Die merken nichts mehr', erklärt Tierärztin Zielik, die aufmerksam den Schlachtprozess verfolgt."

(Poulakos, Andreas, Bericht: „Muslime feiern Kurban Bayram – Das Fest der Opferlämmer", in: Westdeutscher Rundfunk (WDR 1), Stand: 20. 12. 2007; Internet: Datum des letzten Abrufs: 03. 11. 2016, http://www1.wdr.de/dossiers/religion/islam/lehre106.html)

Soweit die Situation bei der Schlachtung der rund einhundert Tiere: Blut, das in Strömen fließt, und kopflose Schafe, die sich aber immer noch regen, als sei ihr Todeskampf nicht beendet.

Und dann heißt es in dem WDR-Bericht weiter:

> „Gleich vier Schafe hat Alkac Menderes aus Köln für sich und seine Familie reserviert. ,Das Fleisch wird zum Teil in der Nachbarschaft verteilt, auch an die Deutschen', sagt er. Früher habe er zum Opferfest meistens Geld in die Türkei geschickt. Aber diesmal seien Kinder bei der Feier dabei. Den Kleinen müsse natürlich was geboten werden. ,Und Schaffleisch ist beim Opferfest Tradition, das muss einfach da sein.'"

(Poulakos, Andreas, Bericht: „Muslime feiern Kurban Bayram – Das Fest der Opferlämmer", a. a. O.; Unterstreichungen von V. Mariak)

Ohne Zweifel wird den „Kleinen" hier etwas geboten, und sie werden dieses blutige Schauspiel wohl ihr Leben lang nicht vergessen – zumal sie in jedem Jahr, bei jedem weiteren Opferfest, auch eine weitere „Schlachterfahrung" internalisieren dürfen. Verantwortungsvolle Kinder-Pädagogik sieht sicher anders aus.

Sollten Minderjährige tatsächlich direkt als Beobachter an den rituellen Schlachtungen beteiligt sein, so lernen sie „live" und vor Ort bereits im Jugendalter, wie man hilflosen Tieren mit dem Schächtmesser die Kehle durchschneidet und sie absichtlich und systematisch verbluten lässt.

Was ist dagegen das Spiel mit dem Ego-Shooter? In einem Internetartikel der „Partei Mensch Umwelt Tierschutz" findet sich folgender Bericht:

> „Erinnert sei an Jork, Landkreis Stade. Ohne Ausnahmegenehmigung wurde dort von einem türkischen Schlachter geschächtet. Jetzt ermittelt die Staatsanwaltschaft. Nicht nur gegen den Inhaber, sondern auch gegen die Amtstierärztin des Kreises, Sybille Witthöft. Seit Jahren soll sie von dem illegalen Schächtgemetzel gewusst, aber nichts unternommen haben. Ein Zeuge: Wie am Fließband seien unbetäubte Schafe getötet worden. Die Betäubungszange, die jeder Schlachtbetrieb haben muss, habe wie ein DekoStück an der Wand gehangen. Etliche Frauen, <u>Kinder</u> und Männer seien zugegen gewesen. ‚Es war grauenhaft.'"

(Partei Mensch Umwelt Tierschutz (Tierschutzpartei) (Hrsg.), Internetbericht: „Schächtgemetzel zum diesjährigen Kurban Bayrami Opferfest im Lahn-Dill-Kreis verhindert!", 10. 12. 2008, Treuen; Quelle: Arbeitskreis für humanen Tierschutz und gegen Tierversuche e. V., Oberthulba-Frankenbrunn; Internet: Datum des letzten Abrufs: 03. 11. 2016, https://www.-tierschutzpartei.de/schaechtgemetzel-zum-diesjaehrigen-kurban-bayrami-opferfest-im-lahn-dill-kreis-verhindert/; Unterstreichung von V. Mariak)

Ein gemeinsames Statement der Tierrechtsinitiative „pro iure animalis" und der österreichischen Tierschutzorganisation „Animal Spirit" sei hier mit Blick auf die Anwesenheit von Minderjährigen bei der Schächtung ebenfalls genannt:

> „Ein Merkmal des Opferfestes ist ferner, dass gesellschaftliche Vergnügungen organisiert werden. Besonders in den Städten und Ortschaften islamischer Staaten treffen sich die Kinder und Jugendlichen an den Stellen, an denen die Opfertiere geschlachtet werden;

diese Orte fungieren zu diesen Zeiten als eine Art Messegelände, der Tiermord wird zum blutigen Spektakel. In Deutschland leben zwischenzeitlich über 3,2 Millionen Bürger islamischen Glaubens, welche diese Glaubenswelt logischerweise nach Deutschland transferieren."

(Hoos, Harald, und Dr. Bleibohm, Gunter: „Islamisches Schächt-Opferfest ‚Kurban Bayrami' vom 16. bis 19. November 2010", in: pro iure animalis, Newsletter vom 14. 11. 2010, Landau; Internet: Datum des letzten Abrufs: 03. 11. 2016, http://www.pro-iure-animalis.de/index.php?option=com_content&task=view&id=669&Itemid=92; ebenso: Animal Spirit – Zentrum für Tiere in Not, Newsletter: „Islamisches Schächt-Opferfest ‚Kurban Bayrami' vom 16. - 19. November; Online-Petition!", Laaben (Österreich), 2010; Internet: Datum des letzten Abrufs: 03. 11. 2016, https://www.tierschutzpartei.de/-wp-content/uploads/2014/11/KurbanBayrami.pdf)

Es wird deutlich:

Beim Kurban Bayrami sind insbesondere auch Kinder und Jugendliche anwesend, die bereits in frühen Jahren in die islamische Tradition der rituellen Schächtung eingeführt werden sollen, und es ist fast schon beruhigend, dass nicht auch im Namen der Tradition - wie in früheren Zeiten - die Kinder mit dem Blut der Opfertiere auf der Stirn gekennzeichnet werden.

(Siehe dazu etwa: Borchhardt, Jutta: „Von Nomaden zu Gemüsebauern. Auf der Suche nach Yörük-Identität bei den Saçıkaralı in der Südwest-Türkei", Göttinger philosophische Dissertation, in: Göttinger Studien zur Ethnologie, LIT-Verlag, Münster, Hamburg, London 2001)

Leider beginnt diese Form der Erziehung zur Gewalt bereits im Internet. Die deutschsprachige Kindersuchmaschine des „Blinde Kuh e. V." übernimmt kritiklos die Geschichte von Ibrahim und der Scheinhinrichtung seines Sohnes Ismail auf Befehl Gottes und stellt am Ende der Erzählung das rituelle Schächten als religiöses „Muss" heraus. Erzählt wird, wie Allah im letzten Moment das Menschenopfer verhindert, in dem er einen Engel entsendet, der Ibrahim Einhalt gebietet. Da Ibrahim die göttliche Probe besteht, erhält er als Opfergabe einen Widder. Diese Geschichte würde von Generation zu Generation weitererzählt, um die Güte und Barmherzigkeit Gottes und die Liebe des Propheten Ibrahim zu Allah in Erinnerung zu halten. Nach der Bemerkung, dass diese Erzählung sowohl in der Thora als auch in der Bibel erwähnt wird, schließt die Ausführung mit dem Fazit:

Als Dank müssen alle Muslime, die finanziell in der Lage sind, an diesen Festtagen ein hierfür vorgesehenes Tier (alle ausgewachsenen, als rein geltenden Paarhufer) rituell schächten [...]"

(Blinde Kuh e. V., Türkisch-Web: „Das Opferfest Kurban Bayrami – Gedenken an Ibrahims Selbstlosigkeit", erste deutschsprachige Suchmaschine für Kinder seit 1997, Hamburg 2016; seit 2004 gefördert vom Bundesministerium für Familie, Senioren, Frauen und Jugend; Internet: Datum des letzten Abrufs: 03. 11. 2016, http://www.blinde-kuh.de/tuerkisch-web/-opferfest.html)

Hier prägt man somit Kindern bereits deutlich ein, dass regelmäßig Tiere zu schächten sind – aus vermeintlich zwingenden religiösen Gründen. Es ist bemerkenswert, dass diese Form der Pädagogik anscheinend vom Bundesministerium für Familie, Senioren, Frauen und Jugend bejaht und gefördert wird (siehe den Hinweis der Betreiber auf der erwähnten Internet-Seite).

Andere Kinderseiten des Internets wie etwa die „grüne-banane.de" vermitteln Ratschläge wie man zum Opferfest am besten mit Kindern feiert sollte.

Für Kleinkinder wird dort u. a. etwa das Ratespiel „Kleines Schaf mäh einmal" empfohlen (grüne**banane**.de: „Opferfest: Feiern mit Kindern", muslimehelfen e. V. (Hrsg.), Ludwigshafen, 26. September 2013; Internet: Datum des letzten Abrufs: 03. 11. 2016, http://gruenebanane.de/2013/09/26/opferfest-feiern-mit-kindern/). Angesichts der Tatsache, dass diese kleinen, kuscheligen Schafe an den Festtagen in Strömen von Blut zu Tode geschunden werden, eine wahrhaft zynische Art der Kindererziehung. Man erwartet fast noch einen Streichelzoo der Lämmer, bevor diese zur Schächtung getrieben werden.

Denken wir noch einmal an die Untersuchungsempfehlung des Psychologen und Neurologen Professor Faust, der Häufigkeit, Schweregrad, Motiv, Form des Übergriffs und Tierart als Kriterien zur Bestimmung entsprechender Persönlichkeits-Defizite benennt. (Faust, Volker: „Tierquälerei - Was sind das bei jungen Tätern für Menschen?", S. 11, a. a. O.)

Über die Häufigkeit der Schächtungen besteht wohl kein Zweifel: Wie wir auch aus vorgenannten Berichten gelernt haben, fließt spätestens zum alljährlichen Opferfest Kurban Bayrami das Blut der geschächteten Tiere in Strömen. In den Schächt-Schlachtereien ist die Herstellung von „Halal"-Fleisch betrieblicher Alltag. Der Schweregrad und die Form des Übergriffs sind bei betäubungsloser Schächtung an Tierquälerei kaum zu überbieten. Das Motiv ist scheinbar religiös begründet.

Um in Anlehnung an Faust zu fragen: Was sind das für Menschen, die diese Tierquälerei regelmäßig ausüben und selbst Kinder in eine derart furchtbare „Tradition" einführen?

Und wie steht es mit den Minderjährigen, denen im Familienkreis und im weiteren sozialen Umfeld beständig gelehrt wird, dass Tierquälerei dieser Art „normal" ist, zum soziokulturellen Alltag dazugehört, ja sogar durchgeführt werden muss, um gottgefällig zu handeln und innerhalb der Glaubensgemeinde sozial anerkannt zu sein?

Was empfinden sie dabei, wenn den zusammengetriebenen Schafen brutal die Kehle durchschnitten wird und sie im Todeskampf und bei vollem Bewusstsein ausbluten und danach ein Freudenfest stattfindet? Hinterlässt das keine Spuren in ihrer geistigen bzw. seelischen Entwicklung oder führen die Desensibilisierungseffekte geradewegs zum Verlust von Empathie auch gegenüber den Mitmenschen?

Besteht hier nicht der fatale biografische Hintergrund, der in den vorgenannten Studien bei den Probanden zu einem seelisch-kranken Persönlichkeitsprofil führte? Liegt die Annahme nicht nahe, dass Minderjährige mit dieser „Vorbildung", die dann auch im Erwachsenenalter betäubungsloses Schächten und damit Tierquälerei fortsetzen und dabei kein Mitgefühl und kein Unrechtsbewusstsein zeigen, im Gegenteil sogar Befriedigung empfinden, eine besondere Risikogruppe für Persönlichkeits-Defizite bilden?

In der Broschüre der Tierschutzorganisation „PETA Deutschland" findet sich zum Thema Tierquälerei das wichtige Zitat des Soziologen Arnold Arluke, Professor an der New York University:

„Menschen, die nur ein einziges Mal Tiermissbrauch begehen, werden mit größerer Wahrscheinlichkeit weitere Straftaten begehen als entsprechende Personen, die keine Tiere quälen.

Da sie ein Signal für potenzielles antisoziales Verhalten sind - einschließlich, jedoch nicht begrenzt auf Gewalt -, dürfen einzelne Fälle von Tierquälerei nicht von Richtern, Psychiatern, Sozialarbeitern, Tierärzten, Polizei und anderen, die in ihrer Arbeit auf Tiermissbrauch stoßen, ignoriert werden."

(Arluke, Arnold, zitiert in: PETA-Broschüre: „Menschen, die Tiere quälen, belassen es selten dabei - Informationen für Staatsanwälte, Richter, Polizeibeamte und Pädagogen", PETA Deutschland e. V. (Hrsg.), Gerlingen, Stand: 3 / 2012; Internet: Datum des letzten Abrufs: 03. 11. 2016, http://www.peta.de/-staatsanwalt)

Unwillkürlich denkt man an Extrem-Beispiele wie die Biografien von Jeffrey Dahmer, Ted Bundy oder – bei uns in der BRD - Ronny Rieken, Peter Kürten, Joachim Kroll (siehe dazu auch: PETA-Broschüre: „Menschen, die Tiere quälen, belassen es selten dabei - Informationen für Staatsanwälte, Richter, Polizeibeamte und Pädagogen", PETA Deutschland e. V. (Hrsg.), Gerlingen, Stand: 3 / 2012)

Achtung vor dem Leben, Respekt, Barmherzigkeit und Rücksichtnahme gegenüber den Mitgeschöpfen – ob nun Mensch oder Tier – findet man hier nicht. Das Problem Gewaltbereitschaft verschärft sich im Zeitablauf, der Akt des Tötens gerät zur Routine ohne jede menschliche Erlebnisfähigkeit. Der Psychoanalytiker und Psychologe Arno Gruen schrieb mit Blick auf Gewalttäter und ihre menschlichen Opfer:

„Die Unfähigkeit zu fühlen (bedingt durch eigene frühe Verletzung) wird dabei ständig verstärkt in einer Spirale wachsender Selbstentfremdung. Die ganze Aufmerksamkeit gilt dem mechanischen Planen und Ausführen, so dass der Akt des Mordens jeden Zusammenhang mit den letzten Resten von Gefühl verliert. Jedes Bewußtsein für das Mörderische der Tat wird ausgeschaltet."

(Gruen, Arno: „Der Wahnsinn der Normalität", 3. Auflage, November 1990, dtv, S. 120)

Erinnert sei hier an den Wortlaut des Paragrafen 17 Abs. 2 TierSchG:

„Mit Freiheitsstrafe bis zu drei Jahren oder mit Geldstrafe wird bestraft, wer [...] einem Wirbeltier aus Rohheit erhebliche Schmerzen oder Leiden oder länger anhaltende oder sich wiederholende erhebliche Schmerzen und Leiden zufügt." Wichtig ist hierbei insbesondere die Definition von Rohheit. Im Kommentar zum TierSchG (Hirt u. a., München 2016) heißt es dazu:

> „**Aus Rohheit** handelt ein Täter, wenn er seine Tat aus einer gefühllosen, das Leiden des Tieres missachtenden Gesinnung heraus begeht (vgl. BGHSt 3, 109). <u>Der Täter muss im Zeitpunkt seines Handelns das notwendig als Hemmschwelle wirkende Gefühl für den Schmerz bzw. das Leiden des misshandelten Tieres verloren haben,</u> das sich in gleicher Lage bei jedem menschlich und verständig Denkenden eingestellt hätte (ebenso, wenn er dieses Gefühl zwar noch hat, sich aber darüber hinwegsetzt; [...])." (Hirt u. a., München 2016, S. 547, Abschnitt E.: Strafbare rohe Tiermisshandlung (Nr. 2a); Unterstreichungen von V. Mariak)

Täter dieser Art sind somit im juristischen Sinne ohne kognitive und emotionale Empathie: Die Hemmschwelle, die jede menschlich und verständig denkende Person davon abhält, zum Tierquäler zu werden, existiert nicht oder wurde überwunden. Mitgefühl und Mitleid ist den Tätern fremd. Der Dachverbandspräsident österreichischer Tierschutzorganisationen, Dr. Friedrich Landa, berichtet von folgendem Vorfall in einem ganz "normalen" österreichischen Schlachthof. Dort wurden ohne angemessene Betäubung Tiere geschlachtet bzw. **lebendig zerlegt:**

„Der Schlachthofangestellte, der vor laufender Kamera pfeiffend und lachend Stiere aufschlitzte und zerlegte, die an einem Hinterbein aufgehängt brüllten und ausschlugen, ist nun von einem österreichischen Gericht freigesprochen worden. Begründung: Der Schlächter habe nicht gewusst, wie der Bolzenschussapparat zum Betäuben der Tiere richtig anzuwenden sei."

(Landa, Friedrich: „Das Brüllen der Rinder beim Schlachtvorgang in EU-Schlachthöfen. Freispruch für die verantwortlichen Schlächter / Schlachthoftierärzte, die Mängel aufzeigten, wurden strafversetzt", in: Verein gegen Tierfabriken e. V., Tuttwil (Schweiz), VgT-Nachrichten, VN 2002-2, 07. 12. 2001; Internet: Datum des letzten Abrufs: 03. 11. 2016, http://www.vgt.-ch/vn/0202/bruellen_freispruch.htm)

Abgesehen von der irritierend „milden" Rechtsprechung und der unfassbaren Begründung des Freispruchs, die in keiner Weise die angerichteten Todesqualen berücksichtigen, fällt auf, wie emotional abgestumpft und ethisch abnorm sich der Schlächter verhält. Wer wird diesen Mann, der lachend fortlaufend brutalste Tierquälerei verübt, als mental gesund und moralisch integer bezeichnen?

Eine weitere Schilderung der österreichischen Tierschützer sei hier genannt, um zu verdeutlichen, wie Schlachthofarbeit emotional abstumpfen lässt und grausamste Tierquälerei zur Alltäglichkeit gerät:

„Während der Schlächter, geschäftig vor sich hin pfeifend, die Brust aufschlitzt, schließen und öffnen sich die Augen des Tieres langsam, einmal und noch einmal. Dann beginnt der Stier, während er kopfüber hängend aufgeschnitten wird, um zu Fleisch verarbeitet zu werden, zu brüllen! Es ist auf der Videodokumentation klar und deutlich zu sehen und zu hören. Das Tier am Fließband lebt noch und schreit!

Ein schauderhaftes, heiser-gurgelndes Muhen übertönt den Lärm des Schlachtvorganges. Solche Szenen spielen sich immer wieder in den Schlachthäusern ab, bevor die Tiere wirklich tot sind. Der Schlächter, der die Vorderhufe abschneidet, muss in Deckung gehen. Denn nun bäumt sich der mächtige Stier blutüberströmt am Haken noch einige Male auf. Das sterbende Tier windet sich mit ganzer Kraft. Der Todeskampf dauert lange Minuten ..."

(Landa, Friedrich: „Neue Horrormeldung aus der EU: Seit anfangs 2001 sind in der EU entsetzliche Schlachthof-Gräuel im Gange: Die Rinder brüllen noch, während sie am Förderband zerlegt werden.", in: Verein gegen Tierfabriken (VgT), Tuttwil (Schweiz), VgT-Nachrichten, VN 02-1, 16. 08. 2001; Internet: Letzter Abruf: 03. 11. 2016, http://www.vgt.ch/news_bis2001/-010515.htm)

Der genannte Fall ist insoweit mit dem betäubungslosen Schächten vergleichbar, **als es sich beide Male noch um lebende, fühlende Tiere** handelt, die bei vollem Bewusstsein auf grausamste Art zu Tode geschunden werden, während ihre Peiniger heiteren Gemüts und durch Todesqualen unbeeindruckt ihre Routine verrichten. Das Albert-Schweitzer-Wort von der „Ehrfurcht vor dem Leben", das mental gesunden Menschen als Richtschnur dient, wäre angewandt auf diese Personen eindeutig fehl am Platze. Der Schluss liegt nahe: Sie sind weitgehend unfähig, Mitgefühl zu entwickeln.

Fazit:

Die Korrelation zwischen Tierquälerei und Gewaltbereitschaft gegen Personen besteht - auch wenn sie nicht als zwingende kausale Abfolge gesehen werden darf.

Ein Beispiel aus der kriminologischen Forschung mag den Zusammenhang erhellen. Kriminalität wird oft als eine Folge von Armut gesehen. Doch dies erklärt nicht, warum die Mehrheit nicht kriminell wird.

Daraus wiederum darf man aber nicht schlussfolgern, Armut hätte keine Korrelation mit Kriminalität (Gruen, Arno: „Der Wahnsinn der Normalität", 3. Auflage, November 1990, dtv, S. 18).

Ebenso verhält es sich mit den Variablen Tierquälerei und Gewaltbereitschaft gegen Personen, die beide auf dem Boden entsprechender gesellschaftlicher Rahmenbedingungen gedeihen. Kein Kriminologe wird die Effekte der primären und sekundären Sozialisation auf die Entwicklung und Fortbildung der Persönlichkeitsstrukturen bestreiten. Läuft hier in den Phasen der sozialen Prägung etwas aus dem Ruder, dann kann es jederzeit zu abweichendem Verhalten kommen.

Zu sehen ist dabei, dass Bösartigkeit, Brutalität und Unmenschlichkeit sich nicht ohne fördernde soziale Strukturen und Einrichtungen entwickeln, die individuelle Abhängigkeiten verschleiern und Anpassung, Effektivität und Folgsamkeit am Arbeitsplatz – zum Beispiel in den Schlachthöfen – sogar mit gesellschaftlich anerkanntem Handeln gleichsetzen (vgl. Gruen, Arno: „Der Wahnsinn der Normalität", a. a. O.).

Der bereits erwähnte Psychologe und Psychoanalytiker Arno Gruen zitiert in seiner vorgenannten Fachschrift einen erfahrenen Gefängnisdirektor:

„In jeder Gesellschaft [...] gibt es kranke und perverse Menschen, die gern ihr Leben damit zubringen würden, ganz amtlich ihre Mitbürger bestrafen, demütigen erniedrigen, ihnen Schmerzen bereiten, sie foltern und töten zu dürfen – das sind Menschen voller psychischer und physischer Gewalttätigkeit gegen andere. Es gibt sie in jeder Gesellschaft. Wenn aber eine Gesellschaft eine solche Betätigung als Beruf erlaubt, dann ist diese Gesellschaft selbst tödlich ekrankt." (Gruen, Arno: „Der Wahnsinn der Normalität", a. a. O., S. 110)

Mit Blick auf die Problematik der „beruflichen" Tierquälerei durch betäubungsloses Schächten stellt sich die Frage: Gilt diese Überlegung nicht auch für Schächt-Schlachter, die tagein, tagaus routinemäßig und massenhaft Tieren die Kehle durchschneiden, um sie dann bei vollem Bewusstsein ausbluten und ersticken zu lassen und zudem noch – wegen ihres beruflichen Verhaltens - im Kreis ihrer Glaubensbrüder, die zugleich den Kundenstamm der „Halal"-Fleischkonsumenten bilden, beruflich und sozial akzeptiert sind? Und wie fraglich ist das „gesellschaftlich anerkannte" Handeln der Kunden selbst, die diese Tätigkeit fordern und finanzieren, um in ihrer Glaubensgemeinde mit der Tötung von Tieren soziale und religiöse Beachtung zu erlangen?

Arno Gruen spricht in vergleichbarem Kontext von der Notwendigkeit, einen erweiterten Begriff geistiger Krankheit zu verwenden: Einer Krankheit, die wesentlich gefährlicher ist als die fachbekannte, vom Verlust des Realitätsbezuges gekennzeichnete, weil das entsprechende Verhalten an menschlich abnormer gesellschaftlicher Realität gemessen als durchaus „normal" erscheint:

„Diese andere Art von Krankheit *zu sehen* erfordert einen Wechsel der Blickrichtung und eine Abkehr von den herkömmlichen Kategorien. Dann wird man sehen, dass sich hinter der Orientierung an der ‚Realität', die gemeinhin das Kriterium für für Gesundheit ist, eine tiefere und weniger augenfällige Pathologie verbirgt: die des ‚normalen' Verhaltens, die Pathologie der Anpassung als Folge der Preisgabe des Selbst." (Gruen, Arno: „Der Wahnsinn der Normalität", a. a. O., S. 184, vgl. auch: A. a. O., S. 20)

Mit vorgenannten Beispielen vor Augen vergegenwärtige man sich einmal die emotionale Extremsituation in den Schlacht-höfen der Schächter: Tag für Tag die - oftmals brutale - Gewalt bei der Fixierung von Schlachttieren, ihre Angst- und Schmerzlaute, der intensive Blutgeruch, das permanente Blut-vergießen selbst, und schließlich der mit jedem Tier wiederhol-te - oft minutenlange - Todeskampf der betäubungslos ge-schächteten Schlachtopfer.

Dies wird für die menschliche Psyche nicht ohne Folgen blei-ben – so, wie etwa das permanente Erleben von Blut und Gewalt auf den Kriegsschauplätzen dieser Welt für die Per-sönlichkeitsbildung von Tätern und Opfern nicht folgenlos ist und zum Beispiel in „posttraumatische Belastungsstörungen" (PTBS) einmünden kann. Zu denken ist hier an die Wahr-scheinlichkeit des Auftretens von Vermeidungssymptomen und natürlich an entstehende Anpassungsstörungen.

Wer die psychische Belastung der professionellen Schächter aus grauer Theorie heraus nicht zu erkennen vermag, der wäre gut beraten, sich einschlägige Videos der Tierschutz-organisationen im Internet anzusehen oder noch besser, so-weit es ihm möglich ist, einige Tage an betäubungslosen Schächtungen in praxi als stiller Beobachter teilzunehmen – wenn er denn starke Nerven hat.

Bezüglich der Begrifflichkeiten ist es jedoch sinnvoll, nicht von „seelischer Verrohung", sondern von „extremer seelischer Be-lastung" bzw. in gravierenden Fällen von „seelischer Störung" zu sprechen. Wichtig wäre hier ein weiterführender Diskurs auch psychoanalytisch ausgewiesener Kriminologen, der an bereits erzielte Forschungsresultate zum Zusammenhang zwi-schen Gewaltkriminalität und Tierquälerei anknüpft.

Vielsagend ist in diesem Kontext aber bereits ein genereller Rat (oder sollte man besser sagen: eine Weisung) islamischer Gelehrter an die muslimischen Schächter:

„Dem Metzger empfehlen muslimische Rechtsgelehrte regelmäßige Pausen der Berufsausübung, um die Gefühle der Barmherzigkeit und der Achtung vor dem Leben zu pflegen. Ohne Unterbrechung viele Jahre lang zu schlachten, gilt als *mekruh,* als etwas, von dem streng abgeraten wird." (Baranzke, H., Ilkilic, I., Rheinz, H.: Essay: „Bete und schächte", in: Zeit Online 29. 01. 2004, Nr. 6; Internet: Datum des letzten Abrufs: 04. 11. 2016, http://www.zeit.de/2004/06/Essay_Baranzke)

Leider wird es im arbeitszeitgesteuerten, modern mechanisierten Schlachtbetrieb mit betriebswirtschaftlich diktiertem „Output" an Quantität kaum die Möglichkeit geben, diese Art von seelischer und emotionaler Erholung einzufordern – es sei denn, der betroffene Schächter verzichtet auf seinen Beruf und schult um.

Bei muslimischen Metzgern, die gegenüber den zuständigen Ämtern und Gerichten das Schächten als lebensbestimmende, von der Religion diktierte Pflicht darstellen, wäre das aber ein eher unwahrscheinliches Verhalten.

4. 2. Resultierende Fragen

a)
Mit welcher Begründung nimmt der Gesetzgeber bzw. die höchstrichterliche Rechtsprechung an, dass ausgerechnet die Veterinärämter - und in zweiter Instanz die unteren Gerichte - die Überprüfung religiöser Glaubwürdigkeit auch nur mit rudimentärer Seriosität oder gar professioneller Effektivität leisten können? Seit wann ist ein Amtstierarzt oder ein Verwaltungsjurist psychologisch so geschult, dass er eine mögliche „unausweichliche seelische Bedrängnis" erkennen kann?

Gehört die Aufdeckung unbewusster psychischer Vorgänge nicht immer noch in den Bereich der Psychoanalyse? Es ist aber nicht vorstellbar, dass Veterinärämter externe psychotherapeutische bzw. psychoanalytische Gutachter heranziehen, um den Prüfpunkt „seelische Bedrängnis" zu eruieren. Und sollte sich die Ausforschung der Antragsteller auf die „Außenwirkung" der Gewissenskonflikte und die Plausibilitätsebene beschränken wollen, so müsste man schon kriminalistische Vernehmungstechniken anwenden - aber auch das kann doch nicht der Königsweg für Veterinärämter und untere Gerichte sein?

Ohne jede Polemik: Derartige gesetzliche bzw. verwaltungsrechtliche Vorgaben führen sich selbst ad absurdum. Sie erinnern stark an die rechtlichen Weisungen zur „Gewissensprüfung" bei Kriegsdienstverweigerern, die es in früheren Jahren in unserem Lande gab. Aber:

Ebenso, wie die Beamten der Kreiswehrersatzämter und Wehrbereichsverwaltungen die undankbare Aufgabe der „Gewissenserforschung" nicht leisten konnten, ist es den heutigen Veterinärbehörden – und in zweiter Instanz den unteren Gerichten - realiter unmöglich, die Wahrhaftigkeit und Glaubwürdigkeit der religiös fundierten „unausweichlichen seelischen Bedrängnis" der Antragsteller betäubungsloser Schächtung festzustellen.

Dazu kommt: Da alle an der Schächtung Beteiligten ebenfalls die religiösen Vorschriften der Glaubensgemeinschaft zu beachten haben, müssten auch sie durch das zuständige Veterinäramt auf religiöse Glaubwürdigkeit abgeprüft werden. Ist also davon auszugehen, dass jeder einzelne muslimische Schlachtergehilfe in derselben Weise befragt und religionsbezogen bewertet wird wie der Betriebsführer selbst?

b)
Wie bereits erwähnt, steht dem Konzept der „seelischen Bedrängnis" bei untersagter Schächtung das Konzept der „seelischen Belastung" durch Teilnahme an fortgesetzter Tierquälerei gegenüber. Ist es so abwegig, anzunehmen, dass ein Mensch, der permanent, Tag für Tag und Berufsjahr für Berufsjahr die blutigen Exzesse der betäubungslosen Schächtung ausführt, seelischen Schaden nimmt? Besteht nicht eine hohe Wahrscheinlichkeit für mentale Störungen - die sich aber nicht automatisch in offener Gewalt gegen Menschen äußern müssen?

Und wie steht es mit den Minderjährigen, die von früher Kindheit an in die Tradition des oftmals betäubungslosen Schächtens eingeführt werden? Wir ersehen aus zahlreichen wissenschaftlichen Berichten, dass betäubungsloses Schächten den Sachverhalt der grausamsten Tierquälerei erfüllt. Was geschieht mit Kindern und Jugendlichen, die Jahr für Jahr entsprechend „angelernt" werden: Ist es so unwahrscheinlich, dass sie aufgrund ihres biografischen Hintergrundes tatsächlich ein seelisch-krankes Persönlichkeitsprofil entwickeln und die Unfähigkeit zu fühlen ausbilden, während man ihnen Barmherzigkeit und Achtung vor dem (tierischen) Leben abtrainiert?

Wenn dieses Risiko seelischer Krankheit für die genannten Personengruppen besteht: Muss durch den Gesetzgeber bzw. die höchstrichterliche Rechtsprechung nicht sorgfältig abgewägt werden, ob die eventuell erhebliche seelische Belastung bis hin zur seelischen Störung billigend in Kauf zu nehmen ist oder nicht?

Hat man – frei nach Kant - nicht vielmehr die humanitäre Fürsorgepflicht, die antragstellenden Schächter – und erst recht die involvierten Minderjährigen - davor zu schützen? Wurde eine solche Überlegung überhaupt schon einmal im Kreise der Entscheider (Gesetzgebung, Rechtsprechung) in Betracht gezogen?

5. Kontrolle und Sachkunde

5. 1. Die Kluft zwischen Sein und Sollen: Behördlicher Sachzwang

5. 1. 1. Rechtliche Vorgabe und real mögliche Sachkundeprüfung

Einen wesentlichen Bestandteil der Prüfungen zur Erteilung von Ausnahmegenehmigungen bildet der unter Amtsaufsicht zu erbringende Sachkundenachweis des Antragstellers und seiner Schlachtereigehilfen (Hirt u. a., München 2016, S. 263).

Dieser Sachkundenachweis wird von der zuständigen Veterinärbehörde ausgestellt, wenn sich in einer Prüfung zeigt, dass die für das Schächten erforderlichen Kenntnisse und Fertigkeiten vorhanden sind (Hirt u. a., München 2016, a. a. O.). Der Nachweis reicht weit über die Sachkundeprüfung eines „normalen" Schlachters hinaus, da das Schächten unbetäubter Tiere wesentlich schwieriger ist als das Schlachten betäubter Tiere (Hirt u. a., München 2016, a. a. O., S. 264). Die Begründung lautet:

Die Wahrscheinlichkeit, dass bei betäubungslosem Schächten Fehler geschehen und somit zusätzliche Leiden der Schlachttiere verursacht werden, ist erheblich (Hirt u. a., München 2016, a. a. O.). Daher müssen dem Veterinäramt die praktischen Fertigkeiten antragstellender Schlachter **im Wege des Augenscheins** nachgewiesen werden (Hirt u. a., München 2016, a. a. O.).

Es zeigt sich also, dass die gesetzlichen Auflagen dem Veterinäramt ein relativ aufwendiges Prüfverfahren vorschreiben. Nur: Lässt sich das in der Praxis auch angemessen durchhalten? Die Effektivität behördlicher Arbeit hängt von zwei Hauptvariablen ab – dem Personalbestand und der Anzahl der Antragsteller.

Was geschieht, wenn Behörden mit zu geringem Personalbestand eine erhöhte Anzahl von Antragstellern zu bearbeiten
haben, sehen wir aktuell im Rahmen der Flüchtlingskrise aus
den Presseberichten über das Landesamt für Gesundheit und
Soziales (LaGeSo Berlin). Bezüglich der Schächtproblematik
ist festzuhalten, dass die Zahl der potenziellen Antragsteller
von Jahr zu Jahr steigt.

Schon in den Jahren vor dem hunderttausendfachen Zustrom
muslimischer Flüchtlinge nach Deutschland konstatiert die
„Animal Rights Watch (ARIWA)":

> „Insbesondere zum islamischen Opferfest Kurban Bay-
> rami wird eine Vielzahl von Anträgen auf betäubungs-
> loses Schlachen gestellt. Vermehrt berichten die Amts-
> tierärzte derzeit auch von Anträgen auf ganzjährige Dau-
> ergenehmigung zum betäubungslosen Schlachten."

(ARIWA Animal Rights Watch e. V., Aalen, Internetbericht:
„Das ‚Schächten' - Tierquälerei im Namen der Religion?" Textbezug: Veranstaltung der „Akademie für tierärztliche Fortbildung" am 14. November 2007; Internet: Datum des letzten
Abrufs: 04. 11. 2016, https://www.ariwa.org/aktivitaeten/aufge-
deckt/recherchearchiv/148-schaechten.html)

Es ist wohl nicht abwegig, wenn wir annehmen, dass sich die
Zahl der Anträge entsprechend der muslimischen Zuwande-
rung deutlich erhöhen wird. Mit Blick auf den relativ geringen
Personalbestand der Veterinärämter ergibt sich aus nachstehender Auflistung für die Bundesländer approximativ folgendes Bild:

Tabelle 5:
Personalbestand amtlicher Vertreter
der Veterinärbehörden

Nr.	Bundesland	Amts-tierärzte	Amtl. Tierärzte	Fach-Assist.
01	Baden-Württemberg	281	-	-
02	Bayern	320	894	447
03	Berlin	54	-	-
04	Brandenburg	17	78	40
05	Bremen	5	-	-
06	Hamburg	12	50	-
07	Hessen	99	202	108
08	Mecklenburg-Vorp.	6	265	58
09	Niedersachsen	283	490	609
10	Nordrhein-Westfalen	31	371	520
11	Rheinland-Pfalz	-	100	-
12	Saarland	7	14	-
13	Sachsen	157	233	37
14	Sachsen-Anhalt	122	164	143
15	Schleswig-Holstein	48	147	55
16	Thüringen	65	180	190

Quellen:
Auskünfte aufgrund von E-Mail-Anfragen des Autors sowie Internet-Informationen zu Personalressourcen im Veterinärwesen der Bundesländer: „Mehrjähriger nationaler Kontrollplan der Bundesrepublik Deutschland gemäß Artikel 41 der Verordnung (EG) Nr. 882 / 2004", Stand: Januar 2016, Kap.: A. Bereiche Lebensmittelsicherheit, Futtermittelsicherheit, Tiergesundheit, Tierschutz; Geltung: Periode 01. 01. 2012 bis 31. 12. 2016, Abschnitt: 3. 1. 2. Personalressourcen; Internet: Letzter Abruf : 04. 11. 2016, http://www.bvl.bund.de/DE/01-_Lebensmittel/01_Aufgaben/02_AmtlicheLebensmittelueberwachung /02_MNKP/lm_mnkp_node.html. (- = keine Angabe, Vollzeitäquivalente soweit ermittelbar, Kopfzahlen bei amtlichen Tierärzten; V. M.)

Zu beachten ist, dass Amtstierärzte gemeinhin in leitender Position tätig sind, während amtliche Tierärzte als Angestellte oder freiberuflich bzw. nebenberuflich Tätige (in Teilzeit) für das Veterinäramt fungieren. Amtliche Fachassistenten sind in Voll- oder Teilzeit angestellt und führen zumeist Kontrollaufgaben durch.

Die vorgenannten Zahlen sind als **Näherungswerte** zu verstehen, da je nach Bundesland unterschiedlich präzise Auskünfte vorliegen und differierende Stichtage der Zählung genannt werden. So weist Hamburg gemäß Einzel-Kontrollplan nur die Gesamtheit des Veterinärpersonals aus (251 Personen Ende 2011), während andere Länder ihre Planstellen genauestens benennen. Eine weitere Statistik auf Basis der Jahresdaten der Bundestierärztekammer e. V. für die Jahre 2014 bis 2015 findet sich daher am Ende dieses Kapitels (Quelle: Deutsches Tierärzteblatt, Nr. 5 / 2015 und Nr. 5 / 2016).

Aus den Überlegungen zum Personalbestand resultiert – neben der angemessenen Qualifikationsprüfung angehender Schächter – das zweite zentrale Problem: Die angemessene Vor-Ort-Kontrolle bestehender Schächtbetriebe.

5. 1. 2. Die Vor-Ort-Kontrolle von Schächtbetrieben

Das Gesetz fordert, dass bei jeder betäubungslosen Schächtung Amtstierärzte bzw. ihre amtlichen Vertreter vor Ort die Schlachtung im gesamten Zeitraum des Ablaufes zu kontrollieren haben:

> „Aus dem Gebot, durch Nebenbestimmungen die Vermeidung von Schmerzen und Leiden zu gewährleisten (vgl. BVerwGE 104, 337 Rn. 40, 58), ergibt sich außerdem die Verpflichtung zur ständigen Anwesenheit eines Amtstierarztes (vgl. dazu FVE, AtD 2004, 130: ‚permanente Anwesenheit eines Tierarztes mit der Befugnis und Verpflichtung zum Einschreiten, wenn immer es nötig ist'; Rath, Badische Zeitung vom 13. 02. 2003: ‚Beim Schächten muss stets ein Tierarzt dabei sein'; ebenso Stegen, DtW 2003, 193, 196; vgl. auch die diesbezügliche ausdrückliche Anordnung in § 32 Abs. 5 ÖTSchG). Die Kosten dafür trägt der Antragsteller und hat sie ggf. vorzuschießen." (Hirt u. a., München 2016, S. 265)

Diese klaren Vorschriften haben einen Nachteil: Sie lassen sich in der Realität nur bedingt durchsetzen. Die vorerwähnte gesetzliche Regelung bezieht sich natürlich auf Deutschland. Dennoch ist es lehrreich, der Problematik tierärztlicher Vor-Ort-Kontrolle zunächst auch bei unseren österreichischen Nachbarn nachzugehen.

Die nachstehend genannten Vorfälle geschahen in „normalen" Schlachtbetrieben ohne Schächtungen, zeigen aber deutlich, wie wenig die amtliche Kontrolle das Geschehen auf den Schlachthöfen realiter „im Griff" hat. So berichtet der oberösterreichische Tierschutz-Dachverband im Zusammenhang mit der Aufdeckung grauenhafter Schlachthofmissstände Folgendes:

„Als Tierschützer die Gräueltaten aufzeigten, stellte sich die Frage, warum die Schlachthoftierärzte selbst kaum etwas gegen die unerträglichen Tierquälereien beim Transport, (ungenügendem) Betäuben und Schlachten der Tiere unternommen haben, wären sie doch eigentlich für den Schutz der Tiere zuständig. Die Antwort ist erschütternd: Tierärzte, die Missstände aufzeigen und ändern wollten, wurden ,strafversetzt' oder entlassen."

(Landa, Friedrich: „Das Brüllen der Rinder beim Schlachtvorgang in EU-Schlachthöfen. Freispruch für die verantwortlichen Schlächter / Schlachthoftierärzte, die Mängel aufzeigten, wurden strafversetzt", in: Verein gegen Tierfabriken (VgT), Tuttwil (Schweiz), VgT-Nachrichten, VN 2002-2, 07. 12. 2001) Internet: Datum des letzten Abrufs: 03. 11. 2016, http://www.vgt.-ch/vn/0202/bruellen_freispruch.htm)

Des Weiteren heißt es in dem Bericht:

„Im Interview der Krone-Zeitung vom 23.12.01 spricht Minister Haupt ,von Zeugen, die sich nach Jahren erzwungenen Schweigens jetzt an die Öffentlichkeit wagen', die vor der Schlachthaus-Mafia geschützt werden müssen. Er habe deshalb mit Innenminister Strasser Kontakt aufgenommen: ,Ich will nicht, dass wie bei [...] einem Tiermediziner (in Belgien) etwas passiert.' Dieser Einzelkämpfer war von der Fleisch-Mafia ermordet worden!"

(Landa, Friedrich: „Das Brüllen der Rinder beim Schlachtvorgang in EU-Schlachthöfen. Freispruch für die verantwortlichen Schlächter / Schlachthoftierärzte, die Mängel aufzeigten, wurden strafversetzt", a. a. O.)

Und weiter führen die österreichischen Tierschützer aus:

„Vor allem junge Tierärzte und -ärztinnen haben dem Tierschutz-Dachverband von fürchterlichen Misshandlungen berichtet, die sie während ihres sechswöchigen Turnusdienstes miterleben mussten. Tiere, die sich in ihrer Todesangst auf dem Weg zur Betäubungsbox nicht mehr weiterbewegten, seien mit Knüppeln, Stichen und Elektrotreibern vor allem an den Geschlechtsteilen zum Weitergehen gezwungen worden, weil an diesen Weichteilen bei der Fleischbeschau die Tierquälerei beim Schlachten nicht offensichtlich wird. Hier eine der Aussagen, die uns von einem Tierarzt und Fleischuntersuchungsorgan (Name und Adresse sind dem Tierschutz-Dachverband bekannt, können aber aus Sicherheitsgründen nicht veröffentlicht werden) schriftlich zugestellt wurde:

'In einem österreichischen Bundesland wurde ein Fleischuntersuchungstierarzt, der den für seinen Bezirk zuständigen Amtstierarzt mehrfach auf fleischuntersuchungsrechtliche (untauglich erklärtes Fleisch wurde verkauft, geschlachtete Kälber wurden erst nach 12- bis 24-stündigem Verbleiben der Schlachtkörper im Fell der Fleischuntersuchung unterzogen) und tierschutzrechtliche Vergehen des Schlächters – ‚betäubte und entblutete' Schweine sind taumelnd wieder aufgestanden, ‚betäubte und entblutete' Schweine haben im Brühwasserbottich wieder zu schwimmen begonnen, schlecht ‚betäubte' Rinder erwachten an einem Hinterbein hängend anläßlich der Entblutung - aufmerksam machte, der Fleischbeschau ‚enthoben', indem der Landeshauptmann zusätzlich zur Bestellung der Fleischuntersuchungstierärzte eine Geschäftseinteilung dergestalt installierte, dass dem o. a. Fleischschautierarzt die Ausübung seiner Fleischbeschau-Tätigkeit nur noch an Tagen ermöglicht wurde, an denen nicht geschlachtet wurde.

Somit handelte es sich um keinen de-jure-, sehr wohl aber um einen de-facto-Entzug der Fleischbeschau. Seither konnte der o. a. Tierarzt im inkriminierten Fleischereibetrieb keinerlei Tätigkeiten mehr ausüben und fiel um einen monatlichen Umsatz von ca. 25.000,- öS.'"

(Landa, Friedrich: „Das Brüllen der Rinder beim Schlachtvorgang in EU-Schlachthöfen. Freispruch für die verantwortlichen Schlächter / Schlachthoftierärzte, die Mängel aufzeigten, wurden strafversetzt", a. a. O.)

Wie vermutet, sind die Zustände in Deutschland kaum besser (siehe etwa: Hirt u. a., München 2016: „Schwere Missstände in deutschen Schlachthöfen [...]", S. 987 f.), und wer unbedarft annimmt, dass bei jeder legalen betäubungslosen Schächtung auch die gesetzlich vorgeschriebene Überwachung durch den Amtsveterinär geschieht, wird in praxi eines Besseren belehrt. Das bereits genannte Beratungs- und Schulungsinstitut für Tierschutz bei Transport und Schlachtung (bsi Schwarzenbek) führt 2007 in seinem Report über die betäubungslose Schächtung von Schafen in einem Schächt-Schlachtbetrieb aus:

"Fixation: The sheep are put on a table on their side, with manual fixation of body and head (neck stretched). Veterinarian: During slaughter the official veterinarian is not present."

(Von Wenzlawowicz, Martin, and von Holleben, Karen (P2): "Deliverable 2.1, WP2 – report on the incidence and scale of practises of ritual slaughter in Germany", project DIAREL, Schwarzenbek, November 2007, S. 6; Unterstreichungen von V. Mariak)

Hinsichtlich der betäubungslosen Schächtung von Rindern wird - wiederum für den damals einzigen Schächtbetrieb, der in Deutschland die Genehmigung zur ganzjährigen betäubungslosen Schächtung besaß - folgende Situation beschrieben:

„Fixation: The bulls are carefully fixated on their left side on a claw trimming table (Patura(R)), the table is then very carefully and slowly turned to the side, then the head is fixed and the neck stretched on a self-built table, which is attached to the device at the position of the head. During the whole procedure of fixation aversive reactions are not very evident. However after the cut cramps are visible which cause the slaughterman to manipulates the wound to ease blood flow (<u>no stunning before manipulation the wound</u>). The animals are kept on their side until no more movements are visible. Cut: The cut is made with a knife with a 40 cm long blade. <u>Direction of the cut is changed three fold.</u> The cut must point in the direction of Mekka. <u>Veterinarian: During slaughter normally the official veterinarian is not present.</u>"

(Von Wenzlawowicz, Martin, and von Holleben, Karen (P2): "Deliverable 2.1, WP2 – report on the incidence and scale of practises of ritual slaughter in Germany", a. a. O., S. 2 f.; Unterstreichungen von V. Mariak)

Im Fall des Aßlarner Schächtbetriebes – um den es sich wohl im Report des „bsi" handeln dürfte - würde die Kontrolle der Schächtungen bei 3.400 Schafen und 340 Rindern im Jahr die permanente, tägliche und stündliche Anwesenheit eines Amtstierarztes bzw. seines amtlichen Vertreters erfordern (zu den Schlachttierzahlen in Aßlarn siehe: Report Mainz: „Neue Erkenntnisse der Bundestierärztekammer", Statement von Reinhard Strack-Schmalor, Verwaltungsdirektor im Lahn-Dill-Kreis, in: Das Erste, ARD-Politmagazin, 13. 06. 2008, Internet: a. a. O.)

Ein kleines Zahlenspiel sei erlaubt, bei dem wir einmal voraussetzen, dass bei jeder erfolgten Schächtung, ob mit oder ohne Betäubung, die Anwesenheit eines amtlichen Veterinärs unabdingbar und tatsächlich vorhanden gewesen wäre:

Gemäß den Schätzungen des „bsi Schwarzenbek" in den Jahren 2006 / 2007 gab es bei Verwendung der unteren Werte (konservative Schätzung) nur bis zu 250 betäubungslos geschächtete Rinder. Rund 47.000 Rinder wurden mit Betäubung geschächtet. Für Schafe ergab sich der Mindestwert von etwa 250.000 betäubungslos geschächteten Tieren (illegale Schächtungen einbezogen). Bei bis zu 1.000.000 Schafen erfolgte die Schächtung mit Betäubung.

Ausgewiesen wurden hier die geschätzten Mindestzahlen, obwohl zu erwarten steht, dass aktuell (in den Jahren 2015 / 2016) bei einem boomenden „Halal"-Fleisch-Markt wesentlich mehr jährliche Schächtungen erfolgen als zum Zeitpunkt der bsi-Studie. Damit liegt - wie vorgenannt - eine konservative Schätzung vor, die durchaus vertretbar ist. Selbstverständlich sind auch diese Werte noch mit entsprechendem Caveat zu verstehen: Es handelt sich – wenn auch wissenschaftlich begründet – um Schätzungen. Aber selbst wenn wir diese Zahlen nur im Sinne einer groben Überschlagsrechnung nutzen, so offenbaren sie doch Erstaunliches:

Bei rund 250 betäubungslos geschächteten Rindern und mindestens 250.000 betäubungslos geschächteten Schafen müssten also in jährlich insgesamt 250.250 Fällen amtliche Veterinäre zwingend anwesend sein, um eine vorschriftsmäßige Schächtung zu gewährleisten. Diese Veterinäre hätten die Schächtung jedes einzelnen Tieres vom Beginn bis zum Ende der Schlachtung zu überwachen. Berechnet man auch nur 10 Minuten Arbeitszeit für den gesamten Schlachtablauf (also nicht nur die Setzung eines Kehlschnitts, sondern die Beaufsichtigung der Anlieferung, die Untersuchung des lebenden Schlachttiers, das Treiben der Tiere in die Box, die Fixierung, die Beobachtung der eigentlichen Schächtung, die Kontrolle des Ausblutens und Zerlegens, die Untersuchung des Schlachtkörpers nach der Schächtung, usw.), dann wären insgesamt rund 41.708 Dienststunden oder 4,76 Jahre der veterinäramtlichen Verteter vor Ort einzuplanen. Prämisse ist hier natürlich, dass alle Schächtungen legalisiert erfolgen.

Würden wir weiter annehmen, dass aus betriebswirtschaftlichen und marktbedingten Gründen das Zahlenverhältnis
Schafe – Rinder etwa dem der Opfertiere im Schächtbetrieb
Aßlar entspricht (3.400 Schafe / 340 Rinder), dann müssten
wir einer Viertelmillion betäubungslos geschächteter Schafe
auch rund 25.000 geschächtete Rinder zurechnen. Das Ergebnis: Die für Schächtungen imposante Zahl von insgesamt
275.000 Schlachttieren, von geschächtetem Geflügel und weiteren Tierarten (Ziegen zum Beispiel) einmal ganz abgesehen.

Und nun soll also weit mehr als 275.000-mal jährlich ein Ve-
terinäramtsvertreter dabei sein oder zukünftig bei jedem Einzelfall von Schächtung vor Ort kontrollieren, ob der Schächtschnitt richtig gesetzt wird, ob das Schächtmesser nicht
stumpf ist, ob die einzelnen Tiere vor dem Ausbluten nicht aufgehängt werden, ob der Boden nach jeder Schächtung adäquat vom Blut gereinigt wird, ob ein Betäubungsgerät überhaupt vorhanden ist, usw. (Hirt u. a., München 2016, S. 265)?
Und dieser massenhafte amtliche Veterinär-Einsatz wäre dann
von den - teilweise privaten - Schächtern auch noch zu be-
zahlen?

Dies mag bei dem in der mehr oder weniger empörten Öffentlichkeit stehenden Schlachter aus Aßlar noch der Fall gewesen sein, aber angesichts unterbesetzter und oftmals über-
forderter Veterinärämter bleibt dabei ein großes Fragezeichen.

Zudem: Das Gros der Zahlen bezieht sich auf **illegale** Schächtungen – etwa zum jährlichen muslimischen Opferfest. Dort
wird aus nahcliogenden Gründen kein amtlicher Veterinär
anwesend (gewesen) sein. Würde man – wie in unserer hypo-
thetischen Annahme - davon ausgehen, dass diese Schächtungen zukünftig in vergleichbarem Umfang mit amtlicher Ausnahmegenehmigung geschehen dürften, dann müsste man
das Veterinärpersonal erheblich aufstocken.

Eine effektive Kontrolle mit bestehendem Personalbestand wäre schlicht aus Kapazitätsmangel nicht möglich. Ein weiterer Gedanke sei erlaubt:

Die Veterinärämter sind per gesetzlichem Auftrag ebenfalls gehalten, Schächtbetriebe zu kontrollieren, die in der Vergangenheit Anträge auf betäubungslose Schächtung stellten und abschlägig beschieden wurden. Hier ist zu fragen, wie das in der Praxis funktioniert? Wer kann zum Beispiel sagen, wie viel Tiere von den geschätzten 47.000 Rindern und der rund einen Million an Schafen tatsächlich mit Betäubung geschächtet wurden? Betäubungen, wenn sie angemessen erfolgen (z. B. per EKZB), benötigen einen entsprechenden zeitlichen Aufwand. Es ist vorstellbar, das Schächtbetriebe diesen Aufwand vermeiden möchten, denn Zeit ist Geld – auch und gerade in der Betriebswirtschaft. War also 47.000-mal oder 1.000.000-mal ein Vertreter des Veterinäramtes zugegen, um vor Ort mögliche Normverletzungen zu ahnden? Wohl kaum.

Speziell mit Blick auf die erneut zu erwartende Masse der illegalen Schächtungen zum Opferfest Kurban Bayrami (24. bis 27. 09. 2015) schrieb der Tierschützer Ulrich Dittmann:

„Polizei und Ordnungsämter sind angewiesen im o. a. Zeitraum besonders auf Verstöße gegen das Tierschutzgesetz (Schaftransport im Autokofferraum, Schwarz-Schächtungen in Asylheimen, auf Bauernhöfen und Schäfereien, oder in Feld und Flur) zu achten und auch entsprechenden Hinweisen aus der Bevölkerung explizit nachzugehen.

Klartext: Letzteres ist besonders wichtig, da Deutschland – wie bekannt – in diesem Jahr förmlich von Zuwanderern islamischen Glaubens überflutet wurde, die teilweise weder lesen, geschweige denn der deutschen Sprache mächtig sind, noch die hiesigen Gesetze kennen."

(Dittmann, Ulrich, Internetartikel: „Das Opferfest ‚Kurban Bay-rami' und betäubungsloses Schächten auch in Deutschland", in: Website „Für die Freiheit und das Leben aller Tiere!", 18. 09. 2015; Internet: Datum des letzten Abrufs: 04. 11. 2016, https://wolodja51.wordpress.com/2015/09/18/das-opferfest-kurban-bayrami-und-betaeubungsloses-schaechten-auch-in-deutschland/)

Damit sind die Veterinärämter nicht nur verpflichtet, vor Ort, bei legalen Schächtungen anwesend zu sein und zu kontrollieren. Sie erhalten zusätzlich die Aufgabe, in Kooperation mit den Polizeibehörden über Land zu fahren, um in bester Detektiv-Manier illegale Schächtungen aufzuspüren. Ein Beispiel dazu werden wir im später folgenden Kapitel „Justiz und Tierschutz" ersehen können. Hier sei nur – auch hinsichtlich des Mehraufwandes durch zusätzliche Kontrollfahrten - festgehalten, dass Veterinärbehörden vielfach - und gezwungen durch unzureichende Personalstärken - die vorgegebenen Überwachungsaufgaben nicht angemessen bewältigen dürften.

Wie diverse Fleischskandale zeigen (zum Beispiel Schleswig-Holstein: Wagner, Paul, Bericht: „Großrazzia auf Schlachthof", in: Kieler Nachrichten vom 26. 02. 2014), haben die Veterinärämter bereits alle Hände voll zu tun, um die Fleischproduktion nach westeuropäischen Standards zu überwachen. Oftmals ist ihr Einschreiten mit unerträglicher Zeitverzögerung verbunden, weil die Personaldecke wie vorerwähnt einfach zu dünn ist. Dass es zudem auch Veterinärämter gibt, die weniger engagiert sind, lässt sich in den Erfahrungsberichten von „PETA Deutschland" nachlesen:

„Veterinärämter sind für die Überwachung und den Vollzug des Tierschutzgesetzes in Deutschland zuständig. PETA meldet den Behörden jeden Monat zahlreiche Fälle von Tierquälerei und kontrolliert, ob und wie die Behörden im Sinne des Tierschutzgesetzes daraufhin tätig werden."

(PETA Deutschland e. V.: Internetartikel: „PETAs Zusammenarbeit mit Amtstierärzten", Februar 2014; Internet: Datum des letzten Abrufs: 04. 11. 2016, http://www.peta.de/veterinaeraemter2013#.WbxQLIXhAnQ)

Die Tierschutzorganisation berichtet dann weiter:

> „Während wir in vielen Fällen in kooperativer Zusammenarbeit mit Amtstierärzten sehr gute Erfolge für die Tiere erzielen konnten, gibt es noch immer viel zu viele Behörden, die das Tierschutzgesetz und die entsprechenden Verordnungen und Richtlinien nicht umsetzen. Ein Grundproblem ist das Fehlen einer neutralen Aufsichtsbehörde, welche schlecht arbeitende Amtstierärzte kontrolliert und maßregelt." (PETA Deutschland e. V.: Internetartikel: „PETAs Zusammenarbeit mit Amtstierärzten", a. a. O.)

Welch gravierende Mängel bei Aufsicht und Vor-Ort-Kontrolle auch in „normalen" deutschen Schlachtbetrieben zu beobachten sind, zeigt der Bericht einer Praktikantin, die im Rahmen ihres Tiermedizin-Studiums drei Wochen in einem Schlachthof anwesend sein musste. Das Interview wurde von der „Albert Schweitzer Stiftung für unsere Mitwelt" durchgeführt. Eine zentrale Frage an die Praktikantin lautete: „Welche Aufgaben hatten die Amtstierärzte?" Die Antwort lautete wie folgt:

> „Eigentlich haben die Amtstierärzte die Aufgabe, alles im Schlachthof zu überwachen. Gerade wenn die Tiere ankommen, sollten sie noch einmal untersucht werden. In der Realität sah es allerdings so aus, dass nur ein grober Blick auf die Tiere geworfen wurde, um zu sehen, ob die Tiere noch laufen können. Selbst wenn Tiere lahmten, wurde nichts dazu gesagt oder aufgeschrieben. Nur in den schwerwiegendsten Fällen wurde etwas notiert.

Die Kontrolle durch die Amtstierärzte war für mein Empfinden sehr lasch, beispielsweise habe ich die leitende Ärztin nie hinten im Stall gesehen. Die Amtstierärztin füllte ihre Tabelle oft aus, und befand die Tiere somit für gesund und schlachttauglich, noch bevor sie sie überhaupt gesehen hatte. Nach dem Ausfüllen sah sie beim Ausladen zu. Meistens jedenfalls. Manchmal redete sie auch mit Kollegen und schaute gar nicht hin."

(Albert Schweitzer Stiftung für unsere Mitwelt, Bericht: „Interview zum Schlachthof-Praktikum", veröffentlicht am 12. 04. 2012, zuletzt aktualisiert am 01. 03. 2014; Internet: Datum des letzten Abrufs: 04. 11. 2016, https://albert-schweitzer-stiftung.-de/aktuell/schlachthof-praktikum-interview)

Gestellt wurde dann die Frage, wie die Schlachthofarbeiter die Tiere behandelten und ob die Praktikantin Verstöße gegen Tierschutzauflagen beobachten konnte. Und es erfolgte nachstehender erschreckender Bericht:

„Ich habe gesehen wie Tiere, die nicht mehr alleine den Transporter verlassen konnten, in den Schlachthof getragen wurden, was nicht erlaubt ist. Ich habe gesehen, wie Schweine mit Schlägen und Tritten hineingetrieben wurden, dass Tiere, die nicht mehr aufstehen konnten geschlagen wurden, sogar ins Gesicht, während die Amtstierärztin daneben stand und nichts dagegen getan hat."

Und weiter:

„Als ich diese Verstöße angesprochen habe, wurde das abgetan und das Thema gewechselt. Bei den Schweinen ging es sehr brutal zu. Die Tiere wurden mit Hartplastikstöcken getrieben, auf den Hintern und ins Gesicht geschlagen, sogar auf die empfindliche Nase. Teilweise wurden sie auch getreten.

Das Problem ist, dass die Tiere in großen Gruppen von 20 bis 30 Tieren abgeladen werden, und dass auf die hinteren eingeprügelt wird, weil es vorne nicht weiter geht. Allerdings können die Tiere in diesem Gedränge nicht schneller laufen. Bei den Rindern habe ich beobachtet, dass elektrische Treibhilfen verwendet wurden. Diese wurden auch bei jungen Tieren und im Kopfbereich eingesetzt, was eigentlich verboten ist." (Albert Schweitzer Stiftung für unsere Mitwelt, Bericht: „Interview zum Schlachthof-Praktikum", a. a. O.)

Ein weiteres Beispiel zur zweifelhaften Effektivität der Vor-Ort-Kontrollen durch Veterinärämter stammt aus dem Bundesland Niedersachsen:

Eine Umfrage des NDR über die Arbeit amtlicher Veterinäre in Niedersachsen ergab, dass nahezu nie Sanktionen verhängt werden, sondern höchstens ermahnt bzw. belehrt wird. Es wird berichtet, dass die niedersächsischen Veterinärbehörden bei millionenfachen Schlachtungen im Vorjahr der Umfrage lediglich fünf (!) Bußgelder verhängt hätten. (Vegan.eu, Internetbericht: „Schlachten ohne ausreichende Betäubung in Niedersachsen bleibt folgenlos", 20. 09. 2012)

Es ist bemerkenswert, dass der originäre NDR-Bericht im Internet-Archiv des NDR nicht mehr zugänglich ist bzw. gelöscht wurde. Der NDR-Bericht wurde jedoch auch von der „taz. die tageszeitung" aufgegriffen und in folgender Meldung zusammengefasst:

„18,5 Millionen Schweine und über 430.000 Rinder wurden allein im vergangenen Jahr in Niedersachsen geschlachtet – meist wie am Fließband, in Akkordarbeit oder durch automatisierte Schlachtanlagen. Von Tierschutzverstößen wollen die Überwachungsbehörden dabei allerdings nur wenig mitbekommen haben:

Nur fünf Mal verhängten sie Bußgelder, in einem Betrieb wurde zeitweise ein Schlachtstopp verhängt. Meist belassen es die Behörden bei mündlichen oder schriftlichen Belehrungen, wie NDR Info jetzt berichtet. Für seine Recherche hatte der Radiosender alle Veterinärämter der Landkreise – zuständig für die Schlachthofüberwachung – abgefragt. Denn amtlich erfasst werden Tierschutzverstöße in Schlachtbetrieben in Niedersachsen nicht."

(Havlicek, Teresa: „Tierschutz-Kontrolle mangelhaft – Schlachthöfe machens richtig. In Niedersachsens Schlachtbetrieben stellen die Kontrolleure trotz tausendfacher Tötung nur selten Tierschutzverstöße fest. Die Opposition befürchtet Mauschelei vor Ort.", in: taz. Die tageszeitung, 20. 09. 2012; Internet: Datum des letzten Abrufs: 04. 11. 2016, http://www.taz.de/!-5083538/)

Und die „taz"-Meldung lautet des Weiteren:

„Nicht nur Tierschutzorganisationen machen immer wieder auf Quälereien wie unzureichend betäubte Tiere, die noch lebendig mit heißem Wasser verbrüht werden oder an Schlachthaken verbluten, aufmerksam. Erst im Juni räumte die schwarz-gelbe Bundesregierung Missstände in Schlachthöfen deutschlandweit ein. Und berichtete von Fehlerquoten von bis zu zwölf Prozent bei der Betäubung der Tiere." (Havlicek, Teresa: „Tierschutz-Kontrolle mangelhaft – Schlachthöfe machens richtig [...]", a. a. O.)

Die im Vergleich zum übrigen Bundesgebiet verdächtig geringen Fehlerquoten, die offiziell für das als „Schlachtboom-Land" bekannte Niedersachsen genannt wurden, führten zu erheblichen Zweifeln an der Korrektheit der Zahlen und riefen Kritiker wie den Agrarpolitiker der Grünen, Christian Meyer, auf den Plan:

„Er vermutet vielmehr ‚Mauscheleien' bei den Kontrollen vor Ort und befürchtet, ‚dass bei Tierquälerei ein Auge zugedrückt wird, weil der Schlachthof ein großer Arbeitgeber ist'. Um das zu verhindern, fordern die Grünen mehr Kontrollen und eine Rotation der Amtsveterinäre: Statt stets in den gleichen Betrieben sollten sie in wechselnden Bezirken eingesetzt werden. Zudem sei zu prüfen, ob das Veterinärwesen nicht grundsätzlich von den Kommunen ans Land übertragen wird." (Havlicek, Teresa: „Tierschutz-Kontrolle mangelhaft – Schlachthöfe machens richtig [...]", a. a. O.)

Die Meldung der „taz" schließt mit dem Hinweis auf eine Stellungnahme des niedersächsischen Agrarministeriums:

„Dass es in Sachen Tierschutz in Schlachthöfen keinen Handlungsbedarf sieht, machte es bereits gegenüber NDR Info deutlich: Selbst eine regelmäßige Statistik über Verstöße lehnt man ab – wegen eines ‚unverhältnismäßigen, nicht zu rechtfertigenden bürokratischen Aufwands', zitiert der Sender das Agrarministerium." (Havlicek, Teresa: „Tierschutz-Kontrolle mangelhaft – Schlachthöfe machens richtig [...]", a. a. O.)

Auch das vorgenannte Beispiel zeigt noch einmal in aller Deutlichkeit: Ob Schlachthöfe nach deutschen Standards oder Schächt-Schlachtbetriebe mit muslimischer Führung – die Veterinärbehörden sind oftmals nicht in der Lage, ihre Kontrollaufgaben rechtlich und ethisch angemessen zu erfüllen.

Dass hierbei nicht nur persönliches Desinteresse der amtlichen Veterinäre oder gar ihre fachliche Inkompetenz eine tragende Rolle spielen, sondern auch ökonomisch-politische Verflechtungen mit der Fleischindustrie wahrscheinlich sind, ist wahrhaft erschreckend. Es wäre daher grundfalsch, die Hauptschuld für Kontrolldefizite ausschließlich dem Veterinärpersonal vor Ort anzukreiden.

Für den einzelnen Amtsveterinär bestehen nur zu oft erhebliche wirtschaftliche und soziale Pressuren, die ein „Wegsehen" subjektiv verständlich erscheinen lassen – wenngleich es juristisch und ethisch auch nicht entschuldbar ist.

Das primäre Problem ungenügender Vor-Ort-Überwachung ist systemimmanent und resultiert aus einer Mischung von politischer Indifferenz, politischen Steuerungsfehlern und der - begründet vermutet - zunehmenden Einflussnahme der Fleischindustrie-Lobby auf Entscheidungen der Legislative und der Leitung ausführender Behörden.

So kommt zum Beispiel die hessische Landesbeauftragte für Tierschutz in ihrem Jahresbericht 2014 zu folgendem ernüchternden Schluss:

„Der Druck durch Tierhalter und deren Lobbyverbände auf die Tierärzte selbst und besonders auch auf deren direkte oder politischen Vorgesetzte nimmt zu. So kommt es dazu, dass engagierte Tierärzte von bestimmten Tierhaltungen abgezogen oder mündlich angewiesen werden, nicht tätig zu werden. Zuweilen müssen sie sich in öffentlichen Veranstaltungen dafür rechtfertigen, dass sie das Tierschutzgesetz ernst nehmen und tätig werden. Das bleibt Untätigen alles erspart."

(Martin, Madeleine, Landesbeauftragte für Tierschutz in Hessen: „Jahresbericht 2014", S. 15, 1. Rahmenbedingungen, Abschnitt 1.5.: Situation der im Vollzug des Tierschutzgesetzes tätigen Menschen. Hessisches Ministerium für Umwelt, Klimaschutz, Landwirtschaft und Verbraucherschutz, Wiesbaden; Internet: Datum des letzten Abrufs: 04. 11. 2016, https://-www.uni-giessen.de/org/beauftragte/aufgaben/tschbjlu/tbdateien/LTBTschB2014)

Und weiter heißt es:

„Nach der Wahrnehmung der LBT und den verschiedenen Erfahrungen von Amtstierärzten sorgen in Hessen insbesondere der Bereich Vollzug des Tierschutzgesetzes in landwirtschaftlichen Tierhaltungen, Circusbetrieben sowie in Schlachthöfen für besonders heikle Situationen. Dies ist nicht akzeptabel und muss dringend verstärkt öffentlich aber auch innerhalb des Berufsstandes diskutiert werden. Als Mahnung, diese schwierigen Situationen ernst zu nehmen, steht der Freitod einer im Tierschutz tätigen baden-württembergischen Kollegin im Herbst 2014, der wohl tatsächlich durch die berufliche Situation ausgelöst wurde."

(Martin, Madeleine, Landesbeauftragte für Tierschutz in Hessen: „Jahresbericht 2014", a. a. O.)

Mit dem Problem der beruflich bedingten psychischen Belastungen, denen amtliche Veterinäre vor Ort ausgesetzt sind, befasst sich die Landesbeauftragte für Tierschutz an anderer Stelle wie folgt:

„Amtstierärzte/innen aber auch Tiergesundheitsaufseher/innen sind im Vollzug des Tierschutzgesetzes vielfältigen psychischen Belastungen ausgesetzt. Das hat zum einen damit zu tun, dass die personelle Situation auf den Ämtern in Hessen schlecht ist. Viele Tierschutz-Regelkontrollen gerade im Bereich landwirtschaftlicher Tierhaltungen können heute schon nicht mehr geleistet werden. Zum anderen spielen sich viele Tierschutzfälle oft in sozialen Randbereichen ab. Zudem kann bei vielen Tierhaltern eine weit stärkere Aggressivität festgestellt werden, als noch vor Jahren. Pöbeleien und Beschimpfungen, aber auch Bedrohungen verschiedenster Art und Stärke nehmen zu.

Dabei wurden und werden Amtstierärzte/innen in Hessen auch in vielfältiger Form körperlich attackiert, tätliche Angriffe mit körperlichen Folgen sind genauso zu verzeichnen, wie sogar Mordversuche."

(Martin, Madeleine, Landesbeauftragte für Tierschutz in Hessen: „Jahresbericht 2014", a. a. O., S. 14)

Der beeindruckend offene und dringende Appell an die politischen Entscheider lautet dann folgerichtig:

„Politisch Verantwortliche auf Landes- und Kommunalebene müssen im Tierschutz engagierte Amtstierärzte im Vollzug stärker unterstützen und ihnen nicht in den Rücken fallen, wenn es gilt, Tierschutz gegen Lobbyinteressen durchzusetzen. Sonntagsreden zum Tierschutz am Welttierschutztag oder beim Tag der offenen Tür im lokalen Tierheim reichen eben nicht aus." (Martin, Madeleine, Landesbeauftragte für Tierschutz in Hessen: „Jahresbericht 2014", a. a. O., S. 15)

Dieser Appell ist voll und ganz zu unterstützen und betrifft alle Bundesländer. Es wäre absurd, würde man die aufgezeigten Missstände nur auf Hessen begrenzen wollen. Hessen ist kein Ausnahmeland. Die Zustände dort spiegeln nur wieder, was täglich überall in deutschen Schlachtbetrieben geschieht.

Mit Blick auf das Thema Schächtungen lautet das wichtige Fazit aus den genannten Sachverhalten: Es ist nicht damit zu rechnen, dass bei jeder Schächtung eine angemessene Vor-Ort-Kontrolle stattfindet. Dass selbst politische Parteien bereits erkannt haben, wie wenig angemessen Veterinärbehörden agieren können, zeigt ein Statement der „Linken" zur Verbesserung des Tierschutzes. Im Rahmen einer Parteienbefragung der „Albert Schweitzer Stiftung für unsere Mitwelt" findet sich unter dem Stichwort „Veterinärbehörden" folgendes Frage-und-Antwort-Spiel:

„Amtsveterinäre beklagen wiederholt, dass sie wegen Überlastung viel zu wenige Tierhalter kontrollieren können und dass die Kontrollen häufig unter Zeitdruck stattfinden müssen, wodurch viele Missstände unerkannt bleiben. Außerdem ist immer wieder von Fällen zu hören, in denen engagierte Amtsveterinäre von ihren Vorgesetzten daran gehindert werden, das Tierschutzgesetz konsequent zu vollziehen."

(Albert Schweitzer Stiftung für unsere Mitwelt: „Tierschutz in der Landtagswahl Nordrhein-Westfalen 2012", „Wahlprüfstein DIE LINKE", Stichwort: Tierschutz, Abschnitt: 3. Veterinärbehörden, Berlin; Internet: Datum des letzten Abrufs: 04. 11. 2016, http://die-linke.de/uploads/media/1021.pdf)

Und die Befragung wird fortgesetzt:

„Ein drittes Problemfeld ist das oft fehlende Fachwissen zu bestimmten Tierarten. a. Wird sich Ihre Partei dafür einsetzen, dass Amtsveterinäre mehr und gründlichere Tierschutz-Kontrollen durchführen können? b. Befürwortet Ihre Partei, dass Tierschutzorganisationen fachkundige Tierschutzinspektoren bereitstellen, die ohne hoheitliche Befugnisse Tierhaltungen besuchen und Missstände an die zuständige Veterinärbehörde melden, woraufhin diese tätig wird? c. Wird sich Ihre Partei dafür einsetzen, dass fachkundige Tierschutzinspektoren von anerkannten Organisationen mit denjenigen hoheitlichen Befugnissen beliehen werden, die sie benötigen, um tierschutzrechtliche Missstände aufzudecken und entsprechende Beweise sichern zu können?"

Die Antworten lauten wie folgt:

„a) Ja, die Veterinärämter müssen personell gestärkt werden. b) Das hat sich in der Vergangenheit bewährt und in vielen Fällen zur Aufklärung beigetragen.

c) Hoheitliche Aufgaben sollten von den Veterinärämtern wahrgenommen werden, die dafür personell gestärkt werden müssen." (Albert Schweitzer Stiftung für unsere Mitwelt: „Tierschutz in der Landtagswahl Nordrhein-Westfalen 2012", a. a. O.)

Neben der Partei „DIE LINKE" sprachen sich ebenfalls das „Bündnis 90 / Die Grünen", die „Tierschutzpartei" sowie die „ÖDP" (Ökologisch-Demokratische Partei) eindeutig für eine Erhöhung des Personalstandes in den Veterinärbehörden aus. Alle anderen befragten Parteien (CDU, SPD, FDP, Piratenpartei) antworteten ausweichend. Die „FDP" meinte dazu: „Bislang sind uns keine Missstände in den Veterinärbehörden bekannt." (Albert Schweitzer Stiftung für unsere Mitwelt: „Tierschutz in der Landtagswahl Nordrhein-Westfalen 2012", Stichwort: „Mehr Tierschutz in den Veterinärbehörden", Berlin; Internet: Datum des letzten Abrufs: 04. 11. 2016, https://albert-schweitzer-stiftung.de/wp-content/uploads/Tierschutz-in-der-Landtagswahl-NRW-2012.pdf)

Ähnlich äußerte sich die „CDU": „Die Veterinärbehörden in Nordrhein-Westfalen erfüllen ihren Kontrollauftrag. Missstände in der Tierhaltung werden gesucht, erkannt und behoben." (a. a. O.) Und bei der „SPD" heißt es ebenso nichtssagend und ebenfalls in bestem Politikerdeutsch:

„Den Veterinärbehörden obliegt die Umsetzung der staatlichen Tierschutzziele und Tierschutzgesetze. Zwar ist richtig, dass auch Veterinärbehörden bei der Aufgabenbewältigung überlastet sein können. Allerdings begegnet eine Übertragung von hoheitlichen Aufgaben an Dritte, wie zum Beispiel ehrenamtliche Tierschutzinspektoren, grundsätzlichen rechtlichen Bedenken." (a. a. O.)

Die „Piratenpartei" sieht das Problem, aber: „Die Überlastung der zuständigen Behörden ist ein bekanntes Problem, mit dem wir uns zum jetzigen Zeitpunkt noch nicht auseinandergesetzt haben." (Albert Schweitzer Stiftung für unsere Mitwelt: „Tierschutz in der Landtagswahl Nordrhein-Westfalen 2012", a. a. O.)

Die Haltung der Landesparteien in Nordrhein-Westfalen lässt sich m. E. weitgehend auf die Parteipositionen in den anderen Bundesländern übertragen. Schon aus Gründen der bundesweiten Parteiräson wird es keine gravierenden Programmabweichungen und Meinungsverschiedenheiten geben. So wurde zur Landtagswahl in Schleswig-Holstein 2012 von der „Albert Schweitzer Stiftung für unsere Mitwelt" derselbe vorerwähnte Fragenkatalog vorgelegt und auch hier heißt es bezüglich der Frage nach gründlicheren Tierschutz-Kontrollen und ehrenamtlichen Tierschutzinspektoren zum Beispiel:

Auszug aus dem Statement der Partei „CDU":

„Unterstellungen helfen hier nicht weiter. **Was wir am wenigsten brauchen sind von wem auch immer ernannte ‚Hilfssheriffs'.**" (a. a. O.)

Auszug aus dem Statement der Partei „SPD":

„Über Vorfälle, dass Amtsveterinäre von ihren Vorgesetzten an Maßnahmen zur Bekämpfung von erkannten Missständen gehindert werden, ist uns nichts bekannt." (a. a. O.)

Auszug aus dem Statement der Partei „FDP":

„Die Veterinärämter in Deutschland leisten gute Arbeit, eine Ausweitung der Kontrollen ist nach derzeitigem Kenntnisstand nicht nötig." (a. a. O.)

Auszug aus dem Statement der Partei „Bündnis 90 / Die Grünen":

„Um Tierrechten besser zum Durchbruch zu verhelfen, sollte die Rolle der Amtstierärzte gestärkt werden. Sie müssen auch ausreichend Fortbildungsmöglichkeiten erhalten, um ihren Aufgaben gerecht zu werden." (a. a. O.)

Auszug aus dem Statement der Partei „DIE LINKE":

„a) DIE LINKE fordert eine erhöhte Einstellung von Amtsveterinären, damit die Durchführung gründlicher Tierschutzkontrollen endlich gewährleistet wird. b) DIE LINKE fordert, dass Tierschutzverbände das Recht erhalten müssen, Tierhaltungen zu besuchen und Missstände an die zuständigen Veterinärbehörden zu melden." (a. a. O.)

Auszug aus dem Statement der Partei: „Südschleswigscher Wählerverband":

„Wie in vielen anderen Bereichen auch, mangelt es bei Kontrollbehörden häufig an Personal aufgrund der fehlenden Finanzierung. Aus diesem Grund hält der SSW es für angebracht, dass solche Behörden entsprechende Gebühren für ihre Kontrollen / Leistungen erheben sollen. Damit entlasten sie zum einen den öffentlichen Haushalt und können ihre Personaldecke erhöhen. Somit ließe sich auch sicherstellen, dass Amtsveterinäre sich entsprechend weiterbilden können und auch gründlichere Kontrollen durchführen können."

(Albert Schweitzer Stiftung für unsere Mitwelt: „Tierschutz in der Landtagswahl Schleswig-Holstein 2012", Stichwort: „Mehr Tierschutz in den Veterinärbehörden", Berlin; Internet: Datum des letzten Abrufs: 04. 11. 2016, https://albert-schweitzer-stiftung.de/wp-content/uploads/Tierschutz-in-der-Landtagswahl-Schleswig-Holstein-2012.pdf;

Anmerkung V. Mariak: Ein Statement der Piratenpartei lag zu dem Zeitpunkt noch nicht vor; der „Südschleswigsche Wählerverband" (SSW) ist eine Regionalpartei der dänischen Minderheit in Schleswig-Holstein)

Nachzutragen ist, dass auch der „Südschleswigsche Wählerverband" ehrenamtliche Tierschutzinspektoren ablehnt. Insgesamt gilt: Aus dem Gesagten lassen sich folgende Kernaussagen erkennen: Weder die „CDU" noch die „SPD" oder die „FDP" lassen hinsichtlich der Veterinärämter Handlungsbedarf erkennen. Die Partei "Bündnis 90 / Die Grünen" will immerhin eine Stärkung der Amtstierärzte erreichen, aber nur zwei Parteien – „DIE LINKE" und der „Südschleswigsche Wählerverband" – sprechen sich klar und deutlich für mehr Amtsveterinäre und mehr Kontrollen aus.

Als Fazit lässt sich weiterhin festhalten, dass in der Essenz zumindest bei einigen der wichtigsten Parteien die Unzulänglichkeit der Personalbestände und Veterinärkontrollen so gravierend auffällt, dass sie zum Wahlkampfthema wird und politischen Handlungsbedarf erzeugt - wobei zu hoffen steht, dass dieses Interesse nicht allein der Wahlkampfwerbung geschuldet ist.

Abschließend zitiert sei noch einmal die Landesbeauftragte für Tierschutz im Bundesland Hessen. Sie resümiert:

„Eine grundlegende Besserung der Situation muss längerfristig mit einer deutlichen Aufstockung der Zahl von auf hessischen Veterinärämtern Beschäftigten einhergehen. Kurzfristig ist es aber dringend notwendig, den auf den Veterinärämtern im Tierschutz tätigen Personen zum einen regelmäßige Unterstützung in Form einer jährlichen Supervision anzubieten, zum anderen auch im Notfall einzeln psychologische Unterstützung anzubieten." (Martin, Madeleine, Landesbeauftragte für Tierschutz in Hessen: „Jahresbericht 2014", S. 14, a. a. O.)

Erinnert sei hier erneut, dass die Probleme der hessischen Veterinärämter in keiner Weise als alleinige Missstände eines Bundeslandes zu interpretieren sind: Hessen steht in diesem Kontext für bundesweite Miseren im Tierschutz.

Nachfolgend bietet eine weitere statistische Übersicht Zahlenmaterial zum tierärztlichen Personalbestand der Veterinärverwaltungen. Die Daten entstammen den Jahresstatistiken der Bundestierärztekammer e. V. und zeigen die gemeinhin sehr begrenzte Anzahl der tatsächlich eingesetzten Veterinäre (keine Planstellen-Übersicht, wie teilweise in Tab. 5 erforderlich).

Tabelle 6:
Tierärzte in den Veterinärbehörden gemäß den Jahresstatistiken 2014 und 2015 der Bundestierärztekammer e. V. (Deutsches Tierärzteblatt)

Nr.	Bundesland	Beamtete Tierärzte		Angest. Tierärzte		In Nebentätigkeit*	
Jahr		'14	'15	'14	'15	'14	'15
01	Baden-Württemberg	160	158	211	220	0	0
02	Bayern	312	306	108	124	435	362
03	Berlin	21	21	51	47	0	42
04	Brandenburg	15	15	89	93	66	0
05	Bremen	5	4	9	7	1	65
06	Hamburg	13	11	15	16	2	10
07	Hessen	86	87	67	69	78	1
08	Mecklenburg-Vorpomm.	17	16	77	78	92	0
09	Niedersachsen	174	176	146	162	241	235
10	Nordrhein-Westfalen	232	228	175	195	116	163
11	Rheinland-Pfalz	28	27	56	55	140	34
12	Saarland	8	8	10	10	11	0
13	Sachsen	16	17	118	119	209	10
14	Sachsen-Anhalt	16	15	78	85	94	89
15	Schleswig-Holstein	46	45	32	35	96	92
16	Thüringen	7	6	74	76	74	70

Quelle:
Deutsches Tierärzteblatt, Nr. 5 / 2015 und Nr. 5 / 2016: Statistik 2014 bzw. 2015: Tierärzteschaft in der Bundesrepublik Deutschland, Tab. 1: Art der Berufsausübung, Tab. 2: Nebentätigkeiten; Internet: Datum des letzten Abrufs: 05. 11. 2016, http://www.bundestieraerztekammer.de/index_btk_statistik.php.

*Nebentätigkeit: Fleischuntersuchung

5. 1. 3. Justiz und Tierschutz

Eine wichtige Einschränkung wurde vorstehend bereits genannt: Es wäre unfair, die Last der Mängel im behördlichen Tierschutz einzig den im Regelfall personell überforderten Veterinärämtern zuzuschreiben oder nur dort nach Inkompetenz zu suchen. Von mindestens genauso hoher Bedeutung für ein funktionierendes amtliches Tierschutzsystem ist die Judikative. Daher soll im Folgenden in knapper Form auf das Spannungsfeld Gerichte – Tierschutz eingegangen werden. Zunächst ist es sinnvoll, einen kurzen Blick auf die rechtlich möglichen Sanktionen zu werfen, damit deutlich wird, welches Strafpotenzial den mit Tierquälerei-Delikten befassten Gerichten zur Verfügung steht.

Im elften Abschnitt des Tierschutzgesetzes befinden sich die Straf- und Bußgeldvorschriften. Von zentraler Bedeutung - und daher noch vor den Vorschriften zur Einziehung von Tieren (TierSchG § 19) oder zum Verbot der Tierhaltung (TierSchG § 20) stehend - sind die Rechtsnormen der Paragrafen 17 (Straftaten) und 18 (Ordnungswidrigkeiten). Gemäß TierSchG § 17 Abs. 1 und 2 können Geldstrafen oder Freiheitsstrafen bis zu drei Jahren verhängt werden. Der Paragraf hebt ab auf die Tötung von Wirbeltieren ohne vernünftigen Grund oder die Zufügung erheblicher Leiden oder Schmerzen aus Rohheit. Ebenfalls unter Strafe gestellt wird hier die länger anhaltende oder sich wiederholende Zufügung erheblicher Schmerzen oder Leiden.

Mit dem Paragrafen 17 TierSchG und der Ausschöpfung seiner Strafmöglichkeiten ist somit ein deutlicher Strafeffekt und ebenfalls eine gewisse präventive Wirkung zu erzielen. Beachten sollte man jedoch, dass die maximal zu verhängende Freiheitsstrafe (drei Jahre) für wiederholte oder anhaltende, brutalste Tierquälerei bis hin zum Tod noch weit unter der maximalen Freiheitsstrafe für Delikte wie Diebstahl (StGB § 242 und § 243) und Betrug (StGB § 263) liegt.

Für letztgenannte StGB-Delikte ist eine Haftstrafe von bis zu fünf Jahren vorgesehen, in schweren Fällen von bis zu zehn Jahren.

Der § 18 TierSchG regelt die Verhängung von Bußgeldern. Er ist also auf Ordnungswidrigkeiten und nicht auf Straftaten ausgerichtet. In TierSchG § 18 Abs. 1 Nr. 1 wird ausgeführt: Ordnungswidrig handelt generell, wer vorsätzlich oder fahrlässig einem Wirbeltier erhebliche Leiden, Schmerzen oder Schäden zufügt und dabei nicht aus einem vernünftigen Grund heraus handelt. Der Paragraf richtet sich an die Halter und Betreuer von Tieren.

Damit bewegen wir uns hier etwa auf dem Sanktionsniveau der Paragrafen 117 OWiG (Unzulässiger Lärm) oder 121 OWiG (Vollrausch). Immerhin kann für die Mehrheit der Tatbestände nach Paragraf 18 TierSchG ein Bußgeld bis zu 25.000 Euro verhängt werden. In bestimmten Fällen liegt die Bußgeld-Obergrenze bei 5.000 Euro (Hirt u. a., München 2016, S. 550). Zu ergänzen ist, dass hier – im Gegensatz zum Strafverfahren - nicht die Staatsanwaltschaft ermittelt, sondern die Verwaltungsbehörde eigenständig handelt (Landratsamt, Bürgermeisteramt, usw.). Diese kann bei Verdacht einer Straftat jedoch an die Staatsanwaltschaft abgeben (Hirt u. a., München 2016, S. 549).

Bleibt anzumerken, dass kritische Tierschützer verstärkt beobachten, wie der Straftatbestand des illegalen Schächtens in der Rechtspraxis mehr und mehr als Ordnungswidrigkeit wahrgenommen wird. Und wer meint, die Verhängung der Höchstsummen im Bußgeldverfahren sei bei Sachverhalten wie der Zufügung erheblicher Leiden und grausamster Schmerzen üblich, der sieht sich realiter eines Besseren belehrt: Genannt sei zunächst eine Folge von Urteilsbeispielen:

Die Tierschutzorganisation „PETA" berichtet auf ihrer Internet-seite mit einem Undercover-Video über grausame Vorfälle in einem „Bioland" Vorzeige-Bio-Schlachhof in Baden-Württem-berg im August 2009 und kann erst 2012 (!) ein Update zum nach Jahren endlich ergangenen gerichtlichen Urteil anfügen:

„Update 2012: Erfolg: Schlachter rechtskräftig verur-teilt."

„[...] Wegen dieser Praktiken ist der Schlachter im Jahr 2012 mit einem rechtskräftigen Strafbefehl verurteilt wor-den. Das Verfahren gegen den anwesenden Amtstierarzt wurde wg. Geringer Schuld, und weil er noch nicht vor-bestraft ist, nach § 153 Strafprozeßordnung eingestellt. Da der Schlachthof erhebliche Investitionen in die Neu-einrichtung dieser Tötungsanlagen getätigt hat, fiel die strafrechtliche Ahndung so milde aus."

(PETA Deutschland e. V., Bericht: „Erschütterndes Filmmate-rial aus angeblicher Vorzeige-Bio-Schlachterei in Baden-Würt-temberg", Stand: 2009 bzw. 2012; Internet: Datum des letzten Abrufs: 05. 11. 2016, http://www.peta.de/schlachthofbawue#.- WB2dtFXhAnQ)

Die gezeigte brutale Tierquälerei fand in einem ganz „norma-len" deutschen Schlachthof statt und wurde nicht von schäch-tenden Muslimen verübt. Sie verdeutlicht jedoch, dass die zuständigen Veterinärämter nicht einmal den täglichen Irrsinn in unseren eigenen Schlachthöfen verhindern können. Man denke nur an die legale (!) massenhafte CO_2-Vergasung und den dort in Stahlgondeln herbeigeführten Erstickungstod von Schlachtschweinen. Unglaublicherweise gibt es aber auch amtliche Veterinäre, die bei Schlachtfehlern und unprofessio-neller Brutalität der Metzger zum „Wegsehen" neigen oder ganz einfach fachlich inkompetent sind.

Die in keiner Weise präventive Wirkung des milden, verhängten Strafmasses kann das Gerechtigkeitsempfinden juristischer Laien nur verstören: Geringe Geldstrafe in Höhe von 40 Tagessätzen gemäß TierSchG § 17 bzw. Verfahrenseinstellung für den überwachenden Vertreter des Veterinäramtes.

Auch das Verfahren gegen die Verantwortlichen des Schlachthofes wurde eingestellt (gemäß § 170 Abs. 2 StPO), weil – entsprechend gerichtlicher Begründung - ungeachtet der unzureichenden baulichen Gegebenheiten des Schlachthofes eine konkrete Tatbeteiligung nicht nachweisbar war.

Erinnern wir uns an den Wortlaut des Paragrafen 17 Abs. 2 TierSchG: „Mit Freiheitsstrafe bis zu drei Jahren oder mit Geldstrafe wird bestraft, wer [...] einem Wirbeltier aus Rohheit erhebliche Schmerzen oder Leiden oder länger anhaltende oder sich wiederholende erhebliche Schmerzen und Leiden zufügt." (Hirt u. a., München 2016, S. 483)

Mit Blick auf die Realität unserer Rechtsprechung ist es leider fast ausgeschlossen, dass verrohte Tierquäler dieser Art jemals eine Haftstrafe erhalten. Aktuell meldet der Norddeutsche Rundfunk (NDR) die Verurteilung eines Schweinemästers durch das Amtsgericht Zeven (Niedersachsen). Insgesamt sieben Fälle von Tierquälerei wurden zur Anklage gebracht. Der Schweinemäster konnte nur in zwei Fällen überführt werden. Der zuständige Richter legte dar, die Tiere wären im Stall nicht rechtzeitig behandelt worden, hätten offene Wunden gehabt und stark schmerzende Gelenkentzündungen. Soweit die relativ farblos-nüchterne Darstellung der Straftat durch die Justiz. Der NDR-Bericht zeigt weitere Sachverhalte auf:

„Bereits im Mai 2015 hatte das zuständige Veterinäramt den Betrieb des Mästers besichtigt, elf Tiere mussten damals aufgrund der schweren Verletzungen noch im Stall getötet werden.

Die Tiere wurden offenbar so gehalten, dass sie sich gegenseitig verstümmelten und verletzten. ‚Die haben sich die Schwänze abgebissen', sagte Gerichtssprecher Jürgen Haller."

(Norddeutscher Rundfunk (NDR.de): „Schweinemäster wegen Tierquälerei verurteilt", in: NDR Fernsehen, Sendung: „Hallo Niedersachsen", 02. 08. 2016; Internet: Datum des letzten Abrufs: 05. 11. 2016, http://www.ndr.de/nachrichten/niedersachsen/lueneburg_heide_unterelbe/Schweinemaester-wegen-Tierquaelerei-verurteilt,schweinemast246.html)

Von den Zuständen im Stall liegt Videomaterial des „Deutschen Tierschutzbüros" vor, das erschreckende Bilder zeigt. Dieses Material durfte in der Verhandlung jedoch keine Berücksichtigung finden, da der Richter von einer möglicherweise illegalen Beschaffung ausging. Wie eine Amtstierärztin ausführte, hätten die Schweine wohl schon seit Tagen oder Wochen gelitten. Elf Tiere mussten aufgrund der gesundheitlichen Folgen dieser grausamen Haltung eingeschläfert werden. (Norddeutscher Rundfunk (NDR.de): „Schweinemäster wegen Tierquälerei verurteilt", a. a. O.)

Fast so verstörend wie die gezeigten Viedeoaufnahmen ist hierbei jedoch die Strafzumessung durch das Amtsgericht Zeven. Der Schweinemäster, der nicht vor Gericht zu erscheinen brauchte, wurde zu einer geringen Geldstrafe von 1.625 Euro verurteilt. Seine erwiesene Tierquälerei, die nun sogar im Wiederholungsfall gerichtsbekannt war, führte also nicht einmal zu einer eingetragenen Vorstrafe. Tierschutzrechtlich weitaus bedenklicher ist dabei jedoch die gerichtliche Entscheidung, den Mastbetrieb des Angeklagten nicht schließen zu lassen, obwohl dieser Betriebsführer nun wiederholt der ärgsten Tierquälerei überführt ist. Der NDR-Bericht äußerte sich dazu wie folgt:

„Der Richter begründete die vermeintlich geringe Höhe der Geldstrafe mit den wirtschaftlichen Einbußen, die der Landwirt schon jetzt durch das Verfahren und die öffentliche Aufmerksamkeit erfahren habe. Mit Blick auf das Geständnis - und weil der Mann keine Vorstrafen habe - sei der Strafbefehl in dieser Höhe ‚Tat und Schuld angemessen', sagte der Richter. ‚Das System Massentierhaltung zu hinterfragen konnte dieses Gericht nicht leisten, wir konnten nur überprüfen, ob gegen Tierwohl verstoßen wurde.' Jan Peifer, Sprecher der Organisation ‚Deutsches Tierschutzbüro', zeigte sich nach dem Urteil enttäuscht: Er hatte die Schließung des Mastbetriebs gefordert." (Norddeutscher Rundfunk (NDR.de): „Schweinemäster wegen Tierquälerei verurteilt", a. a. O.)

Für den tierschutzrechtlich engagierten Laien ist zu resümieren: Der Tierquäler wird seiner Tat - sogar im Wiederholungsfall - überführt, aber weil er durch die selbst verschuldeten wirtschaftlichen Folgen dieser Straftat einen finanziellen Schaden erleiden könnte, fällt das Urteil fast so milde aus wie eine unwesentliche Ordnungswidrigkeit. Die richterliche Botschaft lautet frei übersetzt: Der „arme Mann" sei durch mögliche Geschäftseinbußen schon genug abgestraft. Fazit: Keine Haftstrafe, kein Vorstrafen-Eintrag in das Bundeszentralregister, keine Betriebsschließung – nachdem sich die Wogen der öffentlichen Aufregung geglättet haben, zeitnah also „business as usual"? Man darf annehmen, dass die Signalwirkung, die für andere Mastbetriebe von diesem Urteil ausgeht, keinen Präventionseffekt entfaltet.

Dass bei Strafverfahren gegen illegale Schächter ähnlich unverständlich milde Urteile gefällt werden, zeigt ein weiteres von „PETA Deutschland e. V." genanntes Beispiel:

So erstattete die Tierschutzorganisation im November 2013 Strafanzeige gegen die Betreiber eines Schlachthofes in der Nähe von Braunschweig.

Den Tierschützern war ein Video vorgelegt worden, auf dem deutlich erkennbar Schafe ohne Betäubung geschächtet wurden. Wie sich ergab, besaß der Betrieb keine Ausnahmegenehmigung zum betäubungslosen Schächten. Eingeschaltet wurde in diesem Fall ebenfalls das Landwirtschaftsministerium. Erst nach Ablauf einer zweijährigen Ermittlungsarbeit und – wie ausgeführt wurde – ständiger Zuarbeit von „PETA", erhob die Staatsanwaltschaft Braunschweig Anklage. Einer der Beschuldigten wurde daraufhin im Juli 2015 (!) wegen Tierquälerei zu einer Geldstrafe in der schwindelerregenden Höhe von 450,- € verurteilt. Das Urteil für einen weiteren angeklagten Betreiber stand bis zur Jahresmitte 2016 noch aus. Immerhin: Mitte 2016 beantragte die Staatsanwaltschaft in diesem Fall eine Geldstrafe von 360 Tagessätzen á 20 Euro – also zweieinhalb Jahre nach der behördlich nicht genehmigten Tierquälerei.

(PETA Deutschland e. V., 2016, Auskunft zu Straffällen im Kontext „betäubungslose Schächtung", Quelle: Neue Zeitschrift für Sozialrecht (NZS): Az.: NZS 123 Js 51131 / 13 bzw. Az.: NZS 123 Js 25116 / 15; weiterhin: PETA Deutschland e. V., 2016, Internetbericht: „Erfolge" 2016: Az.: 10 Ds 103 Js 10155 /14 und 10 Ds 103 Js 51131 / 13; Internet: Datum des letzten Abrufs: 05. 11. 2016, http://www.peta.de/erfolge)

Der juristische Laie fragt sich: Warum wurde hier kein Freiheitsentzug verhängt oder zumindest eine deutlich höhere Geldstrafe? War der Straftatbestand fortgesetzter illegaler, betäubungsloser Schächtung so leichtgewichtig, dass man Nachsicht üben musste? Bei Zehntausenden von illegal geschächteten Tieren in der Bundesrepublik hätte man erwartet, dass die Rechtsprechung bemüht ist, ein klares Zeichen zu setzen, insbesondere um präventiv wirksam zu sein. Wie vorerwähnt führte der frühere Präsident der Bundestierärztekammer aus, dass betäubungsloses Schächten eindeutig als Tierquälerei zu werten ist.

In diesem Fall, in dem nicht nur ein Schaf, sondern ein Mehrfaches dieser Tiere betäubungslos geschächtet wurde (und das vermutlich über einen längeren Zeitraum hinweg), kann Gegenstand des Vorwurfs nicht nur die fehlende amtliche Ausnahme-Lizenz zur Tierquälerei gewesen sein:

So war offensichlich und aus naheliegenden Gründen auch kein Amtstierarzt zur Kontrolle der Schächtungen anwesend. So gab es natürlich auch keine Prüfung der fachlichen Qualifikation dieser Schlächter. So gab es ebenfalls auch keine Kontrolle über den Verbleib des derart gewonnenen „Halal"-Fleisches und ebenfalls nicht die tierärztliche Fleischkontrolle selbst. Und von amtlicher Prüfung der „seelischen Bedrängnis" der Angeklagten aufgrund „zwingender religiöser Vorschriften" kann hier ohnehin keine Rede sein. Das deutsche Tierschutzrecht wurde somit in mehr als einer Hinsicht gravierend verletzt.

Abgesehen vom ethisch Verwerflichen der Tat, umging man hier u. a. auch Verbraucherschutzbestimmungen sowie in erstaunlichem Maße die angeblich für jeden strenggläubigen Muslim so relevanten eigenen religiösen Schächtungsweisungen des Islam.

Dass die strafrechtliche Reaktion auf illegale Schächtungen ohnehin keine allzu lange juristische Tradition besitzt, sei an einem Beispiel aus dem Bundesland Niedersachsen verdeutlicht:

„Am 05.12. 2011 fand in Buxtehude die Pressekonferenz ,Erstes Strafverfahren zum Schächten' statt. Zwei muslimische Fleischer aus Stade hatten Tiere ohne Betäubung geschlachtet. Beide erhielten eine Geldstrafe in Höhe von insgesamt 4000,- €. Auf der Pressekonferenz wurde das Video-Beweismaterial vorgeführt:

Einem Schaf wurde bei vollem Bewusstsein mit einem Messer die Kehle durchgeschnitten, in einer Halle unmittelbar neben bereits getöteten oder ausblutenden Artgenossen. <u>Die zuständige Amtstierärztin wusste seit 2004 von den illegalen Schlachtungen Bescheid und räumte ihre Kenntnis sogar gegenüber der Hamburger Morgenpost ein.</u> Nicht zufriedenstellend ist deshalb die Tatsache, dass das Verfahren gegen sie eingestellt wurde."

(Stampe, Verena: „Erstes Strafverfahren zum Schächten", in: Magazin „PRO**VIEH** – respek**tiere** leben.", PROVIEH - Verein gegen tierquälerische Massentierhaltung e. V., Bundesgeschäftsstelle Kiel; Internet: Letzter Abruf: 05. 11. 2016, http://-www.provieh.de/node/10856; Unterstreichungen von V. Mariak)

Und weiter heißt es dort bezüglich der „rechtlichen Effizienz" dieser besonderen Tierschutz-Verfahren:

Der Anwalt der Anklage war in Anbetracht der Umstände mit dem Ergebnis des Strafverfahrens zufrieden. Dass es überhaupt einen Prozess gegeben hatte, ist schon viel wert, da aufgrund von mangelnder Kenntnis der Sachlage viele ähnliche Prozesse im Sande verlaufen. Zum ersten Mal wurde das Schlachten von unbetäubten Tieren in Deutschland vor Gericht gestellt und tatsächlich auch geahndet." (Stampe, Verena: „Erstes Strafverfahren zum Schächten", a. a. O)

Ein weiterer Fall bietet eine Mixtur aus für den Tierschutz positiven und negativen Entscheidungen der Justiz. Es zeigt aber ebenfalls, dass Veterinärämter durchaus auch strategisch klug und engagiert handeln können. Die Neue Rhein Zeitung (NRZ) schildert in ihrem Bericht vom 25. 11. 2014, wie eine couragierte Amtstierärztin Zeuge laufender Massenschächtungen wurde und sofort einschritt, um den Tötungen ein Ende zu bereiten.

Erfolgreich war dieser Einsatz, weil das Veterinäramt bereits entsprechende Vorfälle an den Tagen des muslimischen Opferfestes Kurban Bayrami voraussah und verstärkt Kontrollrunden fahren ließ, um illegale Schächter aufzuspüren. In der „NRZ" heißt es dazu:

> „Schächten ist hierzulande verboten. ‚Barbarisch' sei es, Tieren ohne Betäubung die Kehle zu durchschneiden, sagt Dr. Thomas Leifeld, Jurist beim Kreis Wesel. Vor muslimischen Festen sind die Mitarbeiter des Kreisveterinäramtes besonders sensibel. Da drehen sie im Kreisgebiet ihre Runden. So kam es, dass eine Amtstierärztin im Herbst vergangenen Jahres, kurz vor dem Kurbanfest (Opferfest), einen Hamminkelner Hof erreichte, stutzig wurde und eine Gruppe Männer auf frischer Tat beim Schächten erwischte."

(Freund, Joachim: „Bauer aus Hamminkeln half beim illegalen Töten von Schafen", in: Neue Rhein Zeitung (NRZ), Der Westen, Funke Medien NRW, Bericht vom 25. 11. 2014; Internet: Datum des letzten Abrufs: 05. 11. 2016, http://www.derwesten.de/staedte/nachrichten-aus-wesel-hamminkeln-und-schermbeck/bauer-half-beim-illegalen-toeten-von-schafen-id100-77959.html)

Und in dem Zeitungsbericht, der sich fast wie der Beginn eines Krimis liest, heißt es dann weiter:

> „Eine Ansammlung von Autos in der Toreinfahrt des Hofes, mit Kennzeichen unter anderen aus Duisburg oder Oberhausen, ließ die Tierärztin Verdacht schöpfen. Mutig betrat sie den Schlachtraum, wo sie Zeugin wurde, wie einer von mehreren Männern ein Schaf schächtete. Sie und von ihr hinzugerufene Polizeibeamte stellten fest, dass rund 30 Tiere auf diese Weise getötet worden waren. ‚Vielleicht waren es auch 40 oder 50', sagt Dr. Leifeld. Der exakte Nachweis der Anzahl wäre nach dem Schlachten sehr aufwendig."

(Freund, Joachim: „Bauer aus Hamminkeln half beim illegalen Töten von Schafen", a. a. O.)

Des Weiteren wird über den Ausgang des gerichtlichen Verfahrens berichtet:

> „Weil er seine Tiere schlecht gehalten und beim Schächten eigener sowie hinzugekaufter Schafe ‚Hilfestellung geleistet' habe, kassierte die Kreisverwaltung von dem Bauern ein Bußgeld von 8.400 Euro und untersagte ihm per Ordnungsverfügung, weiterhin Schafe zu halten."
> (Freund, Joachim: „Bauer aus Hamminkeln half beim illegalen Töten von Schafen", a. a. O.)

Gegen den auf frischer Tat gefassten Bauern, der die Schächtung selbst jedoch aus religiösen Gründen seinen türkischen „Geschäftsparnern" überlassen musste, wurde somit im Rahmen einer **Ordnungswidrigkeit** das vorgenannte Bußgeld verhängt.

Für weit über dreißig in einer Hinterhof-Schächtaktion bestialisch getötete Tiere erfolgte nicht einmal eine gerichtliche Verurteilung gemäß § 17 TierSchG (Straftaten), sondern nur die Bußgeld-Verfügung der Kreisverwaltung.

Die Summe von 8.400 Euro Bußgeld erscheint zunächst recht hoch. Bedenkt man jedoch, dass für die Kreisverwaltung die Obergrenze von 25.000 Euro möglich gewesen wäre, dann ist es offenkundig, dass selbst eine „Massenschächtung im Hinterhof" gering geahndet wird.

Bedenkt man ferner, dass der Bauer mit seinen türkischen Partnern für jedes einzelne Tier einen Preis von bis zu 120 Euro aushandeln konnte - bei wahrscheinlich 50 Tieren also 6.000 Euro erwartete oder schon bekam -, dann lässt sich eine fühlbare Strafhärte, die mögliche Profite unrentabel erscheinen lässt, nicht erkennen.

Einen stärkeren Präventionseffekt zeitigt da schon die weitere amtliche Verfügung zur Auflösung des Schafbestandes: Der „ordnungswidrig" tätig gewordene Bauer musste innerhalb eines Vierteljahres seine Schafherde verkaufen, wobei Familienmitglieder vom Kauf ausgeschlossen waren. Es war dem Amt nachzuweisen, an wen der Verkauf erfolgte. Auch hier könnte man meinen, dass hart durchgegriffen wurde, und tatsächlich lautete die selbstzufriedene Aussage:

„Trotz knappen Personals zeigten die Mitarbeiter des Kreisveterinäramtes großen Einsatz, lobt der Jurist. Sie machten ‚einen guten Job'. Das habe in punkto Abschreckung ‚eine enorme Wirkung'. Der beim Schächten in flagranti erwischte Schlachter, aus dem Ruhrgebiet angereist, habe ein Bußgeld gezahlt, so Dr. Leifeld." (Freund, Joachim: „Bauer aus Hamminkeln half beim illegalen Töten von Schafen", a. a. O.)

Ohne Zweifel haben die Mitarbeiter des Veterinäramtes „einen guten Job gemacht". Leider kann man das von der befassten Justiz - oder besser von der Kreisverwaltung - nicht uneingeschränkt sagen:

Einmal abgesehen von der Entscheidung, der Tatbestand sei nur eine Ordnungswidrigkeit und dann auch nicht einmal eines Bußgeldes über 10.000 Euro würdig, ist auch die Verfügung zur Auflösung des Schafbestandes bei dem Nebenerwerbslandwirt nicht befriedigend. Warum wurde hier nicht die Einziehung der gesamten Herde gemäß § 19 TierSchG verfügt? Das Eigentum am Tier wäre auf den Staat bzw. das Land übergegangen (siehe dazu: Hirt u. a., München 2016, S. 560).

Im vorliegenden Fall behielt der Bauer den Verkaufserlös, konnte daraus problemlos das Bußgeld bestreiten und erwirtschaftete wohl noch eine gute Gewinnspanne.

Eine weitere Überlegung: Es darf nicht übersehen werden, dass die Auffindung der Schächter präzise zum Zeitpunkt ihrer Tat zu einer guten Portion dem „Kommissar Zufall" zu verdanken war. Generell steht zu erwarten, dass die Aufklärungsquote illegaler betäubungsloser Schächtungen sich noch unter derjenigen des Deliktes „Fahrraddiebstahl" in den Städten Hamburg und Berlin bewegt (Städte mit einer Aufklärungsquote von jeweils 3,9 %, also zu den „Schlusslichtern" gehörig; Auskunft der Landeskriminalämter). Die Täter wären schon besondere Pechvögel, wenn sie in der Situation des Schächtens tatsächlich – wie bei dem vorgenannten Landwirt und seinen türkischen „Geschäftspartnern" geschehen – in flagranti gefasst würden.

Eine Anmerkung zum Schluss: Was wurde aus den türkischen Tätern, die diese mindestens 30 Schafe eigenhändig betäubungslos schächteten? Wer waren die „Geschäftspartner", die das frisch geschächtete „Halal"-Fleisch in Auftrag gegeben hatten und an der Schächtung teilnahmen?

Im Interview führt der befragte Jurist aus, der auf frischer Tat gefasste Schlächter hätte ein Bußgeld bezahlt. Die Amtstierärztin gab aber an: Mehrere Männer hätten der Schächtung eines Schafes beigewohnt, als sie den Hof des Bauern betrat. Lässt sich daraus nicht folgern, dass erstens außer dem Bauern nur ein einziger weiterer Täter belangt wurde und seine Mittäter nicht einmal ein Bußgeld zu zahlen hatten?

Zweitens: Dieser verurteilte Berufsschlächter, der - dem Urteil zufolge - wohl nur mit Hilfe des Bauern und ansonsten im Alleingang mindestens dreißig Tiere betäubungslos schächtete, wurde nicht etwa wegen einer Straftat belangt: Auch sein Verhalten wurde als Ordnungswidrigkeit eingestuft. Man benötigt schon viel rechtssoziologische Fantasie, um hierin eine präventiv wirkungsvolle, abschreckende Strafe zu erkennen.

Die „Tierschutzstiftung Hof Butenland" sowie die Tierrechtsorganisation „animal future" berichten in einer Auflistung von Tierschutzverfahren, die zwar nicht den Tatbestand des betäubungslosen Schächtens zum Gegenstand hatten, aber Paradebeispiele für die gängige Rechtsprechung bei Tierschutzbelangen zeigen. Ohne den gesamten (empfehlenswerten) Text der Pressemitteilung zu zitieren, sei hier doch der Einstieg in die Fallschilderungen benannt:

„Tierschutzverstöße werden regelmäßig aufgedeckt und zur Anzeige gebracht – und doch verhallen sie in den meisten Fällen, werden ignoriert und die Verfahren, wie im Fall Hof Butenland gegen Veterinäramt, trotz Anklage der Staatsanwaltschaft vom Gericht eingestellt. (Die) Richterin verhindert, nach einer Anklage durch die Staatsanwaltschaft, die Durchführung einer Hauptverhandlung gegen die Verantwortlichen des Veterinäramtes zur jahrelangen Duldung einer tierquälerischen Tierhaltung. Hof Butenland erstattete Strafanzeige wegen Untätigkeit (über sechs Jahre) gegen die Verantwortlichen des Veterinäramtes. Die Staatsanwaltschaft erhob aufgrund der Aktenlage die Anklage. Die zuständige Richterin wies die Anklage zurück und begründete, dass Mitarbeiter des Veterinäramtes nicht verpflichtet sind, zu kontrollieren, ob eine Verfügung auch tatsächlich umgesetzt wurde, und begründete damit die Einstellung des Verfahrens."

(Tierschutzstiftung Hof Butenland – Lebenshof für Tiere, Pressemitteilung: „Das Tierschutzgesetz ist wirkungslos und die Justiz versagt: Hof Butenland, Montag 23. Mai 2016", Butjadingen; ebenso: animal future, Tierrechtsorganisation, „Pressemitteilung: „Das Tierschutzgesetz ist wirkungslos und die Justiz versagt: Hof Butenland; Montag 23. Mai 2016", Rhauderfehn; Internet: Letzter Abruf: 05. 11. 2016, http://www.stiftung-fuer-tierschutz.de/2016/05/pressemitteilung-das-tierschutzgesetz-ist-wirkungslos-und-die-justiz-versagt-hof-butenland-%C2%B7montag-23-mai-2016/)

Die Vielzahl „moderater" richterlicher Entscheidungen aufgrund zweifelhafter gesetzlicher Vorgaben spricht Bände. Sie legt für engagierte Laien die Interpretation nahe, dass nach dem Motto „Es sind ja nur Tiere" verfahren wird. Schließlich gelten gemäß StGB Tiere immer noch als Sachen. Interessant ist in diesem Kontext eine Stellungnahme der Partei „DIE LINKE", die zeigt, dass man auch in der Politik zentrale Tierschutzprobleme nicht mehr ignorieren kann und zugleich auf einen wichtigen Schwachpunkt der Normen im Bürgerlichen Gesetzbuch (BGB) hinweist:

„Vor zehn Jahren wurde das Staatsziel Tierschutz in der Verfassung verankert. Derzeit erleben wir eine breite gesellschaftliche Debatte über Rolle und Wesen der Landwirtschaft. In diesem Zusammenhang stellt die Bundesregierung Vorschläge zur Überarbeitung des Tierschutzgesetzes vor. Dabei geht es in erster Linie um die Übernahme einer neuen EU-Richtlinie zu Tierversuchen. Alles andere ist längst überfällige Kosmetik. Die Grünen präsentieren gar ein völlig neues Tierschutzgesetz. Wie jedoch verbessert sich konkret der Status der Tiere? Im deutschen Tierschutzgesetz ist vom Schutz der Mitgeschöpfe die Rede – eine erstaunlich religiöse Nuance im Nebenstrafrecht. Und das Bürgerliche Gesetzbuch (BGB) sagt klar (§ 90a Satz 1): ‚Tiere sind keine Sachen.' Allerdings regelt Satz 3 des gleichen Paragraphen, dass die für Sachen geltenden Vorschriften auch auf Tiere anzuwenden seien! Diese Doppelnatur des Tieres in der Rechtsordnung – einerseits keine Sache, jedoch zu behandeln wie eine Sache - wird durch ein Staatsziel Tierschutz nicht beseitigt."

(DIE LINKE im Bundestag: Tierschutz - Themenpapiere der Fraktion; Internet: Letzter Abruf: 05. 11. 2016, https://www.-linksfraktion.de/themen/a-z/detailansicht/tierschutz/)

Ein Blick in das Strafgesetzbuch (StGB) und die zugehörigen Kommentare zeigt folgendes vielsagende Beispiel:

Für den Paragrafen 242 StGB (Diebstahl) wird unter der Überschrift „Der strafrechtliche Begriff der Sache" ausgeführt, dass die Herausnahme des Tieres aus dem zivilrechtlichen Sachbegriff (§ 90a S.1 BGB) keinen Einfluss auf das Strafrecht habe. Daran ändere auch der Paragraf 90a BGB nichts. Der Sachbegriff sei dem Zweck des *StGB* und seinem natürlichen Wortsinn gemäß auszulegen, so dass zum Beispiel im Sinne des § 242 „[...] auch ein Tier eine Sache ist [...]".

(Dreher, Eduard, und Tröndle, Herbert: Strafgesetzbuch und Nebengesetze, Beck'sche Kurz-Kommentare, Band 10, 46., neubearbeitete Auflage, C. H. Beck'sche Verlagsbuchhandlung, München 1993, S. 1378)

Wie Fachanwälte zu diesem Thema ausführen, ist aus der Normendefinition und den Rechtskommentaren zu schließen:

„Dass es der Gesetzgeber mit der Änderung 1990 selbst nicht so ganz ernst gemeint hat. ergibt sich auch daraus, dass er sich an verschiedenen anderen Stellen im BGB und in anderen Gesetzen nicht systemtreu verhalten hat. So werden z. B. Bienenschwärme in den §§ 961 BGB nach wie vor als (echte) Sachen bezeichnet. Und nach § 903 BGB besteht an Tieren ebenso wie an (echten) Sachen schlichtes Eigentum."

(Barth Christine, und John, Jörg: „Sind Tiere Sachen?",in: Website: Tierecht aktuell, Mitschke & Collegen – Rechtsanwälte, Heidelberg und Stuttgart, 2006 – 2017; Internet: Datum des letzten Abrufs: 05. 11. 2016, http://tierrecht-aktuell.de/index.-php?option=com_content&view=article&id=9:sind-tiere-sache-n&catid=18:das-tier-im-bgb&Itemid=8)

Die Fachanwälte fahren mit ihrer Erklärung fort:

„Im Strafrecht wird in verschiedenen Vorschriften von ‚Tieren oder anderen Sachen' gesprochen. Auch damit kommt zum Ausdruck, dass Tiere von der gesetzgeberischen Denke her grundsätzlich zur Gruppe der Sachen gehören." (Barth Christine, und John, Jörg: „Sind Tiere Sachen?", a. a. O.)

So gesehen haben wir es in den vorerwähnten Beispielfällen - juristisch korrekt - nur mit „lebenden Sachen" und „Sachbeschädigung" zu tun, rechtlichen Bewertungen, die bezeichnend sind für die konfuse, widersprüchliche Gesetzgebung in BGB und StGB. Und leider gelten diese irritierend falschen Definitionen auch ohne Abstriche für die Schächtproblematik.

Immerhin besteht ein eindeutiges Verbot der betäubungslosen Schächtung, welches dann allerdings durch die Ausnahmeregelung des Paragrafen 4a Abs. 2 Nr. 2 TierSchG wieder „aufgeweicht" wird. Der bereits erwähnte Arzt und Tierschützer Hartinger mahnte speziell die mangelhafte Verfolgung von Rechtsverletzungen im Rahmen dieses klaren Verbotes an:

„Angesichts der Eindeutigkeit unserer Gesetzeslage und Gerichtsentscheidungen sind die verschiedenen Begründungen unverständlich, mit denen das eindeutige Verbot des betäubungslosen Schächtens über die Erteilung von Ausnahmegenehmigungen umgangen wird. Diese Tendenz reicht von einer auffällig laschen Verfolgung diesbezüglicher Gesetzesübertretungen, die meist schon im Ermittlungsverfahren aus verschiedenen Gründen eingestellt werden, über lächerliche Geldstrafen bis zu ministeriellen Anweisungen an Länderbehörden zur Genehmigung der Ausnahmeanträge von bestimmten Religionsgruppen ohne weitere Prüfung der gesetzlich geforderten Voraussetzungen."

(Hartinger, Werner: „Das betäubungslose Schächten der Tiere – Religionsvorschrift oder Kulthandlung im 20. Jahrhundert?", S. 40, Kap. „Behördenentscheidungen, Sept. 1996, a. a. O.)

Dass sich an dem „gestörten" Verhältnis der Justiz zum Tierschutz seit dem Vorwurf Hartingers im Jahr 1996 nicht allzu viel geändert hat, zeigt ebenfalls die Untersuchung des Johann Heinrich von Thünen-Instituts. Anliegen der Studie war die Eruierung von Konfliktpunkten zwischen Veterinärämtern und Staatsanwaltschaften, beispielhaft für die Länder Hessen, Nordrhein-Westfalen und Niedersachsen und speziell mit Blick auf die Problematik Nutztiere:

„Ziel der explorativen Untersuchung war es, mögliche Probleme in der Verfolgung von Verstößen gegen Tierschutzgesetze im Nutztierbereich zu identifizieren und Verbesserungsvorschläge zu sammeln. Der Ausgangspunkt für die Studie war die Aussage von Amtstierärzten, dass eindeutige Verstöße gegen das Tierschutzgesetz von den Justizbehörden (Staatsanwaltschaften, Gerichten) nicht als solche gesehen und entsprechend nicht strafrechtlich verfolgt würden."

(Bergschmidt, Angela: „Eine explorative Analyse der Zusammenarbeit zwischen Veterinärämtern und Staatsanwaltschaften bei Verstößen gegen das Tierschutzgesetz", in: Johann Heinrich von Thünen-Institut, Bundesforschungsinstitut für ländliche Räume, Wald und Fischerei, Thünen-Institut für Betriebswirtschaft, Thünen Working Paper 41, Braunschweig, Juli 2015; Internet: Datum des letzten Abrufs: 05. 11. 2016, http://literatur.thuenen.de/digbib_extern/dn055459.pdf)

Erläutert wird des Weiteren die Vorgehensweise im Rahmen des Themenkreises Tierschutz:

„In den beiden Diskussionsgruppen wurde übereinstimmend eine Reihe von Problemen im Zusammenhang mit der Verfolgung von strafrechtlich relevanten Verstößen gegen Tierschutzgesetze genannt. Beispiele sind die vielen Einstellungen von Tierschutzverfahren, die hohe Anzahl sehr langer Verfahren und die geringen Strafmaße."

(Bergschmidt, Angela: „Eine explorative Analyse der Zusammenarbeit zwischen Veterinärämtern und Staatsanwaltschaften bei Verstößen gegen das Tierschutzgesetz", a. a. O.)

Im Resultat ergaben sich als Gründe für die Zurückweisung von Tierschutz-Verfahren durch Staatsanwaltschaften und damit befasste Richter folgende Punkte:

a)
Staatsanwälte und Richter, mit wenig Engagement für und Interesse am Tierschutz,

b)
Geringe Fachkenntnisse der Justiz (sowohl hinsichtlich spezifischer Tierschutzgesetze als auch der Bedürfnisse und dem Schmerzempfinden von Tieren) und

c)
Die geringe personelle Ausstattung der Justiz (Arbeitsüberlastung) sowie der Veterinärämter (Mängel in Gutachten und Dokumentation).

(Bergschmidt, Angela: „Eine explorative Analyse der Zusammenarbeit zwischen Veterinärämtern und Staatsanwaltschaften bei Verstößen gegen das Tierschutzgesetz", a. a. O.)

Diesen Aussagen ist kaum etwas hinzuzufügen. Es bleibt die Hoffnung auf eine zeitnahe „Reform" der persönlichen Haltung und Sachkenntnis von Richtern und Staatsanwälten bezüglich der Tierschutzproblematik.

Denn die Realität bietet leider ein anderes Bild: So erfährt man aus dem Kommentar des Tierschutzgesetzes (Hirt u. a., München 2016, S. 552), dass unser Tierschutzrecht **nicht** notwendiger Bestandteil der juristischen Ausbildung und Staatsprüfungen ist. Tierschutzrechtliche Sachverhalte würden den „normalen" Juristen oftmals zur Einarbeitung zwingen (Hirt u. a., München 2016, a. a. O.).

Haben wir es dann in der Mehrheit auf diesem Feld nicht nur mit juristischen Autodidakten sondern auch mit tierschutzrechtlichen Dilettanten zu tun? Wen erstaunen da noch die oftmals unangemessenen Urteile?

5. 2. Resultierende Fragen

a)
Wie sorgfältig wird die Prüfungspflicht der Veterinärämter in praxi gehandhabt? Ist es tatsächlich so, dass zum Beispiel bei kleinen bzw. mittleren „Halal"-Metzgereibetrieben, die eine Mitarbeiterzahl bis in den zweistelligen Bereich aufweisen können, jeder einzelne Metzger, jede Schlachterei-Hilfe im Sinne der vorgenannten Ausnahmegenehmigung geprüft wird - nicht nur bezüglich des theoretischen Wissens, sondern, mit Blick auf individuelle Fertigkeiten - gar noch an den lebenden Körpern von Schlachttieren selbst? Und wie steht es mit der Personalprüfung großer, industrieller Halal-Schlachtbetriebe, die tagein, tagaus mit Betäubung schächten?

Wieviel Zeit und Sorgfalt erfordert diese Inaugenscheinnahme am betäubten und später am unbetäubten Tier? Wieviel Versuche hat jeder angehende Schächter um die Prüfung zu bestehen? Genannt wird der Schlachthof Karlsruhe / Tübingen (Hirt u. a., München 2016, S. 264) als Prüfstelle. Also wird an diesem und ähnlichen Orten auch betäubungslos geschächtet, sozusagen probehalber und prüfungsbezogen? Sind diese Sachkundeprüfungen – etwa mit Blick auf die fehlende neutrale Aufsichtsbehörde - wirklich über jeden Zweifel erhaben? Wer kontrolliert die Kontrolleure?

b)
Noch problematischer erscheint die Erfüllung der Aufsichtspflicht vor Ort: Um den Tieren vermeidbare Schmerzen oder Leiden zu ersparen, besteht rechtlich die Verpflichtung zur permanenten Anwesenheit eines Amtstierarztes bzw. seines amtlichen Vetreters (Hirt u. a., München 2016, S. 265). Er besitzt die Befugnis und die Pflicht einzugreifen, wann immer es nötig ist (Hirt u. a., München 2016, a. a. O.). Somit ist rechtlich zwingend für jede einzelne Schächtung in jedem Schlachtereibetrieb landauf, landab ein amtlicher Veterinär abzustellen, der sich im Außendienst (fast) ausschließlich um die Schächtungskontrolle kümmert.

Ist tatsächlich jemand so naiv und sieht diese rechtliche Prämisse der Schächtung realiter erfüllt? Man müsste in den Bundesländern schon spezielle Veterinär-Referate plus unabhängige Aufsichtsämter schaffen, um alle Schächt-Schlachtbetriebe entsprechend zu überwachen - **und dazu dann gesondert und zumindest stichprobenweise auch noch diejenigen Metzgereibetriebe, deren Antrag auf betäubungslose Schächtung früher einmal abgelehnt wurde** (vgl. Hirt u. a., München 2016, S. 266).

c)
An der oftmals unzureichenden und nur bedingt kompetenten Rechtsprechung im Tierschutzbereich zweifeln neben engagierten Tierschützern mittlerweile nicht einmal ausgewiesene Rechtsexperten. Man denke nur an die Resultate der explorativen Analyse zur Zusammenarbeit von Veterinärämtern und Staatsanwaltschaften, die im Johann Heinrich von Thünen-Institut durchgeführt wurde.

Zu Beginn dieser Schrift wurde erwähnt, wie geschaffenes Recht als Mittel sozialer Kontrolle eine zentrale gesellschaftliche Position einnimmt. Nun ist zu befürchten, dass im Rechtssystem verankerte Verhaltenserwartungen im Gruppenleben realiter nicht zum Tragen kommen und das Rechtssystem „Tierschutz" somit seinen Zweck verfehlt hat. Die Kluft zwischen Normativität und Faktizität ist hier unübersehbar.

Damit stellt sich nicht nur die Frage nach der mangelnden Kooperation zwischen Veterinärämtern einerseits und Staatsanwälten und Richtern andererseits. Mit Blick auf die Mängel muss man sich generell fragen, ob die rechtlich angemessene Umsetzung des Staatsziels Tierschutz nicht ernsthaft gefährdet ist? Gerät das Grundrecht Tierschutz nicht tatsächlich nur noch zu bloßer Verfassungslyrik?

Sollte man die Juristenausbildung eventuell erst einmal reformieren, damit das verfassungsmäßig garantierte Tierschutzrecht nicht rechtsprechenden Autodidakten überlassen bleibt? Oder ist es tatsächlich so, dass - über alle systemimmanenten Mängel hinaus – bei juristischem Personal einfach ein Desinteresse an tierschutzrechtlichen Belangen vorherrscht?

Angesichts der Vielzahl illegaler betäubungsloser Schächtungen und der oftmals haarsträubenden Zustände in Schlachtbetrieben mit amtlicher Genehmigung hätten nicht nur Tierschützer härtere strafbewehrte Entscheidungen befasster Gerichte erwartet. Mit Blick auf permanent aufgedeckte brutale Tierquälereien in den Schlachthöfen (und damit sind beileibe nicht nur Schächtbetriebe gemeint) würde man - schon aus dem Präventionsgedanken heraus - eine konsequenter durchgreifende Rechtsprechung annehmen.

Warum geschieht das nicht? Warum wird bei übelsten Tierquälerei-Delikten im Regelfall nur eine Ordnungswidrigkeit gesehen? Weshalb bleibt die rechtlich mögliche Verhängung von Freiheitsstrafen selbst in grausamsten Fällen so selten wie eine „Blaue Mauritius"? Solange wie Tierquälerei - und damit natürlich auch das wissentliche Ignorieren zentraler sozialer Werte von Ethik und Moral - bei den Tätern nicht deutlich spürbar geahndet wird, erfüllt die Rechtsprechung ihre gesellschaftlich zugewiesene Aufgabe eben gerade nicht.

Angesichts der teilweise skandalösen rechtlichen Entscheidungen im Tierschutzrecht (man denke aktuell nur an die jetzt juristisch abgesegnete Praxis des Kükenschredderns durch das Oberlandesgericht Münster mit der betriebswirtschaftlich effektiven, eiskalten Begründung: Es fehle an betrieblichen Alternativen, und die Aufzucht der Küken stelle einen unverhältnismäßig großen Aufwand dar (siehe dazu: ZEIT ONLINE, Bericht: „Oberverwaltungsgericht, Kükenschreddern bleibt erlaubt", 20. 05. 2016), kommen einem die Worte des Psychoanalytikers und Psychologen Arno Gruen in den Sinn:

„Zerstörung ist der unmittelbare Ausdruck des Wahnsinns derer, die sich ganz ausschließlich der ‚Realität‘ widmen. Ideologische Verkleidungen verschleiern gewöhnlich diesen Zusammenhang. <u>Der Wahnsinn der ‚Realisten‘ ist ihre Leugnung des Menschlichen unter dem Deckmantel der Sorge für den Menschen.</u>“

(Gruen, Arno: „Der Wahnsinn der Normalität“, 3. Auflage, November 1990, dtv, S. 184; Unterstreichungen von V. Mariak).

6. Die „Halal"-Fleisch-Abgabe an Angehörige der Religionsgemeinschaft

6. 1. Die Kluft zwischen Sein und Sollen: Der offene Markt

6. 1. 1. Rechtliche Vorgaben und „Halal"-Fleischhandel in praxi

Gemäß höchstrichterlicher Rechtsprechung muss sicherge-stellt sein, dass Fleisch rituell geschächteter Tiere einzig an Angehörige der entsprechenden Religionsgemeinschaft abge-geben wird (Hirt u. a., München 2016, S. 264). Betäubungs-loses Schächten darf nur in dem Umfang geschehen, wie es zur Versorgung der religiös gebundenen Kunden notwendig ist (Hirt u. a., München 2016, a. a. O.). Diese theoretische Vor-gabe klingt zunächst vernünftig. In der Praxis findet man je-doch folgende Sachverhalte:

Nehmen wir das Beispiel einer geplanten muslimischen Schächtungsschlachterei wie etwa den Metzgereibetrieb im Barbaraviertel von Neuss. Der Fall hat in Tierschützer-Kreisen hohe Wellen geschlagen und leider auch unsachliche, polemi-sche Kommentare gezeitigt – nicht zuletzt wegen der unschar-fen gesetzlichen Begriffsdefinition des Schächtens, die nahe-legt, das Schächten entspräche stets dem Schlachten ohne Betäubung.

Der Fleischzerlegebetrieb sollte um eine Schlachtanlage für die „Halal"-Fleischproduktion erweitert werden (insgesamt eine Fläche von rund 18.000 qm). Ein iranischer Unternehmer lässt dort bisher vornehmlich aus Belgien und den Niederlanden im-portiertes „Halal"-Fleisch endverarbeiten. Jetzt war die Erwei-terung durch eine „Halal"-Metzgerei geplant, die zunächst acht Teilzeitbeschäftigte und später weitere rund 30 Hauptbeschäf-tigte umfassen soll.

(Kleinau, Christoph, Bericht: „Neuss: Schlachthof liefert Fleisch für Muslime", in: Neuß-Grevenbroicher Zeitung, NGZ Online, 18. 12. 2015; Internet: Datum des letzten Abrufs: 05. 11. 2016, http://www.rp-online.de/nrw/staedte/neuss/schlacht-hof-liefert-fleisch-fuer-muslime-aid-1.5640190)

Der Antragsteller selbst ist fachfremd, Import-Export-Kauf-mann und diplomierter Chemiker – also kein muslimischer Metzger, der sich in strenger religiöser Pflicht sieht, seiner Glaubensgemeinschaft „Halal"-Fleisch anbieten zu müssen und zudem auf seine Berufsfreiheit pocht. Der gewiefte Unter-nehmer wollte seinen eigenen Angaben zufolge einfach nur eine potenziell lukrative Marktlücke schließen. (Kleinau, Christoph, Bericht: „Neuss: Schlachthof liefert Fleisch für Mus-lime", a. a. O.)

Um dem vehementen Widerstand aus den Reihen der Tier-schützer zu begegnen, versicherte der Antragsteller den Me-dien wiederholt, dass er die deutschen Auflagen und Gesetze streng beachte (was sonst?) und insbesondere das Schächt-Schlachten – so, wie gesetzlich vorgeschrieben - nur mit Be-täubung durch Elektroschock vornehmen würde. (Siehe dazu auch: Jochheim, Tobias, Bericht: „Tierschützer vs. Islam. Schächter wider Willen", in: Neuß-Grevenbroicher Zeitung, NGZ-Online, 25. 01. 2016; Internet: Datum des letzten Abrufs: 06. 11. 2016, http://www.rp-online.de/nrw/staedte/neuss/neus-ser-schlachthof-fuer-halal-fleisch-schaechter-wider-willen-aid-1.5710719)

Mit dieser Aussage wäre der Unternehmer natürlich nicht mehr an die Prämissen der Ausnahmeregelung gebunden, da dort nur von betäubungslosem Schächten ausgegangen wird. Zu-dem hätte er seinen erklärten Gegnern zunächst den Wind aus den Segeln genommen. Aber ob hier nun eine clevere Ar-gumentationsstrategie und vorläufige Schutzbehauptung vor-liegt oder eine ehrlich gemeinte Absicht, lässt sich erst zukünf-tig feststellen.

Feststellen lässt sich jedoch bereits jetzt, dass der Antragsteller selbst einräumt, dass viele seiner eigenen Glaubensbrüder sich gegen ihn wenden:

„Aber auch aus den Reihen seiner Glaubensbrüder wird er angegiftet. Den ‚300-Prozentigen' sei Fleisch vom Schlachthof nicht halal genug, sagt der 54-Jährige." (Kleinau, Christoph, Bericht: „Neuss: Schlachthof liefert Fleisch für Muslime", a. a. O.)

Es ist die Frage, ob dieser kluge Geschäftsmann, der angeblich dabei ist, in Neuss „Industriegeschichte" zu schreiben, nicht doch der Regel „der Kunde ist König" folgt und späterhin betäubungslos schächten möchte. Wie auch immer: Einer der erklärten Gegner dieser „neuen Industriegeschichte" in Neuss führt aus:

"Es ist an Zynismus kaum zu überbieten, wenn in dem Artikel die Rede davon ist, dass hier nun Industriegeschichte weitergeschrieben werden soll und mit dem Schächten der Tiere bald wieder Leben in die Hallen einzöge, wo es doch ums Töten geht, [...]"

(Schwarz, Thomas, Vorsitzender im Landesverband NRW und Generalsekretär der Partei Mensch Umwelt Tierschutz: „Größter Halal-Schlachthof in Neuss geplant", in: „Gegen den Bau des größten Halal Schlachthofes Deutschland", Petition an das Bundesministerium für Ernährung und Landwirtschaft, Partei Mensch Umwelt Tierschutz, Treuen, 15. 12. 2015; Internet: Datum des letzten Abrufs: 06. 11. 2016, https://www.tierschutzpartei.de/gegen-den-bau-des-groessten-halal-schlachthofes-deutschland/)

Deutlich wird hier auf jeden Fall, dass die „Halal"-Fleisch-produktion, ob nun mit oder ohne vorherige Betäubung der Schlachttiere, mit zwingendem religiösen Ritus und Vermeidung seelischer Bedrängnis der Metzger oder Wahrung der Berufsfreiheit nichts mehr zu tun hat - wie gesagt, der iranische Unternehmer ist Diplom-Chemiker und Kaufmann.

Mit Blick auf das Schächten in deutschen Schlachtbetrieben stellt der „Bundesverband Tierschutz e. V." gegenüber dem Neusser Investor fest:

„Der Bundesverband Tierschutz e.V. (BVT) hat die Ankündigung des möglichen Investors zur Kenntnis genommen und verweist in diesem Zusammenhang auf das deutsche Tierschutzgesetz, das das Schächten von Tieren grundsätzlich verbietet. Es ist nur mit einer Ausnahmegenehmigung möglich, wenn nachgewiesen werden kann, dass das Schächtfleisch ausschließlich an Personen verkauft wird, denen der Glaube den Verzehr geschächteten Fleisches zwingend vorschreibt."

(Styrie, Jörg, Geschäftsführer im Bundesverband Tierschutz e. V.: „Schächten ist in Deutschland grundsätzlich verboten", in: „Schlachten und Schächten", Pressemeldung des Bundesverbandes Tierschutz e. V. zum geplanten Schlachthof in Neuss, Moers, 18. 12. 2015; Internet: Datum des letzten Abrufs: 06. 11. 2016, http://bv-tierschutz.de/tierschutzthemen/schlachten-und-sch%C3%A4chten/)

Der Geschäftsführer des „Bundesverbandes Tierschutz" fährt dann fort:

„Doch gerade diese Voraussetzung sieht der BVT in der Realität als nicht gegeben an. Es kann nicht garantiert werden, dass das geschächtete Fleisch ausschließlich an Verbraucher muslimischen Glaubens abgegeben wird. Im Gegenteil könne es sein, dass Menschen das Schächtfleisch ohne Kenntnis der Hintergründe kaufen würden."

(Styrie, Jörg, Geschäftsführer im Bundesverband Tierschutz e. V.: „Schächten ist in Deutschland grundsätzlich verboten", a. a. O.)

Allerdings:

„Halal"-Fleisch wird längst nach betriebs- und marktwirtschaftlichen Vorgaben produziert. Es gelangt in Supermärkte, Speiselokale und Dönerstände und ist auch für jeden Kunden außerhalb der muslimischen Religionsgemeinschaft frei erhältlich.

Das akzeptieren ebenfalls die realitätsnah handelnden Neusser Behörden. So äußerte sich der Leiter des Veterinär- und Lebensmittelüberwachungsamtes im Rhein-Kreis Neuss, der Tierarzt Frank Schäfer, folgendermaßen:

„Aus Behördensicht unterscheide sich der von Baharifar geplante Schlachthof nicht von jedem anderen, betont Schäfer. Die diversen weiteren Bestandteile der "halal"-Definition wie etwa Ausrichtung der Tiere nach Mekka oder das Aufsagen eines Gebetsspruchs beim tödlichen Schnitt seien tierschutzrechtlich völlig irrelevant. 'Halal' ist ja keine amtliche Kategorie, sondern eine religiöse."
(Jochheim, Tobias, Bericht: „Tierschützer vs. Islam. Schächter wider Willen", a. a. O.)

Entkleidet man die boomende „Halal"-Fleischproduktion der Schlachtbetriebe ihrer religiösen Verbrämung und erkennt an, dass hier schlicht betriebswirtschaftliche und marktrelevante Gewinn-Interessen den Ausschlag geben, dann besteht ohne grundrechtliche Dilemmata die Möglichkeit, ein verbindliches Schächtverbot **ohne Ausnahmen** zu verhängen.

Wer dennoch nicht von orthodoxer bzw. fundamentalistischer Sichtweise abrücken möchte, der besitzt stets die zumutbare Alternative vegetarischer bzw. veganer Nahrung. Die bereits genannten Wissenschaftler Hildebrand und Luy führen mit Blick auf das „rituelle Schächten" und die frühere Entscheidung des Bundesverfassungsgerichts aus:

„Mit dem Schächtungsverbot wird nicht der Verzehr des Fleisches geschächteter Tiere verboten. Sie können sowohl auf Nahrungsmittel pflanzlichen Ursprungs und auf Fisch ausweichen als auch auf Fleischimporte zurückgreifen, die aus Ländern ohne Schächtungsverbot stammen. Zwar mag Fleisch heute ein in unserer Gesellschaft allgemein übliches Nahrungsmittel sein. Der Verzicht auf dieses Nahrungsmittel stellt jedoch keine unzumutbare Beschränkung der persönlichen Entfaltungsmöglichkeiten dar."

(Hildebrandt, Goetz, und Luy, Jörg: „Toleranz gegenüber Halsabschneidern?", in: f. Kommentar von redaktion fleischwirtschaft. Gastkommentar von Prof. Dr. Goetz Hildebrandt und Dr. Jörg Luy, 06. 02. 2002, Quelle. afz - allgemeine fleischerzeitung, 6 / 2002; Internet: Datum des letzten Abrufs: 06. 11. 2016, http://www.fleischwirtschaft.de/wirtschaft/kommentare/-Toleranz-gegenueber-Halsabschneidern-1407)

Und die Autoren argumentieren mit Blick auf die Begründungen des Bundesverfassungsgerichts des Weiteren:

„Wenn das Bundesverfassungsgericht gegen das genannte Argument anführt, eine Vermarktung eingeführten Fleisches wäre mit der Ungewissheit verbunden, ob die Ware tatsächlich von rituell geschlachteten Tieren stamme, setzt es sich mit diesem ohnehin schwachen Einwand auch noch über die zahlreichen Urteile hinweg, die eine solche Diskriminierung von Importware als Verstoß gegen den Grundsatz des freien Handels betrachten."

(Hildebrandt, Goetz, und Luy, Jörg: „Toleranz gegenüber Halsabschneidern?", a. a. O.)

Bedenklich ist hier natürlich die vorgeschlagene Ausweichmöglichkeit vermittels des **importierten** „Halal"-Fleisches aus „ritueller", eventuell sogar aus betäubungsloser Schächtung. Einmal abgesehen von der tatsächlich fehlenden Lebensmittel-Kennzeichnung „betäubungslos geschächtet", die den „normalen", andersgläubigen oder religiös freier denkenden Verbraucher aufklären müsste, geschieht mit dem Import-Fleisch eine Problem-Verschiebung in die ausführenden Nachbarländer oder nach Übersee (etwa Neuseeland): Ob jedoch Tiere in Deutschland oder Neuseeland betäubungslos geschächtet werden – es bleibt das Grundübel grausamster Tierquälerei.

6. 1. 2. Das Scheitern rechtlicher Bestimmungen im Realitätstest

Betrachtet man die gesetzlichen Vorgaben für die Ausnahme-erlaubnis zum betäubungslosen Schächten, so lassen sich schnell gravierende Hemmnisse erkennen, die eine Umsetzung der Normen in die Praxis im Regelfall vereiteln. Von größeren Schächt-Schlachthöfen einmal abgesehen - denn dort funktioniert die Erfüllung der gesetzlichen Prämissen ohnehin nicht - resultiert für Schächtbetriebe folgendes, an den Anforderungen der Ausnahmegenehmigung ausgerichtetes Gedankenspiel:

In einer kleinen muslimischen Metzgerei müsste der Inhaber zunächst eine Namens- und Adressliste seiner potenziellen Kunden erstellen und eruieren, ob sie auch alle zu seiner Glaubensgemeinschaft gehören.

Weiterhin müsste er seinen Kundenstamm nach den Essgewohnheiten befragen, damit der durchschnittliche Fleischverzehr errechnet werden kann. Diese Liste wäre dann vom Veterinäramt zu überprüfen, indem man dort bei jedem Kunden nachfragt, ob er auch bei diesem Metzger einkauft oder fälschlicherweise auf der Liste steht. Jeder Kunde hätte persönlich nachzuweisen, dass er der Religionsgemeinschaft des Metzgers angehört. Selbstverständlich hätte der Kunde ebenfalls darzulegen, wie er bisher seinen Fleischbedarf decken konnte (z. B. darf er keinesfalls aussagen: durch Importfleisch!).

Empfehlen würde sich also für jeden Antragsteller eine kleine Fragebogenaktion bei seinen potenziellen Kunden, die er selbstverständlich zum Zeitpunkt des Antrags auch schon persönlich zu kennen hätte. Leider jedoch sind Fragebögen und Unterschriftenlisten rechtlich inakzeptabel (siehe dazu: Hirt u. a., München 2016, S. 261).

Mit Ironie könnte man fragen: Eventuell sollten Antragsteller und Kunden dann einer uneidlichen Vernehmung zugeführt werden?

Problematischer wird es, wenn muslimische Kunden auch bei anderen muslimischen Metzgern einkaufen und dort ebenfalls auf der Liste stehen. Ihr Fleischverzehr wäre also für den einzelnen Metzger nicht einzuschätzen, und er würde einen Teil des Fleisches lagern müssen. Das müsste natürlich dem Veterinäramt gemeldet werden, damit dort nachvollziehbar ist, wo das überflüssige Fleisch aus früheren Schächtungen verblieben ist (siehe dazu: Hirt u. a., München 2016, S. 265).

Diese Absurdität ließe sich noch weiter ausspinnen, aber es wird wohl bereits jetzt deutlich, welcher verwaltungstechnische Unsinn da von muslimischen Metzgern verlangt wird. Mit Blick auf die eigenen Erfahrungen des Autors zeigt sich folgendes regionale Bild: Im wenige Kilometer entfernten Hamburg hätte man auch als Nichtmuslim kein Problem, „Halal"-Fleisch einzukaufen: In den Stadtteilen finden sich genügend spezialisierte Gaststätten und Dönergeschäfte, die mit dem Angebot „Halal-Fleisch" öffentlich werben.

Niemand käme dort auf die Idee, einen Kunden nach seiner Zugehörigkeit zur islamischen Glaubensgemeinschaft zu befragen und dann bei Verneinung gar den Verkauf zu verweigern. Ob dieses Fleisch von betäubungslos geschächteten Tieren stammt oder nicht, ist für den Kunden nicht erkennbar.

In diesen Tagen fand der Autor in seiner Hauspost einen Flyer des im Kreis ansässigen Warenhandels. Dieser Flyer wurde an alle Haushalte der Region verteilt und bietet neben anderen Fleischprodukten „Halal Susuk" (gewürzte Rohwurst aus Rind oder Kalbfleisch) an. Und auch hier fehlt eine Warenkennzeichnung, die längst gesetzlich verankerte Pflicht sein müsste:

Ob von betäubungslos geschächteten Tieren oder nicht (etwa unter Verwendung der Elektrokurzzeitbetäubung bzw. EKZB), ob Import oder deutsche „Fabrikation", ist nicht ersichtlich. Überschrift des Flyers: „Lagerverkauf für Jedermann - solange der Vorrat reicht". Soviel zum Thema: Das Fleisch geschächteter Tiere dürfe nur an Angehörige der Religionsgemeinschaft verkauft werden und nicht in den allgemeinen Markt gelangen (Hirt u. a., München 2016, S. 264 f.).

Die Autoren Köpernik und Caspar führen im Rahmen eines Ethik-Workshops (im erwähnten DIAREL-Projekt) unter der Überschrift „Kennzeichnungspflicht für Fleisch aus religiösen Schlachtungen" bereits 2009 dazu aus, dass zum Beispiel die EU-Kommission Berichte nichtstaatlicher Organisationen (NGOs) bestätigte, wonach Teile der Schlachtkörper in den offenen Markt bzw. den nichtreligiösen, allgemein zugänglichen Fleischhandel verbracht wurden:

„Dies betrifft zum einen die unverhältnismäßig hohe Zahl von Schlachtungen nach jüdischem Ritus, da die Hinterviertel betäubungslos geschlachteter Tiere, um die Kosten der religiös vorgeschriebenen Behandlung dieses Fleisches zu sparen, auf dem regulären Fleischmarkt angeboten werden. Zweitens liegen zahlreiche Indizien dafür vor, dass in Europa insbesondere Schafe im Überschuss ohne Betäubung halal geschlachtet werden und in den regulären Fleischhandel gelangen. Die Teilnehmer appellieren an die Bundesregierung, sich auf Unionsebene dafür einzusetzen, Ausnahmen für betäubungslose Schlachtungen an den tatsächlichen Bedarf zu binden. Sollte es sich als nicht umsetzbar erweisen, das Absetzen von betäubungslos erschlachtetem Fleisch auf dem regulären Markt zu verhindern, wäre eine einheitliche Kennzeichnung von betäubungslos erschlachtetem Fleisch erforderlich."

(Köpernik, Kristin u. Caspar, Johannes: „Juristische Evaluation des deutschen Dilemmas: Religionsfreiheit und Staatsziel Tierschutz als Verfassungsinhalte, Kennzeichnungspflicht für Fleisch aus religiösen Schlachtungen", in: DIAREL Ethik-Workshop 2, Caspar, Johannes u. Harrer, Friedrich (Hrsg.): Das Recht der Tiere und der Landwirtschaft, Bd. 6: Caspar, Johannes u. Luy, Jörg (Hrsg.): Tierschutz bei der religiösen Schlachtung, Die Ethik-Workshops des DIAREL-Projekts, NOMOS Baden-Baden, 1. Aufl. 2010, S. 25)

Die Autoren ziehen abschließend folgendes Fazit:

„Es liegt im Verantwortungsbereich der EU, die Verbraucher zu informieren, welches Fleisch von betäubungslos getöteten Tieren in den Handel gelangt. Nur die lückenlose gemeinschaftsweite Kennzeichnung kann ausschließen, dass der Verbraucher gegen seinen Willen das Fleisch betäubungslos geschlachteter Tiere verzehrt."

(Köpernik, Kristin u. Caspar, Johannes: „Juristische Evaluation des deutschen Dilemmas: Religionsfreiheit und Staatsziel Tierschutz als Verfassungsinhalte, Kennzeichnungspflicht für Fleisch aus religiösen Schlachtungen", a. a. O.)

Und das „Bio- und Halal-Magazin" schrieb zu dieser Entwicklung auf dem „Halal"-Fleischmarkt bereits im Jahr 2008 im Rahmen einer Marktanalyse:

„Weltweit wächst kein Segment auf dem Lebensmittelmarkt so rasch wie 'Halal-Food'. Europäische Hypermärkte vervielfachten ihre Ladenfläche für Halal-Produkte. Türkische Lebensmittelgeschäfte boomen, inzwischen liegen auch bei Edeka, Rewe, Metro, Spar und Lidl modern konzipierte ‚Halal'-Snacks für junge Leute im Regal."

(Ziegler, Peter Z.: „Vorwort – Einführung in das Bio- und Halal-Magazin", in: Bio- und Halal-Magazin, Ausgabe 01, April 2008: „Ein neuer Markt"; Internet: Datum des letzten Abrufs: 06. 11. 2016, http://islam-forum.info/attachment.php?aid=331)

Im Rahmen der Ethik-Workshops des bereits erwähnten DIA-REL-Projekts bestätigte der Experte der Bundestierärztekammer, Dr. Karl Fikuart, die umfassende Belieferung des allgemeinen, offenen Marktes mit „Halal"-Fleisch aus betäubungsloser Schächtung und betont dabei die nachgeordnete Bedeutung religiöser Faktoren:

„Fleisch aus betäubungsloser Schlachtung – sowohl nach islamischem als auch nach mosaischem Ritus – sowie daraus oder damit hergestellte Produkte gelangen regelmäßig in den Handel. Solches Fleisch wird aus unterschiedlichen Gründen dem allgemeinen Markt zugeführt: Zur Gewinnung von Saitlingen², die als »Halal« verarbeitet werden dürfen, werden außerhalb Deutschland z. B. mehr Schafe betäubungslos geschlachtet als für den Fleischkonsum erforderlich. <u>Durch EU-Recht ist die Zahl der betäubungslos geschlachteten Tiere nicht an die Zahl der durch ihren Glauben gebundenen Konsumenten gekoppelt. Übermengen werden daher aus wirtschaftlichen Gründen dem allgemeinen Markt zugeführt.</u>"

(Fikuart, Karl: „Die EU-weite Kennzeichnungspflicht für Fleisch aus betäubungsloser Schlachtung: eine Forderung der deutschen Bundestierärztekammer", in: Caspar, Johannes u. Harrer, Friedrich (Hrsg.): Das Recht der Tiere und der Landwirtschaft, Bd. 6, Appendices, Appendix 4: Caspar, Johannes u. Luy, Jörg (Hrsg.): Tierschutz bei der religiösen Schlachtung, Die Ethik-Workshops des DIAREL-Projekts, NOMOS Baden-Baden, 1. Aufl. 2010, S. 45, 232; Anmerkung 2 im Text: „Besonders hochwertiger Abschnitt des Naturdarms vom Schaf; vor allem verwendet für dünne Wurstsorten, die mit Darm verzehrt werden."; Unterstreichungen von V. Mariak)

Bleibt noch anzufügen, dass in Deutschland seit Jahren intensive Bestrebungen erfolgen, um „Halal"-Fleisch auch für Nichtmuslime im freien Ladenverkauf anzubieten. Und auf den Verpackungen findet sich ganz bestimmt nicht der Verbraucherhinweis: „Dieses Fleisch wurde durch rituelle, betäubungslose Schächtung produziert". Mit Blick auf den Verbraucherschutz von Nicht-Muslimen ist hier auch zu fragen, ob mit dieser Vermarktungspraxis nicht ebenfalls die religiösen Überzeugungen andersgläubiger Käufer verletzt werden?

Frage:

Wie steht es mit der Beachtung der Religionsfreiheit nichtmuslimischer Verbraucher, die man derart insgeheim durch missbräuchliche Nutzung des offenen Marktes zum Verzehr des „rituell" geschlachteten Fleisches anderer Religionen zwingt?

Und stets zeigen sich entscheidend nicht etwa die religiöse Berufung und Gewissensnot dieser „Halal"-Fleischproduzenten und –händler, sondern die Faktoren Umsatz und Verkaufsgewinn. Ein bei Hartinger dokumentierter Pressebericht zeigt, welche Profitspannen bereits in den 90er-Jahren in der „Halal"-Fleischproduktion möglich waren: So wurde zum Beispiel am Münchener Verwaltungsgericht ein Streitfall um die jahresweite Genehmigung zum Schächten verhandelt. Der muslimische Kläger stritt für diese Erlaubnis gegen den Freistaat Bayern. Um die Höhe des Streitwertes bewerten zu können, wollte der Vorsitzende Richter wissen, was die Genehmigung dem Kläger wert sei:

„Welchen Gewinn machen Sie, wenn Sie ein Jahr lang schächten?" Antwort des Klägers: Er würde zur Zeit monatlich rund 900 Tonnen geschächtetes Fleisch importieren. Wenn er diese Menge selbst produziere, dann gäbe es eine Mark Gewinn pro Kilo, fast eine Million pro Monat. Der Richter rechnete hoch: „Das sind 10 Millionen Mark Streitwert."

(Jockers, Steffi, Bericht: „Erlaubnis zum Schächten ist Millionen wert", in: Abendzeitung München, Quelle: Hartinger, Werner: „Das betäubungslose Schächten der Tiere im 20. Jahrhundert – eine Dokumentation", Sept. 1996, Anhang, a. a. O.)

Das Beispiel hält auch in Euro-Zeiten: Jeder ökonomisch gebildete Beobachter wird mit Blick auf die aktuelle Marktsituation davon ausgehen, dass sich die Profite im „Halal"-Fleischhandel - bei stetig wachsender Nachfrage - im letzten Jahrzehnt vervielfacht haben und weiterhin im Steigen begriffen sind.

Betriebswirtschaftlich verständlich wird dabei, dass der deutsche Einzelhandel sein bisher noch eingeschränktes Engagement bedauert und nach entsprechender Änderung strebt:

„Doch nicht nur Netto hält sich beim Thema ‚Halal' zurück. Auch andere Handelsketten wie Rewe und Edeka scheuen sich, Islam-konforme Produkte in größerem Stil ins Sortiment aufzunehmen. Damit lassen sich die Händler jedes Jahr vier bis fünf Milliarden Euro entgehen. So viel könnte in Deutschland mit ‚Halal' verdient werden, sagen Experten."

(Sogorski, Lara, Bericht: „Einzelhandel überlässt Halal-Geschäft den Türken. Der Markt für islam-konforme Lebensmittel ist ein Riesengeschäft. Doch deutsche Handelsketten hinken im europäischen Vergleich hinterher.", in: „Die Welt", 11. 10. 2010: Internet: Datum des letzten Abrufs: 07. 11. 2016, https://www.welt.de/wirtschaft/article10207954/Einzelhandel-ueberlaesst-Halal-Geschaeft-den-Tuerken.html)

Der Bericht konzentriert sich im Folgenden auf den europaweiten Marktvergleich:

„Dass Deutschland dieser Entwicklung hinterher hinkt, erscheint wenig verständlich: Der Einzelhandel kämpft mit der immer stärker werdenden Konkurrenz. Da wäre Halal eine Möglichkeit, sich von anderen Handelsketten abzugrenzen. Zudem verspricht der Markt rund um islam-konforme Produkte für Händler und Hersteller eine beachtliche Summe Geld. Laut Experten soll keine andere Käuferschicht in Zukunft so stark wachsen wie die der Muslime. Mehr als 1,6 Milliarden Islam-Gläubige gibt es heute bereits weltweit, allein in Europa sind es rund 51 Millionen. Damit wird das Marktvolumen für islam-konforme Produkte in Europa auf 67 Milliarden Euro geschätzt. Bestätigt wird diese Prognose von den französischen Handels-Ergebnissen vom Vorjahr: 5,5 Milliarden Euro soll die Branche mit Halal verdient haben – das übertrifft sogar den Umsatz mit Bio-Waren."

(Sogorski, Lara, Bericht: „Einzelhandel überlässt Halal-Geschäft den Türken. Der Markt für islam-konforme Lebensmittel ist ein Riesengeschäft. Doch deutsche Handelsketten hinken im europäischen Vergleich hinterher.", a. a. O.)

Für die Schächtproblematik resultiert hieraus ein kaum zu unterschätzendes Problem: Sobald die Branche der großen Lebensmittelkonzerne angesichts extremer Gewinnvolumina ihre relative Zurückhaltung überwindet, erwächst hier eine schlagkräftige, finanzstarke ökonomische Lobby, die sich um ethische und tierschutzrechtliche Bedenken wohl kaum kümmern wird und in der deutschen Wirtschaftspolitik und Justiz wahrscheinlich noch Erfüllungsgehilfen findet (man denke nur an die bereits erwähnte Perversion des Kükenschredderns, die aktuell ausdrücklich gerichtlich abgesegnet wurde; AFP, Bericht: „Gericht: Töten männlicher Eintagsküken ist mit Tierschutzgesetz vereinbar", a. a. O.).

Wie weit die Markt-Durchsetzung von Halal-Produkten bereits gediehen ist, zeigt folgendes Statement des Journalisten Ziegler im „Bio & Halal Magazin":

„Immer mehr Menschen möchten gerne Produkte konsumieren, die im Einklang mit dem Schöpfungsprozess stehen. Halal-Produkte und die dahinter stehende Philosophie sind dabei nicht nur für Muslime interessant."

Und nachfolgend heißt es:

„Auf der Website der deutschen Halalcontrol finden sich längst große „Brands" wie Almi, BASF, Bayer, Degussa, Ehrmann, Kerry, Langnese, Nestlé oder Unilever. Ist es wirklich noch eine Vision: Islamischer Lifestyle für europäische VerbraucherInnen?" (Ziegler, Peter Z.: „Vorwort - Einführung in das Bio & Halal Magazin", in: Bio & Halal Magazin, Ausgabe 01, April 2008: „Ein neuer Markt", a. a. O.)

Merke: Achtung vor den Mitgeschöpfen und Respekt vor dem Leben finden oftmals dort ihr Ende, wo in unserer Gesellschaft der Profit beginnt. Dafür wird bei Schächt-Schlachtungen dann sogar der Einklang mit dem Schöpfungsprozess verkündet.

6. 2. Resultierende Fragen

a)
Wie sinnvoll ist die verbindliche rechtliche Forderung, dass „Halal"-Fleisch aus betäubungsloser Schächtung nicht in den allgemeinen Markt gelangen darf (Hirt u. a., München 2016, S. 264)? Es wird doch längst für Kunden jedweder religiöser Couleur frei zugänglich verkauft. Gesetzgeber und höchstrichterliche Rechtsprechung ignorieren vollkommen die marktwirtschaftliche Machtstruktur und Gewinnorientierung der „Halal"-Fleischproduzenten. Letztere sind in ihrem Geschäftsgebaren nicht anders geartet als die Branche der Fleischproduktion insgesamt. Weiterhin:

Ein großer Teil des „Halal"-Fleischangebotes aus Fleisch-Importen der Nachbarländer Frankreich und Belgien gelangt – sogar undeklariert - in die Kühltruhen der Supermärkte. (Bundesverband Tierschutz e. V., Internetseite: Schlachten und Schächten, Bericht: „Betäubungsloses Schächten, Fleischimporte geschächteter Tiere nach Deutschland", o. J.; Internet: Datum des letzten Abrufs: 07. 11. 2016, http://bv-tierschutz.-de/tierschutzthemen/schlachten-und-sch%C3%A4chten/)

Und gerade die Zustände in Belgien sind katastrophal. Bestes Beispiel: Der Schlachthof in Eupen (siehe dazu: PAKT Politischer Arbeitskreis für Tierrechte in Europa e. V., Internetartikel: „Betäubungsloses Schächten in Belgien. Der Schlachthof von Eupen", in: Dokumentation: „Der kleine Guide für den europäischen Raum – Teil 8, Der Eupener Schlachthof. Chronik eines Skandals", Selbstverlag PAKT e. V., Düsseldorf, November 2005; Internet: Datum des letzten Abrufs: 07. 11. 2016, http://www.paktev.de/210-1.html)

Wenn Halal-Fleisch aus betäubungsloser Schächtung gemäß dem Willen des Gesetzgebers nicht in den allgemeinen Markt gelangen darf, warum wird die Einfuhr dann nicht rigoros verboten?

Warum wird dann sogar noch in rechtlicher Argumentation auf die Ausweichmöglichkeit „Import-Fleisch" hingewiesen (vgl. Hirt u. a., München 2016, S. 253)? Bestehen innerhalb der EU Handelsverträge, die Deutschland qua übernationalem Recht zwingen, spezielle Fleischimporte aus ritueller betäubungsloser Halal-Schächtung zu akzeptieren?

b)
Bestehen überhaupt konkrete, praxistaugliche Handlungsanweisungen der Judikative, **wie** muslimische Schächtbetriebe und Metzger im alltäglichen Verkaufsgeschäft einen Überblick darüber gewinnen können, ob Kunden zu ihrer Religionsgemeinschaft zählen oder nicht? Und wer überprüft, ob jeder dieser Kunden den Verzehr von „Halal"-Fleisch aus religiösen Gründen nur auf betäubungslos geschächtete Tiere begrenzt wissen will oder nicht auch mit betäubt geschächteten Tieren einverstanden wäre?

Weiterhin. Wie können muslimische Metzger die Mitgliederzahl ihrer Religionsgemeinschaft namentlich benennen und dann noch sicherstellen, dass bei diesen Personen nur „durchschnittlicher Fleischverzehr" stattfindet (vgl. Hirt u. a., München 2016, S. 264 f.)?

Aber: Wieviel Fleisch verzehren Menschen durchschnittlich? Bestehen nicht auch Unterschiede zwischen Personen verschiedener Lebensalter, zwischen Gesunden und Kranken, gibt es nicht auch verschiedene Vorlieben hinsichtlich der Art und Quantität? Errechnet werden müssten also gewichtete Durchschnitte des Fleischverzehrs? Die bestehenden rechtlichen Forderungen sind an der Realität gemessen schlichtweg absurd.

Und besonders abstrus wird es, wenn festgestellt werden soll, ob die muslimischen Kunden des Metzgers ihren Fleischbedarf nebenher etwa auch durch Importware abdecken (vgl. Hirt u. a., München 2016, S. 257, S. 261) oder gar wie die Fleischversorgung potenzieller Kunden **vor dem gestellten Antrag** gesichert wurde (vgl. Hirt u. a., München 2016, S. 261).

Forderungen dieser Art sind m. E. schon aus Datenschutzgründen aberwitzig und zwingen marktökonomisch gebundenen Geschäftsleute (und natürlich sind Metzger auch Geschäftsleute) geradezu auf illegale Wege.

Das klare Verbot der betäubungslosen Schächtung ohne rechtliche „Hintertüren" wäre politisch ehrlicher und würde ein unmissverständliches Signal aussenden.

7. Schlussbemerkung

Die vorstehenden Überlegungen sollen nicht ohne Resümee abschließen. Für vier zentrale Punkte der bestehenden Ausnahmeregelung nach § 4a Abs. 2 Nr. 2 TierSchG wurden Informationen und Argumente dargelegt. Sie sind hier kurz zu rekapitulieren. Zwei weitere Sachpunkte werden sich im Folgenden knapp mit der möglichen rechtlichen Korrektur der Ausnahmeregelung und der soziokulturellen Besserung der aktuellen Schächt-Problematik befassen.

1.

Die Erteilung der Ausnahmegenehmigung ist abhängig von der Einhaltung zwingender religiöser Verhaltensregeln bei der Schächtung (Opferritus). Die Erfüllung dieser Prämisse wird unwahrscheinlicher, je höher die „Output-Zahlen" an geschächtetem Fleisch sind bzw. je größer das Schlachtunternehmen ist. Massenschlachtungen wie sie etwa im Schlachthof zu Eupen stattfinden oder eben auch in deutschen Betrieben durchgeführt werden bzw. geplant sind, folgen betriebswirtschaftlichem Kalkül und nicht einem religiösen Ritus.

Weder der Gesetzgeber noch die Rechtsprechung und schon gar nicht die Veterinärämter sind in der Lage, die Befolgung der angeblich „zwingenden religiösen Verhaltensregeln" zu kontrollieren. Davon ausgehend, dürfte es keine Erteilung von Ausnahmeregelungen mehr geben.

2.

Eng mit vorgenannter Prämisse verknüpft ist die ins Feld geführte „unausweichliche seelische Bedrängnis" der Antragsteller, die angeblich aus den zwingenden Vorgaben ihrer Religion erwächst und nur abgewendet werden kann, wenn betäubungsloses Schächten erlaubt wird.

Fakt ist:

Weder die Rechtsprechung noch die Veterinärämter sind fachlich kompetent genug, um den psychischen Zustand muslimischer Gewissensnot abprüfen zu können. Sie sind ebenfalls nicht in der Lage, den davor logisch notwendigen Schritt der rational abprüfbaren, rechtstheoretischen Begriffsbestimmung zu vollziehen: Begriffe wie „Gewissen", „Gewissensnot" und „tiefe seelische Bedrängnis" bleiben juristische Worthülsen und somit inhaltsleerer Sprachgebrauch.

In der Realität der Prüfungskommissionen und Gerichte besteht genau dieses Dilemma, wird aber vermittels „pragmatischer" Herangehensweise im Rahmen der Plausibilitätsprüfung verdeckt. Freihalter schreibt dazu in seiner rechtstheoretischen Kritik:

„Und der Jurist, vor dem Dilemma, die stillschweigend implizierte Weltanschauung des Wissenschaftlers zu übernehmen und unbemerkt in das Normverständnis einzuschleusen oder auf die Analyse des tatsächlichen Rahmens zu verzichten, innerhalb dessen nach gegenwärtigen Erkenntnissen die Rechtsnorm nun einmal wirken soll, wird sich in der Regel der Mühe entziehen, sondierend und vergleichend tätig zu werden." (Freihalter, Gerd Ulrich: „Gewissensfreiheit – Aspekte eines Grundrechts", a. a. O., S. 78)

Weiter heißt es dort:

„Er wird auf den ‚allgemeinen Sprachgebrauch', auf den paritätischen Vergleich weltanschaulich verschieden orientierter Standardwerke und Lexika ausweichen [...] oder sich nur von seinem eigenen Verständnis leiten lassen. Und damit kann die Idelologie wieder unkontrolliert einfließen [...]" (Freihalter, Gerd Ulrich: „Gewissensfreiheit – Aspekte eines Grundrechts", a. a. O., S. 78)

Ein weiterer Rechtswissenschaftler, Gerhard Klier, fragt in seiner frühen Arbeit „Gewissensfreiheit und Psychologie" ebenfalls kritisch:

„Ist rechtswissenschaftliche Methode überfordert, wenn es um die Beurteilung eines in einem normativen Grundrechtstatbestand vorausgesetzten komplexen psychischen Phänomens geht?"

(Klier, Gerhard: „Gewissensfreiheit und Psychologie. Der Beitrag der Psychologie zur Normbereichsanalyse des Grundrechts der Gewissensfreiheit", S. 18, in: Schriften zum Öffentlichen Recht, Band 335, Verlag Duncker und Humblot, Berlin 1978, Nachdruck 2016)

Und dieser Autor wendet sich ebenfalls deutlich gegen den in der Praxis der Rechtsprechung üblichen Versuch, den Gewissensbegriff naiv aus dem „allgemeinen Sprachgebrauch" zu entnehmen (wie etwa das Bundesverfassungsgericht zu Art. 4 III GG, BVerfGE 12, 45, 54) oder sich bequem einen „lexikalischen" Gewissensbegriff „paritätisch" (!) aus dem „Großen Brockhaus" und dem „Großen Herder" unkritisch zu eigen zu machen. (BVerGE 7, 242, 246). (Klier, Gerhard: „Gewissensfreiheit und Psychologie. Der Beitrag der Psychologie zur Normbereichsanalyse des Grundrechts der Gewissensfreiheit", a. a. O., S. 18 f.)

Mit Blick auf das konstitutive Tatbestandsmerkmal des Grundrechts „Gewissensfreiheit" lautet die Forderung des Autors dann auch: „Folglich müsste oberstes Ziel jeder Auslegung und Konkretisierung dieser Norm die Analyse des Gewissensbegriffs sein." (Klier, Gerhard: „Gewissensfreiheit und Psychologie. Der Beitrag der Psychologie zur Normbereichsanalyse des Grundrechts der Gewissensfreiheit", a. a. O., S. 19)

Und später schreibt Klier dann ausführlicher:

„Da der Gewissensbegriff der einzige Anknüpfungspunkt
für eine Interpretation des Grundrechts der Gewissensfreiheit ist, erscheint es nicht als möglich, auf dieses einzige und somit konstitutive Tatbestandsmerkmal bei der
Bestimmung des Schutzbereichs dieser Norm zu verzichten, [...] auch diejenigen, die den geistesgeschicht-
lich zweifelsohne befrachteten Gewissensbegriff aus der
Grundrechtsinterpretation eliminieren möchten, müssen
den fraglichen Begriff bei ihrer Auslegung immer irgend-
wie implizieren. Solche Ansätze erweisen sich damit lediglich als kryptonormativ, auch wenn sie sich beispielsweise als ‚funktionale' [...] Interpretation verstehen, da
sie im Ergebnis die zugrunde gelegte Begrifflichkeit lediglich verschleiern."

(Klier, Gerhard: „Gewissensfreiheit und Psychologie. Der Beitrag der Psychologie zur Normbereichsanalyse des Grundrechts der Gewissensfreiheit", a. a. O., S. 159)

Deutlich wird mit diesen rechtswissenschaftlichen Bewertungen und den recht hilflosen Definitionsversuchen des Bundesverfassungsgerichts das Problem der „Justiziabilität des
Gewissens" und der „Gewissensnot" bzw. „seelischen Bedrängnis": Die Hauptfrage lautet, ob überhaupt eine Möglichkeit der prozessualen Feststellung von Gewissensentschei-
dungen besteht? Weiterhin: Liegt im Einzelfall tatsächlich eine
Gewissensentscheidung vor? Ist der damit befasste Richter
fachlich in der Lage, die Existenz der in das Feld geführten
Gewissensentscheidung zu beurteilen?

**Für die Bewertung der Anträge zum betäubungslosen
Schächten sind diese Fragen maßgebend, denn ... :**

244

Ohne glaubhaft nachgewiesene „seelische Bedrängnis" der muslimischen Antragsteller darf die Ausnahmegenehmigung zum betäubungslosen Schächten nicht erteilt werden.

In seiner rechtswissenschaftlichen Arbeit kommt Klier zu dem Schluss, dass Richter in der Lage sein müssen, die „seelische Bedrängnis" bzw. „Gewissensnot" angemessen auszuforschen und zu bewerten – notfalls unter Hinzuziehung eines psychologisch geschulten Gutachters:

> „Es erscheint also prinzipiell als möglich, das Vorliegen eines Gewissenssachverhalts juristisch zu beurteilen. Wenn hierbei u. U. ein psychologischer Gutachter zu Rate gezogen werden muss, ist damit noch kein Sonderproblem der ‚Justiziabilität' des Grundrechts der Gewissensfreiheit aufgeworfen, sondern ein allgemeines Problem der Rechtsfindung im Rahmen der richterlichen Beweiswürdigung, das sich immer dann stellt, wenn es sich um die Beurteilung komplexer Sachverhalte handelt, die den ‚normalen' richterlichen Erfahrungshorizont überschreiten."

(Klier, Gerhard: „Gewissensfreiheit und Psychologie. Der Beitrag der Psychologie zur Normbereichsanalyse des Grundrechts der Gewissensfreiheit", a. a. O., S. 160)

In diesem Zusammenhang verweist der Autor an anderer Stelle auf den Rechtssoziologen Niklas Luhmann: Es müsse zum Thema der Gewissensfreiheit - und somit natürlich ebenfalls bei der Eruierung von Gewissensnot - auch dem Juristen einen Versuch wert sein, sich auf die „Komplikationen und Risiken wissenschaftlicher Begriffsbildung einzulassen". (Klier, Gerhard: „Gewissensfreiheit und Psychologie. Der Beitrag der Psychologie zur Normbereichsanalyse des Grundrechts der Gewissensfreiheit", a. a. O., S. 257)

Der Autor gesteht zu, dass hierbei hohe Anforderungen an den beurteilenden Richter gestellt werden. Eine vorschnelle common-sense-Psychologie sei ebenso ungenügend wie das prinzipielle Resignieren vor der Klärung fremdpsychischer Sachverhalte. Und erneut folgt der Rat an die involvierten Juristen, verstärkt die Hilfe psychologischer Fachgutachter zu nutzen – so, wie es auch sonst prozessual gang und gäbe sei. (Klier, Gerhard: „Gewissensfreiheit und Psychologie. Der Beitrag der Psychologie zur Normbereichsanalyse des Grundrechts der Gewissensfreiheit", a. a. O., S. 229)

Die Argumentation Kliers nimmt als Beispiel seiner Zeit das Problem der Gewissensentscheidung zur Wehrdienstverweigerung. Aber auch mit Blick auf die Prüfgremien in den Veterinärbehörden und unteren Gerichten, die über Anträge auf betäubungslose Schächtung entscheiden müssen, sei hier noch einmal die Frage gestellt: Was wird da von den juristischen Entscheidern verlangt? Klier meint dazu, die Beurteilung eines Gewissenssachverhalts sei untrennbar mit der Erhebung einer zumindest partiellen Ätiologie der Personenentwicklung sowie einer Würdigung der „gesamten Persönlichkeit" zu verknüpfen. (Klier, Gerhard: „Gewissensfreiheit und Psychologie. Der Beitrag der Psychologie zur Normbereichsanalyse des Grundrechts der Gewissensfreiheit", a. a. O., S. 229)

Soweit hier mit dem Begriff „Ätiologie" nach dem Verständnis der Klinischen Psychologie die Ursachenklärung von psychischem Fehlverhalten, die Erforschung der Persönlichkeitsentwicklung und der diese determinierenden psychosozialen Faktoren gemeint ist, darf man eindeutig davon ausgehen, dass die Entscheider – ob nun im Veterinäramt oder in einem unteren Gericht – hoffnungslos überfordert sind. Auch Begriffe wie „Würdigung der Gesamtpersönlichkeit" oder „allgemeine Glaubwürdigkeit und Ehrlichkeit" bzw. die Beweiserhebung, ob der Antragsteller als „ehrlicher und glaubhafter Mensch" zu werten ist, helfen hier nicht wirklich weiter:

Sie vermitteln eine scheinbar sachgerechte juristische Herangehensweise und sind bei näherer Betrachtung doch nichts weiter als Leerformeln und Kategorien der Alltagstheorie. Die Veterinärbehörden bzw. die unteren Gerichte erhalten mit ihnen Maßstäbe, die der „Brockhaus-Weisheit" des Bundesverfassungsgerichts entsprechen. (zu den Begriffen vgl. Klier, Gerhard: „Gewissensfreiheit und Psychologie. Der Beitrag der Psychologie zur Normbereichsanalyse des Grundrechts der Gewissensfreiheit", a. a. O., S. 227)

Von alltagstheoretischem Wissen einmal abgesehen, bleibt die Problematik der Gewissenserforschung auch bei verstärktem soziologisch- oder psychologisch-wissenschaftlichem Engagement der befassten Juristen und der Einbeziehung von Fachgutachtern bestehen: Da der Antragsteller zu beweisen hat, ob er tatsächlich aus Gewissensnot handelt oder nur Lippenbekenntnisse abgibt, ist es der Part behördlicher Entscheider den Wahrheitsgehalt der Aussagen abzuprüfen. Damit jedoch gerät die Erforschung der „Gewissensnot" bzw. „seelischen Bedrängnis" leicht zu quasi inquisitorischer Befragung im Stile der frühen Prüfungsverfahren gegen Wehrdienstverweigerer.

Wir sehen hier eine Gratwanderung zwischen diesem Befragungsstil und dem ebenfalls fehlgeleiteten Versuch, durch „common-sense-Psychologie" zum wahren Kern der Aussagen zu gelangen. Wenn Klier in seiner Arbeit eine frühere Entscheidung des Verwaltungsgerichts Wiesbaden damit charakterisiert, dass in der Beweisaufnahme keine „exzessive Gewissensausforschung" geschehen sei, sondern Entscheidungen eben „nur" aus der „Persönlichkeitsstruktur des Klägers / Antragstellers abgeleitet wurden, so erkennt man die beiden vorgenannten Pole möglicher juristischer Prüfungsstrategie dort recht gut wieder (siehe dazu: Klier, Gerhard: „Gewissensfreiheit und Psychologie. Der Beitrag der Psychologie zur Normbereichsanalyse des Grundrechts der Gewissensfreiheit", a. a. O., S. 231 f.).

Wie auch immer die Vorgehensweise sein mag, wobei sich die quasi inquisitorische Befragung schon aus ethischen Gründen verbietet: Es kann keinen letzten Beweis der „Gewissensnot" geben.

Dies gilt umso mehr, als behördliche Entscheider im Regelfall wohl gerade einmal **ein einziges längeres Gespräch** mit dem Antragsteller als Basis ihrer Bewertungen nutzen können. Wir haben es hier eben nicht mit wiederholten diagnostischen und therapeutischen Sitzungen im Stile Freud'scher Psychoanalyse zu tun. Die amtliche Erforschung der „Gewissensnot" und die Feststellung der Persönlichkeitsstruktur des Betroffenen sowie die Prüfung seiner Glaubwürdigkeit reduzieren sich auf eine Personenkenntnis und einen verbalen Austausch von maximal wohl ein bis zwei Stunden.

Veterinärbehörden und untere Gerichte müssen sich hier mit höchst unsicheren Wahrscheinlichkeiten zufrieden geben. Die juristische Vorstellung, der Antragsteller könne das Vorliegen seiner „seelischen Bedrängnis" als „rechtsbegründende Tatsache" gerichtsfest nachprüfbar darlegen, ist ebenso absurd, wie die Aufgabe der behördlichen Entscheider vor Ort, definitiv über das Falsch oder Richtig der aus dem innersten Persönlichkeitsbereich stammenden Darlegungen zu richten (vgl. Klier, Gerhard: „Gewissensfreiheit und Psychologie. Der Beitrag der Psychologie zur Normbereichsanalyse des Grundrechts der Gewissensfreiheit", a. a. O., S. 228). Veterinärämter und untere Gerichte haben hier die undankbare Pflicht, die Quadratur des Kreises zu versuchen.

Ein weiterer Problempunkt sei hier kurz angesprochen. Mit dem Grundrecht der „Gewissensfreiheit" besteht nicht automatisch auch ein „schrankenloses" Handlungsrecht (vgl. Klier, Gerhard: „Gewissensfreiheit und Psychologie. Der Beitrag der Psychologie zur Normbereichsanalyse des Grundrechts der Gewissensfreiheit", a. a. O., S. 173). Auch dieses Grundrecht kennt Grenzen:

Man muss nicht erst das bekannte rechtstheoretische Beispiel vom Ritualmord anführen, um zu verdeutlichen, dass die Väter des Grundgesetzes sozialschädliche und das Gemeinwesen gefährdende Verhaltensweisen natürlich nicht durch den Schutzraum des Grundrechts „Gewissensfreiheit" absichern wollten: Hier ist Klier zuzustimmen, wenn er argumentiert, dass (Gewissens-) Freiheit nach dem Grundgesetz keine isolierte, schrankenlose Freiheit sein kann, sondern immer nur im Kontext der Realisierung des Demokratie- und Sozialstaatsgrundsatzes zu sehen ist und selbstverständlich durch die Geltungsbereiche anderer Grundrechte begrenzt wird (Klier, Gerhard: „Gewissensfreiheit und Psychologie. Der Beitrag der Psychologie zur Normbereichsanalyse des Grundrechts der Gewissensfreiheit", a. a. O., S. 172 f., S.175).

Aus dem Gesagten folgt, dass auch den Forderungen aus „Gewissensnot" bzw. aus „schwerer seelischer Bedrängnis" – soweit sie denn „echt" und nicht vorgespiegelt sind – dort nicht stattgegeben werden kann, wo zum Beispiel Individualrechtsgüter wie die körperliche Unversehrtheit und das Leben anderer sowie deren Menschenwürde, deren Ehre und Eigentum gefährdet sind.

Weitergedacht stellt sich angesichts der genannten Prämissen in jedem Einzelfall die Frage, ob das Grundrecht „Tierschutz" den Verfassungsnormen „Gewissensfreiheit" und „Religionsfreiheit" nachzuordnen ist. In den Veterinärämtern und unteren Gerichten geschieht diese folgenschwere Bewertung zwar durch Amtsveterinäre und Vertreter der Justiz, aber sicher nicht durch ausgewiesene Verfassungsrechtler und in der Güterabwägung fachlich kompetente Grundrechtsgutachter.

Abzuklären ist jedoch auch vor Ort und nicht nur im Elfenbeinturm der Rechtstheoretik, in welchem Maße betäubungsloses Schächten sozialschädliche Wirkung entfaltet sowie ethische Grundprinzipien unserer Gesellschaft verletzt.

Erneut liegt hier der begründete Verdacht nahe, dass Veterinärämter und untere Gerichte mit dieser Aufgabe überfordert sind.

Einmal abgesehen von dem denkbaren Unvermögen, die Güterabwägung bei konkurrierenden Verfassungsnormen angemessen durchführen zu können und der Unfähigkeit, „seelische Bedrängnis" bzw. „Gewissensnot" wissenschaftlich fundiert oder auch nur rational eruieren zu können, besteht eine spezielle Hürde, die im Regelfall angewandte, sogenannte Plausibilitätsprüfungen im Antragsverfahren aushebeln kann:

So ist die Prüfung des Vorliegens „seelischer Bedrängnis" schon deshalb nicht möglich, weil im Islam verschiedene kompetitive Rechtsschulen bestehen, die entsprechend ihrer speziellen Koran-Auslegung jeweils andere Standpunkte zum betäubungslosen Schächten einnehmen. Festzuhalten ist jedoch: Entscheidende muslimische Religionsexperten und zentrale religiöse Führer des Islam sind sich darin einig, dass eine Kurzzeitbetäubung der Opfertiere vor dem Schächten (also etwa durch EKZB) nicht gegen die Weisungen des Koran verstößt und somit erlaubt ist.

Wie auch immer:

Der Gordische Knoten gegenteiliger religiöser Standpunkte ließe sich mit einem einfachen Hieb durchtrennen: Dem absoluten Verbot betäubungsloser Schächtung, da für religiöse Hardliner zwei durch den Koran abgesicherte Alternativen bzw. Ersatzhandlungen bestehen (a. erlaubte Abweichung von den religiösen Speisevorschriften im nichtislamischen Ausland sowie b. schlicht der Verzicht auf Fleischverzehr) (vgl. Hirt u. a., München 2016, S. 253, S. 260).

Ein weiteres Argument ist zu prüfen: Steht dem Konzept der „unausweichlichen seelischen Bedrängnis" nicht auch das Konzept der „extremen seelischen Belastung" professioneller Schächter gegenüber?

Sind mentale Schäden bzw. Persönlichkeitsstörungen tatsächlich auszuschließen, wenn jemand Tag für Tag die Greuel des Schächtbetriebes miterlebt und gar selbst verübt? Hat die Rechtsprechung nicht auch die Pflicht zur Abwägung bzw. eine Fürsorgepflicht aus ethischen und humanmedizinischen Gründen gegenüber mental Gefährdeten?

Wie bereits ausgeführt: Jeder skeptische Jurist, jeder zweifelnde Psychologe, der sich einmal stundenlang Schächtungsvideos der Tierschutzorganisationen im Internet ansah oder - noch prägnanter – die Möglichkeit besaß, einige Tage als Beobachter in einem Schlachthof die blutige Schächtung und den oft minutenlangen Todeskampf der Tiere „live" mitzuerleben, wird diese Frage nicht mehr mit einem Lächeln als „verrückt" abtun. In diesem Kontext sei noch einmal der Psychoanalytiker Arno Gruen zitiert:

> „Während jene als ,verrückt' gelten, die den Verlust der menschlichen Werte in der realen Welt nicht mehr ertragen, wird denen ,Normalität' bescheinigt, die sich von ihren menschlichen Wurzeln getrennt haben. [...] Wir glauben, dass sie den richtigen Zugang zur Realität haben und mit ihr umgehen können. Aber der ,Realitätsbezug' eines Menschen ist nicht der einzige Maßstab, um seine geistige Krankheit oder Gesundheit festzustellen, sondern man muss auch fragen, inwieweit menschliche Gefühle wie Verzweiflung, menschliche Wahrnehmungen wie Empathie und menschliches Erleben wie Begeisterung möglich oder eliminiert sind."
> (Gruen, Arno: „Der Wahnsinn der Normalität", a. a. O., S. 10)

3.
Angesprochen wurde zum einen die Prüfungspflicht der Veterinärämter bezüglich der Sachkundenachweise und zum anderen die Verpflichtung zur Anwesenheit eines Amtstierarztes bei jeder einzelnen Schächtung – insbesondere bei betäubungslosen Schächtungen.

Massenschächtungen vorgenannter Art vorausgesetzt, ist es nur schwer vorstellbar, dass die Veterinärämter bei geringem Personalbestand und fehlender unabhängiger Aufsichtsbehörde für jeden Betrieb und jede einzelne Schächtung Kontrolleure abstellen können und werden. Ähnliches gilt für die angemessene Abnahme von Sachkundenachweisen mit Blick auf das Mitarbeitervolumen der Schlachtbetriebe. Hinsichtlich der überwältigenden Zahl illegaler betäubungsloser Schächtungen (man denke allein an die geschätzte halbe Million geschächteter Schafe jährlich) darf ohnehin nicht von der Anwesenheit eines Amtsveterinärs ausgegangen werden.

Ein wichtiges Indiz für die bereits jetzt bestehende Überforderung zuständiger Ämter ergibt sich aus den immer wieder publizierten Fleisch- und Lebensmittelskandalen des „normalen" Marktes und oftmals dem stillschweigenden Akzeptieren der Tierquälerei auf unseren Schlachthöfen.

Ein weiteres Indiz für Fehlverhalten sogar im Bereich der Rechtsprechung zeigt sich, wenn man aufdeckt, dass zum Beispiel im Fall des Aßlarner Schächters der Beschwerdeführer in seinem Beruf als muslimischer Metzger höchstwahrscheinlich früher auch Tiere unter Betäubung geschlachtet hat und somit anzunehmen ist, dass seine religiös motivierte Gewissensnot nur vorgespiegelt war.

Warum wurde dieser Sachverhalt nicht in der Revisionsinstanz aufgeklärt (Hirt u. a., München 2016, S. 256)? Wie lautete doch der im Kommentar zitierte Prüfgrundsatz: "Widersprüchliches Verhalten spricht gegen das Vorliegen einer Notwendigkeit." (Hirt u. a., München 2016, S. 257) Des Weiteren: Die milden rechtlichen Sanktionen (in der Regel Bußgelder für Ordnungswidrigkeiten oder geringe Geldstrafen), die bei Nichtachtung der gesetzlichen Vorgaben in der Schächtfleischproduktion drohen, öffnen einer entsprechend laxen Handhabung der Vorschriften sowohl aufseiten der Ämter als auch aufseiten der Schächtbetriebe Tür und Tor.

4.

Die „Halal"-Fleisch-Abgabe von betäubungslos geschächteten Tieren nur an Angehörige der Religionsgemeinschaft ist eine rechtliche Vorgabe, die sich m. E. in der Praxis nicht erfüllen lässt: Die muslimischen Metzger müssten präzise die Konsumgewohnheiten und religiösen Lebensführungen ihrer (potenziellen) Kunden erfragen und die Veterinärämter wären gehalten, diese Angaben über Kundenkreis und Religionszugehörigkeit zu überprüfen. Einmal abgesehen von der praktisch nicht möglichen Durchführbarkeit würden sich hier erhebliche Datenschutzprobleme auftun.

Klingen diese rechtlichen Vorgaben nicht wie ein Schildbürgerstreich, zumal dann im juristischen Diskurs auch noch alternativ auf Fleischimporte verwiesen wird, die in vielen Fällen ebenfalls von betäubungslos geschächteten Tieren stammen? Dass diese Importe nicht gestoppt werden oder zumindest so kontrolliert und strafbewehrt, dass nur „Halal"-Fleisch in Betäubung geschächteter Tiere in den Import gelangt, ist ein weiteres Versagen des Gesetzgebers und der Judikative.

Fazit: Die rechtliche Forderung, dass „Halal"-Fleisch betäubungslos geschächteter Tiere nicht auf den allgemeinen Markt gelangen darf, ist schlicht realitätsfremd. Wie vorgenannt, besteht bereits ein kaum durchschaubarer, boomender, gewinnträchtiger Markt, der für muslimische Schlachtbetriebe - aber vermehrt auch christlich geführte deutsche Unternehmen - entsprechende ökonomische Anreize hat.

Insgesamt bietet sich das Bild einer unzureichenden, zwischen Tierschutz und Religion lavierenden Rechtspolitik mit ethisch zweifelhaften Aussagen und juristisch oftmals wenig durchdachten gesetzlichen Entscheidungsmustern.

5.

Anknüpfend an diese unbefriedigende Bewertung stellt sich die Frage nach dem legislativen und juristischen Spielraum für Reform und alternative Normsetzung im Sinne des Grundrechts „Tierschutz". Welche bisherigen Entscheidungen waren offensichtlich ungenügend und welche Möglichkeiten der Besserung bestehen?

Schaut man sich die höchstrichterliche Rechtsprechung an, so zeigt sich auch für juristische Laien schnell, dass dem Urteil des Bundesverfassungsgerichts vom 15. 01. 2002 besondere Bedeutung zukommt, da nun nicht allein das Grundrecht der „Religionsfreiheit", sondern auch der Schutz der „Berufsfreiheit" gegen den Tierschutz gestellt wird. Resultat dieser Sichtweise ist zwar in der Folge die Erhebung des Tierschutzes in den Verfassungsrang, aber eben auch die Ausnahmeregel für das betäubungslose Schächten.

Aus der Kommentierung zum TierSchG (Hirt u. a., München 2016, S. 254) ist zu ersehen, dass die Richter des Bundesverfassungsgerichts die Grundrechte derer nicht einschränken wollten, die betäubungsloses Schächten berufsmäßig vornehmen möchten. Zwingend erforderlich ist heute – nach der Schaffung des Staatszieles „Tierschutz" - eine verfassungsrechtliche Güterabwägung, die oftmals gegen Tierschutzinteressen entschieden wird. Daraus resultiert nur zu leicht, dass man höchstrichterlich berufsmäßige Tierquälerei und Tierschlächterei übelster Sorte als verfassungsmäßig gedecktes, grundrechtlich einwandfreies Handeln interpretiert.

Problematisch ist ebenfalls die Sichtweise des Bundesverwaltungsgerichts: Warum hat das BVerwG in seinen Entscheidungen den Tierschutz nicht als verfassungsmäßiges Rechtsgut anerkannt, sondern auch nach der Erhebung zur Verfassungsnorm nur als hohen Gemeinwohlbelang?

Diese Interpretation unterläuft eindeutig die herrschende Gesetzeslage und wertet den gesetzlichen Rang des Tierschutzes erheblich ab (Hirt u. a., München 2016, S. 256, Quelle: BVerwGE 104, 337 Rn. 45).

Die Verlagerung der grundrechtlichen Güterabwägung auf nachgeordnete Behörden (Veterinärämter und untere Gerichte) wurde bereits kritisiert – speziell mit Blick auf die in der Folge unvermeidliche Rechtsunsicherheit. Die Tierschutzorganisation „Animal Rights Watch e. V." nimmt dazu wie folgt Stellung:

> „Die rechtliche Situation ist nicht eindeutig, die Entscheidung liegt im Zuständigkeitsbereich der Amtstierärzte, die nach dem Willen der Gerichte und des Gesetzgebers Verfassungsgüter gegeneinander abwägen müssen. Religionsfreiheit und freie Berufsausübung auf der einen, sowie Tierschutz auf der anderen Seite konkurrieren hier miteinander."

(ARIWA Animal Rights Watch e. V., Bericht im Internet: „Das ‚Schächten' Tierquälerei im Namen der Religion?" Textbezug: Veranstaltung der „Akademie für tierärztliche Fortbildung" am 14. November 2007; Internet: Letzter Abruf: 07. 11. 2016, https://www.ariwa.org/aktivitaeten/aufgedeckt/recherchearchiv/148-schaechten.html)

Und die Tierschutzorgansiation „pro iure animalis" verweist auf das mittlerweile klar und definitiv festgestellte Nichtvorhandensein „zwingender religiöser Vorschriften", die aber durch die juristische Brille scheinbar immer noch zu erkennen sind. Die Tierschutzorganisation schreibt in diesem Kontext:

„Paragraph 4a Abs. 2 Nr. 2 Tierschutzgesetz (Ausnahmegenehmigung zum betäubungslosen Schächten) wurde einst unter der Annahme und Voraussetzung initiiert,
es gäbe ‚Vorschriften' gewisser Religionsgemeinschaften, die eine Betäubung der Tiere vor dem Schächten
nachweislich ‚zwingend' untersagen. Dass das nicht der
Fall ist, ist heute allgemeiner Wissensstand. Damit hat
dieser Gesetzesvorbehalt keine Rechtsgrundlage mehr
und ist zu streichen."

(pro iure animalis, Hrsg.: Arbeitskreis für Umweltschutz und
Tierschutz – Bundesarbeitsgruppe gegen betäubungsloses
Schächten, Sonderdruck: „Informationen über das betäu-
bungslose Schächten von Tieren", a. a. O.)

Und weiter wird dort ausgeführt:

„Zweckorientiert konstruierte Begriffsmutationen, wie
‚zwingendes Selbstverständnis', ‚Glaubenszwang', ‚zwingendes Recht', oder ‚zwingendes Glaubensbekenntnis',
sind rechtlich irrelevant. Die juristische Definition der
‚zwingenden Religionsvorschriften' (siehe TierSchG §
4a, Abs.2 Nr. 2) beinhaltet, [...] dass bei Nichtbefolgung
einer solchen Vorschrift mit Sanktionen und Strafen bis
zum Ausschluss aus der Religionsgemeinschaft zu rechnen ist.' Keinem der Angehörigen der zur Diskussion stehenden Religionen droht dieser Ausschluss."

(pro iure animalis, Hrsg.: Arbeitskreis für Umweltschutz und
Tierschutz – Bundesarbeitsgruppe gegen betäubungsloses
Schächten, a. a. O.)

Leider setzte sich selbst der Bundesrat für die Aufnahme des
Begriffes „zwingende Religionsvorschriften" in die gesetzliche
Ausnahmeregelung ein, obwohl damals schon deutlich war,
dass dieses Konstrukt realiter als Leerformel zu werten ist:

„Das Schlachten ohne vorherige Betäubung (Schächten) sollte nur in den durch Artikel 4 des Grundgesetzes zwingend gebotenen Fällen ermöglicht werden. Bei der Anwendung des Artikels 4 GG ist u. a. zu bedenken, dass das Schächten von Tieren in manchen Ländern als die Schlachtmethode schlechthin angesehen wird. Nur in einigen Fällen ist das Schächten zum echten Bestandteil des religiösen Bekenntnisses und damit zu einer Handlung geworden, die als solche weltanschaulichen Charakter besitzt (vgl. BVerfGE 32, 98, 106). Im Gegensatz dazu werden Handlungen, die zwar Ausdruck einer religiösen Grundhaltung sind, selbst aber keine religiöse Betätigung beinhalten, nicht vom Grundrechtsschutz des Artikels 4 GG umfaßt.“

(Deutscher Bundestag, 20. 05. 1986, Drucksache 10 / 5523, Unterrichtung durch den Bundesrat, Erstes Gesetz zur Änderung des Tierschutzgesetzes – Drucksachen 10 / 3158, 10 / 5259, Anrufung des Vermittlungsausschusses durch den Bundesrat; Internet: Datum des letzten Abrufs: 07. 11. 2016, http://dipbt.bundestag.de/doc/btd/10/055/1005523.pdf)

Diese Auffassung des Bundesrates, mit der er sich gegen den Gesetzesbeschluss des Bundestages wandte und den Vermittlungsausschuss anrief, galt damals sogar als besonders restriktiv. Eine klare Absage an **jegliche** Ausnahmeregelung war aber auch zu dem Zeitpunkt in diesen Gremien politisch nicht gewollt. (Wikipedia, Die freie Enzyklopädie (Hrsg.), Seitentitel: „Schächten“, a. a. O.)

Vor diesem politischen Hintergrund ist es bemerkenswert, dass selbst im oftmals zurückhaltenden und in der Regel um Überparteilichkeit bemühten staatlichen deutschen Fernsehen ein klarer Standpunkt **gegen** das betäubungslose Schächten vertreten wird. Man zitiert dort zum Beispiel Professor Tamer Dodurka, tätig an der Fakultät für Veterinärmedizin der Universität Istanbul, der auf die früher bereits erwähnte Fatwa zur rituellen Schächtung hinweist:

„In unserem Land hat die Religionsbehörde, die zuständig für Religionsangelegenheiten ist, eine Fatwa, also eine religiöse Vorschrift, gegeben und erklärt, eine Schlachtung mit Betäubung verstoße nicht gegen den Islam. Für den Islam ist es wichtig, dass das Tier noch vor seinem Tod geschnitten wird und dass sein ganzes Blut abfließt. In dieser Hinsicht tötet die Betäubung das Tier nicht."

(Report Mainz: „Neue Erkenntnisse der Bundestierärztekammer", in: Das Erste, ARD-Politmagazin, 13. 06. 2008; Internet: Datum des letzten Abrufs: 02. 11. 2016, http://www.swr.de/report/ist-schaechten-tierquaelerei-neue-erkenntnisse-der-bundestieraerztekammer/-/id=233454/did=3563876/nid=233454/56-xitl/index.html)

Und danach wird in dem ARD-Politikmagazin „Report Mainz" die klare politische Schlussfolgerung gezogen:

„Also: Tiere könnten mit Betäubung islamgemäß geschlachtet werden, aber eine erneute Auseinandersetzung über das Schächten ohne Betäubung scheuen bislang die Politiker hier in Deutschland." (Report Mainz: „Neue Erkenntnisse der Bundestierärztekammer", a. a. O.)

Und in der Abmoderation heißt es dort:

„Manchmal hilft ja auch ein Blick über den deutschen Tellerrand. Und siehe da: In der Schweiz ist das Schächten von Säugetieren verboten. Für Geflügel jedoch erlaubt. In Schweden, Island und Liechtenstein ist Schächten verboten. Mit anderen Worten: Wenn man es verbieten will, geht es auch." (Report Mainz: „Neue Erkenntnisse der Bundestierärztekammer", a. a. O.)

Dem ist nur noch hinzuzufügen:

Für den deutschen Gesetzgeber besteht die verfassungsrechtliche Möglichkeit des generellen Schächtungsverbots. Hirt u. a. weisen in ihrem Kommentar zum TierSchG darauf hin, dass der Verwaltungsgerichtshof Kassel bereits klarstellte, mit der Änderung des Art. 20a GG sei eben dieser Weg jederzeit gangbar. Zudem hätte das Bundesverwaltungsgericht diese Interpretation nicht korrigiert (Hirt u. a., München 2016, S. 263).

Den abschließenden Ausführungen der Kommentatoren Hirt, Maisack und Moritz kann man nur zustimmen: Der Gesetzgeber sollte, schon aus Gründen der Rechtsunsicherheit, möglichst rasch entsprechende Änderungen schaffen (Hirt u. a., München 2016, a. a. O.). Leider wird diese Chance zur Heilung bestehender Unwägbarkeiten seit Jahren nicht genutzt: Orientierungs- und Realisierungssicherheit sind deutlich eingeschränkt, weil der Gesetzgeber den politischen Willen zur Änderung nicht aufzubringen vermag.

Die Abwägung von Verfassungsgütern wie „Religionsfreiheit", „freie Berufsausübung" und „Tierschutz" auf Veterinärämter und untere Gerichte abzuwälzen, sich selbst aber von einer klaren, wegweisenden Grundentscheidung entfernt zu halten, ist schlicht ein Armutszeugnis für Legislative und höchstrichterliche Rechtsprechung.

6.
Am Ende bleibt die Kardinalfrage: Wo finden sich Respekt und Achtung vor dem Tier, wie es gerade auch islamische Glaubensregeln einfordern (Hirt u. a., München 2016, S. 252)? Zwingende Vorschriften religiös gebundener Gläubiger zum unbedingten Fleischverzehr bestehen nicht einmal für das höchste muslimische Opferfest Kurban Bayrami.

Warum sollte man sich dann als strenggläubiger, konservativer Muslim bezüglich des Fleischkonsums nicht in Enthaltsamkeit üben, alternativ eine Geldspende geben und sich vegetarisch bzw. vegan ernähren? Nur dann könnte man der muslimischen Glaubensgemeinschaft abnehmen, dass Tierschutz gemäß den Geboten der eigenen Religion stattfindet, da dann bestehende akzeptable Handlungsalternativen auch genutzt werden (vgl. Hirt u. a., München 2016, S. 258).

Der Tierschutzverband „PETA Deutschland e. V." führt zu diesem entscheidenden Sachpunkt des Respektes und der Achtung vor dem Tier auf seiner Internetseite aus:

„Denn im Laufe der Geschichte des Islam äußerte sich keiner der Gelehrten über die Notwendigkeit, Fleisch zu essen. Das zeigen die folgenden Gebote:

1.
Das Tier muss in einer artgerechten und gesunden Umgebung aufwachsen.

2.
Das Tier darf während des Transports nicht misshandelt und gestresst werden oder in irgendeiner Weise Beschwerden erleiden.

3.
Das Tier darf sich vor dem Tod nicht gestresst oder verängstigt fühlen.

4.
Während des Tötens darf das Tier keinen langanhaltenden Schmerzen oder Verletzungen ausgesetzt sein.

5.
Das Tier darf nicht im Beisein anderer Tiere getötet werden."

(PETA Deutschland e. V., Internetbericht: „Der Islam und die Tiere", Mai 2013; Internet: Datum des letzten Abrufs: 08. 11. 2016, http://www.peta.de/islam#.WCF_7VxhAnQ)

Die Schlussfolgerung aus diesen Geboten der Ethik und der Achtung vor dem Leben auch der Opfertiere kann angesichts der heute tatsächlich zu beobachtenden Sachverhalte nicht mehr überraschen:

„Es zeigt sich, dass keine dieser Bedingungen, nämlich die Würde von Lebewesen zu respektieren und zu erhalten, in den heutigen Gegebenheiten der Tierhaltung und Fleischproduktion wiederzufinden sind. Es gibt keinen schmerzfreien Tod und jedes Tier ist verängstigt, wenn es im Schlachthaus den Tod riecht oder sieht." (PETA Deutschland e. V., Internetbericht: „Der Islam und die Tiere", a. a. O.; Unterstreichung von V. Mariak)

Angesichts der rund 100.000 Schafe, der 350.000 Rinder und etwa sechs Millionen Schweine, die gemäß Auskunft der Bundesregierung in Deutschland jährlich „fehlbetäubt" werden, mag die Zahl der betäubungslos geschächteten Tiere gering erscheinen. (Lohmann, David, Bericht: „Fehlbetäubungen lassen sich ‚nie gänzlich ausschließen'", in: BSZ Bayrische Staatszeitung, Rubrik: Landtag, 08. 01. 2016; Internet: Letzter Abruf: 08. 11. 2016, https://www.google.de/search?q=Lohmann+Fehlbet%C3%A4ubungen+lassen+sich+nie+g%C3%A4nzlich+ausschlie%C3%9Fen&oq=Lohmann+Fehlbet%C3%A4ubungen+lassen+sich+nie+g%C3%A4nzlich+ausschlie%C3%9Fen&aqs=chrome..69i57.13911j0j7&sourceid=chrome&ie=UTF-8).

Schon diese „normalen" Zustände in Schlachthöfen deutscher Standards sind skandalös und zeigen die ganze Inhumanität der Fleischindustrie. Trotzdem wäre es ethisch falsch, ein Unrecht gegen das andere aufzurechnen: Bei betäubungslosem Schächten liegt – wissenschaftlich zweifeslfrei bewiesen – Tierquälerei vor, und jede weitere Tötung ist eine zuviel.

Eine abschließende Überlegung, welche die Absurdität der Ausnahmeregelung aufzeigt, sei hier erlaubt: Bisher wurde primär der Islam genannt, weil der Konfliktstoff zwischen deutschem Tierschutz und religiös begründeter, betäubungsloser Schächtung dort offen zutage tritt und sowohl Veterinärämter als auch Gerichte wiederholt beschäftigt. Nun finden archaisch-brutale Tieropfer aber nicht nur in seinem religiösen Rahmen statt.

So ist Voodoo ebenfalls eine anerkannte Religion mit weltweit ca. 60 Mio. Anhängern und einem auch in Deutschland beheimateten Kreis von Gläubigen (siehe dazu u. a.: Acker, Samuel, Bericht: „Voodoo in Deutschland – Suche nach dem Gleichgewicht zwischen Gut und Böse", in: Deutschlandfunk, 24. 08 2015; Internet: Datum des letzten Abrufs: 08. 11. 2016, http://www.deutschlandfunk.de/voodoo-in-deutschland-suche-nach-dem-gleichgewicht-zwischen.886.de.html?dram:article_-id=329106). Auch in dieser Religion werden rituelle Schlachtungen durchgeführt, zum Beispiel indem man Ziegen und Hühnern bei vollem Bewusstsein die Kehle durchschneidet bzw. den Kopf abtrennt. In seiner Facharbeit „Tieropferungen im Vodoo" beschreibt Konrad Licht folgende Rituale:

„Für *Marinette-bois-chèche* werden unter anderen Ziegen und schwarze Mutterschweine geopfert. Außerdem werden Hühner bei lebendigen Leibe gerupft und auch begraben. Die bösartigen Dämonen der *Mondouge-mussailoa* müssen mit lebendigen Hunden befriedigt werden, denen man die Ohren abbeißen und an ihrem Blut saugen muss. Derartige Riten werden sehr traditionell zelebriert. Die Priester präsentieren spezielle Gegenstände wie das Opfermesser und auch das Opfer selbst während der Einleitung in alle vier Himmelsrichtungen. Auch die Abfolge selbst verläuft nach einem klassischen Ritualschema."

(Licht, Konrad: „Tieropferungen im Vodoo", Seminararbeit im Fachbereich Gesellschaftswissenschaften und Philosophie, Fachgebiet: Völkerkunde, Seminar: „Über das Verstehen und Missverstehen der Geister: Vodoo und die Rezeption eines fremden Weltbildes", Seminarleitung: Schmidt, Bettina, Facharbeit erstellt an der Philipps-Universität Marburg, WS 1999 / 2000; Internet: Datum des letzten Abrufs: 08. 11. 2016, http://-www.konradlicht.com/Texts/ethno/voodo/voodoo.html.

Um das Problem der „rituellen Tieropfer" juristisch auf die Spitze zu treiben:

Würden also während eines Voodoo-Rituals Priester im Gebiet der Bundesrepublik die oben erwähnten Riten „zelebrieren", so wäre auch diese Praktik durch den § 4a TierSchG Abs. 2 Nr. 2 gedeckt? Immerhin ist doch rechtlich wohl ernsthaft zu prüfen, ob es sich um Tieropfer „aus zwingenden religiösen Gründen" handelt? Und könnte die Nichtgenehmigung dieser Tieropfer nicht ebenfalls zu gravierenden Gewissenskonflikten der Gläubigen führen, die es aus Gründen der Gewissens- und Religionsfreiheit zu vermeiden gilt?

Der Gesetzgeber muss sich fragen lassen, ob eine juristische Regelung, die derartig blutig-archaische Perversionen zumindest theoretisch zulässt und denkbar macht, in unserer Gesellschaft soziokulturell und ethisch gewollt ist und ihren gesetzlich akzeptierten Platz erhalten darf.

Fern aller juristisch-theoretischen Abwägung zwischen miteinander konkurrierenden Grundrechten kommen dem engagierten Tierschützer im Kontext der Schächtungsproblematik die Worte von Arthur C. Clarke in den Sinn, der in einem seiner Romane eine fiktive Szene in Madrid beschreibt:

Eine begeisterte Menschenmenge auf der Plaza de Toros erlebt den Auftakt des Stierkampfes. Jedoch bei den ersten Verwundungen des Tieres fühlt jeder dort Anwesende plötzlich den zugefügten Schmerz und die Todesangst in eigener Empfindung – so, als wären sie ihm selbst zugefügt. Die Zuschauer sind tief geschockt, der Kampf wird abgebrochen und nie wiederholt. (Clarke, Arthur C.: Childhood's End, London 1990, S. 34)

Fazit:

Wenn die Verfechter der (betäubungslosen) Schächtung bei jeder „Halal-Fleischgewinnung" am eigenen Leibe die simulierte physische und psychische Erfahrung erdulden müssten, die das Opfertier bei gewaltsamer Fixierung und nach dem ersten Schnitt durch die Kehle, durch Luft- und Speiseröhre, erfährt, dann gäbe es niemanden mehr, der „aus zwingenden religiösen Gründen" auf das Schächten bestünde und sei er auch noch so strenggläubig.

In den meisten Fällen ist es wohl tatsächlich so, dass erst die persönliche Betroffenheit ein Umdenken bewirkt.

***

Anhang

8. Quellenverzeichnis

Acker, Samuel, Bericht: „Voodoo in Deutschland – Suche nach dem Gleichgewicht zwischen Gut und Böse", in: Deutschlandfunk, 24. 08 2015; Internet: Datum des letzten Abrufs: 08. 11. 2016, http://www.deutschlandfunk.de/voodoo-in-deutschland-suche-nach-dem-gleichgewicht-zwischen.886.de-.html?dram:article_id=329106.

AFP, Bericht: „Gericht: Töten männlicher Eintagsküken ist mit Tierschutzgesetz vereinbar", in: Der „Stern", 20. 05. 2016.

Albert Schweitzer Stiftung für unsere Mitwelt: „Tierschutz in der Landtagswahl Nordrhein-Westfalen 2012", „Wahlprüfstein DIE LINKE", Stichwort: Tierschutz, Abschnitt: 3. Veterinärbehörden, Berlin.

Albert Schweitzer Stiftung für unsere Mitwelt: „Tierschutz in der Landtagswahl Nordrhein-Westfalen 2012", „Wahlprüfstein DIE LINKE", Stichwort: Tierschutz, Abschnitt: 3. Veterinärbehörden, Berlin; Internet: Datum des letzten Abrufs: 04. 11. 2016, http://die-linke.de/uploads/media/1021.pdf.

Albert Schweitzer Stiftung für unsere Mitwelt: „Tierschutz in der Landtagswahl Nordrhein-Westfalen 2012", Stichwort: „Mehr Tierschutz in den Veterinärbehörden", Berlin; Internet: Letzter Abruf: 04. 11. 2016, https://albert-schweitzer-stiftung.de/wp-content/uploads/Tierschutz-in-der-Landtagswahl-NRW-2012.pdf.

Albert Schweitzer Stiftung für unsere Mitwelt: „Tierschutz in der Landtagswahl Schleswig-Holstein 2012", Stichwort: „Mehr Tierschutz in den Veterinärbehörden", Berlin; Internet: Datum des letzten Abrufs: 04. 11. 2016, https://albert-schweitzer-stiftung.de/wp-content/uploads/Tierschutz-in-der-Landtagswahl-Schleswig-Holstein-2012.pdf.

Albert Schweitzer Stiftung für unsere Mitwelt, Bericht: „Interview zum Schlachthof-Praktikum", veröffentlicht am 12. 04. 2012, zuletzt aktualisiert am 01. 03. 2014; Internet: Datum des letzten Abrufs: 04. 11. 2016, https://albert-schweitzer-stiftung.de/aktuell/schlachthof-praktikum-interview.

animal future, Tierrechtsorganisation, „Pressemitteilung: „Das Tierschutzgesetz ist wirkungslos und die Justiz versagt: Hof Butenland, Montag 23. Mai 2016", Rhauderfehn.

Animal Spirit - Zentrum für Tiere in Not: Internetseite: „Schlachten / Schächten", „Animal Spirit fordert ausnahmsloses Schächtverbot!", 07. 01. 2006, Laaben (Österreich); Internet: Datum des letzten Abrufs: 08. 11. 2016, http://menschen-fuer-tiere.at/aktuell/schaechten06.html.

Animal Spirit - Zentrum für Tiere in Not, Newsletter: „Islamisches Schächt-Opferfest ,Kurban Bayrami' vom 16. - 19. November; Online-Petition!", Laaben (Österreich), 2010; Internet: Datum des letzten Abrufs: 03. 11. 2016, https://www.tierschutzpartei.de/wp-content/uploads/2014/1-1/KurbanBayrami.pdf.

Arbeitskreis für Umweltschutz und Tierschutz – Bundesarbeitsgruppe gegen betäubungsloses Schächten (Hrsg.): Sonderdruck: „Informationen über das BETÄUBUNGSLOSE SCHÄCHTEN von Tieren", 8. überarbeitete Auflage, Rockenhausen, Februar 2013; Text im Internet: Letzter Abruf: 30. 10. 2016, www.pro-iure-animalis.de/dokumente/schaecht_sonderdruck_www.pdf)

ARIWA Animal Rights Watch e. V., Aalen, Internetbericht: „Das ,Schächten' - Tierquälerei im Namen der Religion?" Textbezug: Veranstaltung der „Akademie für tierärztliche Fortbildung" am 14. November 2007; Internet: Datum des letzten Abrufs: 04. 11. 2016, https://www.ariwa.org/aktivitaeten/aufgedeckt/recherchearchiv/148-schaechten.html.

Arndt, Adolf: „Rechtsdenken in unserer Zeit. Positivismus und Naturrecht", S. 7, Tübingen 1955.

Arluke, Arnold, zitiert in: PETA-Broschüre: „Menschen, die Tiere quälen, belassen es selten dabei - Informationen für Staatsanwälte, Richter, Polizeibeamte und Pädagogen", PETA Deutschland e. V. (Hrsg.), Gerlingen, Stand: 3 / 2012; Internet: Datum des letzten Abrufs: 03. 11. 2016, http://www.peta.de/staatsanwalt.

Balluch, Martin: „Autonomie bei Hunden", in: Wirth, Sven / Laue, Annett, / Kurt, Marcus / Dornenzweig, Katharina / Bossert, Leonie / Balgar, Karsten (Hrsg.): „Das Handeln der Tiere: Tierliche Agency im Focus der Human-Animal-Studies", S. 220, transcript-Verlag, Dezember 2015.

Baranzke, H., Ilkilic, I., Rheinz, H.: Essay: „Bete und schächte", in: Zeit Online 29. 01. 2004, Nr. 6; Internet: Datum des letzten Abrufs: 04. 11. 2016, http://www.zeit.de/2004/06/Essay_Baranzke.

Barth Christine, und John, Jörg: „Sind Tiere Sachen?",in: Website: Tierecht aktuell, Mitschke & Collegen – Rechtsanwälte, Heidelberg und Stuttgart, 2006 – 2017; Internet: Datum des letzten Abrufs: 05. 11. 2016, http://tierrecht-aktuell.de/index.php?option=com_content&view=article&id-=9:sind-tiere-sachen&catid=18:das-tier-im-bgb&Itemid=8.

Bayerisches Staatsministerium der Justiz, München, Schreiben vom 13. 07. 2016 auf Anfrage von V. Mariak.

Bergschmidt, Angela: „Eine explorative Analyse der Zusammenarbeit zwischen Veterinärämtern und Staatsanwaltschaften bei Verstößen gegen das Tierschutzgesetz", in: Johann Heinrich von Thünen-Institut, Bundesforschungsinstitut für ländliche Räume, Wald und Fischerei, Thünen-Institut für Betriebswirtschaft, Thünen Working Paper 41, Braunschweig, Juli 2015; Internet: Datum des letzten Abrufs: 05. 11. 2016, http://literatur.thuenen.de/digbib_extern/dn055459.pdf.

Bernstein, Christian, Bericht: „Neuer Erlass zum Schächten", Deutschlandfunk, 19. 12. 2002, Internet: Datum des letzten Abrufs: 01. 11. 2016, http://www.deutschlandfunk.de/neuer-erlass-zum-schaechten.697.de.html?dram:article_id=718-25.

Biedermann, Henning: Bericht: „Muslime in Deutschland, Wirtschaftsfaktor Halal", Bayerischer Rundfunk / BR 24, 04. 12. 2015, Internet: Datum des letzten Abrufs: 20. 11. 2016, http://www.br.de/nachrichten/halal-islam-muslime-100.html.

Bio & Halal Magazin, Bericht: „Ein neuer Markt", in: Ausgabe 01, April 2008; Internet: Letzter Abruf: 08. 11. 2016, http://docplayer.org/14253653-Bio-halal-magazin-ein-neuer-markt-ausgabe-01-april-2008-analyse-die-halal-branche-ein-neuer-wachstumsmarkt.html.

Blinde Kuh e. V., Türkisch-Web: „Das Opferfest Kurban Bayrami – Gedenken an Ibrahims Selbstlosigkeit", erste deutschsprachige Suchmaschine für Kinder seit 1997, Hamburg 2016; seit 2004 gefördert vom Bundesministerium für Familie, Senioren, Frauen und Jugend; Internet: Datum des letzten Abrufs: 03. 11. 2016, http://www.blinde-kuh.de/tuerkisch-web/opferfest.html.

Borchhardt, Jutta: „Von Nomaden zu Gemüsebauern. Auf der Suche nach Yörük-Identität bei den Saçıkaralı in der Südwest-Türkei", Göttinger philosophische Dissertation, in: Göttinger Studien zur Ethnologie, LIT-Verlag, Münster, Hamburg, London 2001.

Brusten, Manfred, und Malinowski, Peter: „Sozialpsychologie der polizeilichen Vernehmung", in: Lösel, Friedrich (Hrsg.), Kriminalpsychologie. Grundlagen und Anwendungsbereiche, S. 150 f., Beltz-Verlag, Weinheim und Basel 1983.

Bund gegen Missbrauch der Tiere e. V., Internetbericht: „Schächten – betäubungsloses Schächten", 2016, Internet: Datum der letzten Abfrage: 30. 10. 2016, www.bmt-tierschutz.de/**schaechten**/.

Bundesamt für den Zivildienst. Das Bundesamt wurde 1973 als Bundesoberbehörde im Geschäftsbereich des Bundesministeriums für Arbeit und Sozialordnung mit Sitz in Köln als „Bundesamt für den Zivildienst" geschaffen. Seit dem 01. 10. 1981 befindet sich das Bundesamt in einem neuen ministeriellen Geschäftsbereich.

Bundesgerichtshof (BGH), Entscheidungen des BGH in Strafsachen.

Bundesinstitut für Risikobewertung (BfR), Frage: „Wie viele Ziegen (Schafe) werden in Deutschland jährlich geschlachtet", Stand: 18. 06. 2016, Bundesministerium für Ernährung und Landwirtschaft (BMEL), Berlin; Internet: Datum des letzten Abrufs: 30. 10. 2016, www.bfr.bund.de/cd/6009

Bundeskriminalamt (BKA), Polizeiliche Kriminalstatistik (PKS) 2015, Wiesbaden, sowie die PKS der Landeskriminalämter Hamburg und Berlin.

Bundesministerium für Ernährung und Landwirtschaft (BMEL) bei der Bundesanstalt für Landwirtschaft und Ernährung, Referat 424, Bürgerauskunft, 21. 04. 2016, E-Mail-Auskunft auf Anfrage von V. Mariak.

Bundesministerium für Ernährung und Landwirtschaft (BMEL), Internetseite des BMEL, Thema: Tierschutz, Bericht: „Stellung des Tierschutzes im Grundgesetz", Bonn und Berlin, Text im Internet: Datum des letzten Abrufs: 30. 10. 2016; https://www.bmel.de/DE/Tier/Tierschutz/_texte/Staatsziel-Tierschutz.html.

Bundesrats-Drucksache 524/ 1/ 84.

Bundestierärztekammer e. V., Berlin, 02. 05. 2016, E-Mail-Auskunft aurf Anfrage von V. Mariak.

Bundesverband Tierschutz e. V., Internetseite: Schlachten und Schächten, Bericht: „Betäubungsloses Schächten, Fleischimporte geschächteter Tiere nach Deutschland", o. J.; Internet: Datum des letzten Abrufs: 07. 11. 2016, http://bv-tierschutz.de/tierschutzthemen/schlachten-und-sch%C3%-A4chten/.

Bundesverfassungsgericht (BVerfGE), 12, 45 – Kriegsdienstverweigerung, 17. Oktober 2014, A.: Beschluss des Ersten Senats vom 20. Dezember 1960, -- 1 BvL 21 / 60 --, in dem Verfahren wegen verfassungsrechtlicher Prüfung des § 25 des Wehrpflichtgesetzes vom 21. Juli 1956 (BGBl. I S. 651) – Vorlage des Schleswig-Holsteinischen Verwaltungsgerichts vom 30. August 1960 (Nr. 3 KW – 291 / 59). Entscheidungsformel, Gründe: D II 3b) und c); Internet: Zuletzt bearbeitet durch A. Tschentscher am 12. 07. 2016, letzter Abruf: 03. 12. 2016, http://www.servat.unibe.ch/dfr/bv01-2045.html.

Bundesverfassungsgericht (BVerfG), Entscheidungen des Bundesverfassungsgerichts BVerfGE 33, 23 – Eidesverweigerung aus Glaubensgründen, Beschluss des Zweiten Senats vom 11. April 1972, BvR 75 / 71 in dem Verfahren über die Verfassungsbeschwerde des Pfarrers Werner S.; Abweichende Meinung des Richters Dr. v. Schlabrendorff zum Beschluss des Zweiten Senats des Bundesverfassungsgerichts vom 11. April 1972, BvR 75/71; Internet: Datum des letzten Abrufs: 01. 11. 2016, www.servat.unibe.ch/dfr-/bv033023.html.

Bundesverwaltungsgericht (BVerwG), BVerwGE 104, 337 Rn. 40, 58.

Bundesverwaltungsgericht, Entscheidungen (BVerwGE) 104, 337 Rn. 45.

BZZ, Bericht: „Halal: Schächten geht auch mit Betäubung", in: Halal-Produkte in Europa - islamkonforme Lebensmittel, Pharmazeutika und Kosmetika; u. a. das Zitat des Fachjournalisten Peter Ziegler, Basel am 13. 11. 2010; Internet: Datum des letzten Abrufs: 31.10.2016, halal-produkte.eu/?-paged=24.

Clarke, Arthur C.: "Childhood's End", London 1990, S. 34.

Deutsche Muslim Liga (DML) e. V., Spezial: „Tierschutz im Islam", Bad Neustadt, 2012; Internet: Datum des letzten Abrufs: 31. 10. 2016, www.muslim-liga.de/spezial-tierschutz/.

Deutscher Bundestag, 20. 05. 1986, Drucksache 10 / 5523, Unterrichtung durch den Bundesrat, Erstes Gesetz zur Änderung des Tierschutzgesetzes – Drucksachen 10 / 3158, 10 / 5259, Anrufung des Vermittlungsausschusses durch den Bundesrat; Internet: Letzter Abruf: 07. 11. 2016, http://-dipbt.bundestag.de/doc/btd/10/055/1005523.pdf.

Deutscher Bundestag: „Wie Umwelt- und Tierschutz ins Grundgesetz kamen", in: Internetseite des DB, Dokumente, 02. 12. 2013, Internet: Letzter Abruf: 30. 10. 2016, https://www.bundestag.de/dokumente/textarchiv/...grundgesetz.../213840.

Deutsches Tierärzteblatt, Nr. 5 / 2015 und Nr. 5 / 2016: Statistik 2014 bzw. 2015: Tierärzteschaft in der Bundesrepublik Deutschland, Tab. 1: Art der Berufsausübung, Tab. 2: Nebentätigkeiten, Hrsg.: Bundestierärztekammer e. V.; Internet: Datum des letzten Abrufs: 05. 11. 2016, http://www.bundestieraerztekammer.de/index_btk_statistik.php.

DeViney, Elizabeth, Jeffrey Dickert, and Randall Lockwood: "The Care of Pets Within Child-Abusing Families", in: International Journal for the Study of Animal Problems, 1983, 4: 321-329.

DIAREL: "Encouraging Dialogue on issues of Religious Slaughter", Projektdefinition: „Religious slaughter, improving knowledge and expertise through dialogue and debate on issues of welfare, legislation and socioeconomic aspects", EC-funded project involving partners in 11 countries.

DIE LINKE im Bundestag: Tierschutz - Themenpapiere der Fraktion; Internet: Letzter Abruf: 05. 11. 2016, https://www.linksfraktion.de/themen/a-z/detailansicht/tierschutz/.

Dittmann, Ulrich, Internetartikel: „Das Opferfest ‚Kurban Bayrami' und betäubungsloses Schächten auch in Deutschland", in: Website „Für die Freiheit und das Leben aller Tiere!", 18. 09. 2015; Internet: Datum des letzten Abrufs: 04. 11. 2016, https://wolodja51.wordpress.com/2015/09/18/das-opferfest-kurban-bayrami-und-betaeubungsloses-schaechten-auch-in-deutschland/.

Dreher, Eduard, und Tröndle, Herbert: „Strafgesetzbuch und Nebengesetze", Beck'sche Kurz-Kommentare, Band 10, 46., neubearbeitete Auflage, C. H. Beck'sche Verlagsbuchhandlung, München 1993.

epd, Bericht: „Studie der Konrad Adenauer Stiftung: Größte Muslimgemeinschaft künftig in Deutschland", in: Migazin, Migration in Germany, Fachmagazin für Migration und Integration, Overath, 14. 01. 2016.

Enzyklopädie des Islam, Stichwort: „Islamische Schlachtung"; Internet: Datum des letzten Abrufs: 31. 10. 2016, www.eslam.de/alphabet/i.htm.

Evangelische Zentralstelle für Weltanschauungsfragen, Materialdienst 3 / 2002: „Zum Schächtungsurteil des Bundesverfassungsgerichts"; Internet: Datum des letzten Abrufs: 31. 10. 2016, www.ezw-berlin.de/html/15_610.php.

Faust, Volker: „Tierquälerei - Was sind das bei jungen Tätern für Menschen?", in: PSYCHIATRIE HEUTE, Seelische Störungen erkennen, verstehen, verhindern; Arbeitsgemeinschaft Psychosoziale Gesundheit, Ravensburg, o. J.; Internet: Datum des letzten Abrufs: 03. 11. 2016, http://www.-psychosoziale-gesundheit.net/pdf/(Int.1-Tierquaelerei).pdf.

Federation of Veterinarians of Europe (FVE): „Permanente Anwesenheit eines Tierarztes mit der Befugnis und Verpflichtung zum Einschreiten, wenn immer es nötig ist", in: Amtstierärztlicher Dienst (AtD), 130, 2004.

Fikuart, Karl: „Die EU-weite Kennzeichnungspflicht für Fleisch aus betäubungsloser Schlachtung: eine Forderung der deutschen Bundestierärztekammer", in: Caspar, Johannes u. Harrer, Friedrich (Hrsg.): Das Recht der Tiere und der Landwirtschaft, Bd. 6, Appendices, Appendix 4: Caspar, Johannes u. Luy, Jörg (Hrsg.): Tierschutz bei der religiösen Schlachtung, Die Ethik-Workshops des DIAREL-Projekts, NOMOS Baden-Baden, 1. Aufl. 2010, S. 45, 232.

Frederking, Dorothea / Mechenich, Udo (Bündnis 90 / Die Grünen): „Verbandsklagerecht zum Tierschutz erneut verschoben/ Tierschutz verkommt zur Verfassungslyrik", in: BundesUmweltPortal, 03. 09. 2015, Internet: Datum des letzten Abrufs: 08. 11. 2016, http://www.bundesumweltportal.de/sachsen-anhalt/17-sachsen-anhalt/verbandsklagerecht-zumtierschutz-erneut-verschoben-tierschutz-verkommt-zur-verfassungslyrik.html.

Focus Online, Thema Tierschutz: „Verbot von Schächtungen seitens Tierärzten gefordert", 07. 07. 2008, Internet: Datum der Abfrage: 30. 10. 2016, www.focus.de › Panorama › Vermischtes.

Frankfurter Rundschau, 15. 01. 2002.

Freihalter, Gerd Ulrich: „Gewissensfreiheit – Aspekte eines Grundrechts", in: Schriften zur Rechtstheorie, Heft Nr. 31, Duncker und Humblot, Berlin 41, 1973, Nachdruck: 2016.

Freund, Joachim: „Bauer aus Hamminkeln half beim illegalen Töten von Schafen", in: Neue Rhein Zeitung (NRZ), Der Westen, Funke Medien NRW, Bericht vom 25. 11. 2014; Internet: Datum des letzten Abrufs: 05. 11. 2016, http://-www.derwesten.de/staedte/nachrichten-aus-wesel-hamminkeln-und-schermbeck/bauer-half-beim-illegalen-toeten-von-schafen-id10077959.html.

Georgi, Oliver, Bericht: „Zentralrat der Muslime zu AfD. Haben noch keine Antwort von Petry erhalten", in: Frankfurter Allgemeine, Rubrik Politik, 02. 05. 2016; Internet: Datum des letzten Abrufs: 02. 11. 2016, http://www.faz.net/aktuell/politik/inland/zentralrat-der-muslime-zu-afd-haben-noch-keine-antwort-von-petry-erhalten-14211690.html.

Gesetz über Ordnungswidrigkeiten (OWIG), idF vom 19. 02. 1987 (BGB1).

Goleman, Daniel: "Child's Love of Cruelty may Hint a Future Killer", in: The New York Times, 07. 08. 1991.

Goßmann-Jonigkeit, Sebastian: „Schächten – Der Tod durch Verbluten ohne Betäubung!!! (Tierschutz versus Religionsfreiheit)", in: „Schächten: Die anatomische Wahrheit", Tierarztpraxis Dr. Elke Jonigkeit, Internetseite (Facebook), Engelskirchen, 15. 01. 2016, Datum des letzten Abrufs: 29. 10. 2016; https://de-de.facebook.com/Tierarzt.Jonigkeit/posts/1095246023828961:0.

Gruen, Arno: „Der Wahnsinn der Normalität", 3. Auflage, November 1990, dtv.

grünebanane.de: „Opferfest: Feiern mit Kindern", muslimehelfen e. V. (Hrsg.), Ludwigshafen, 26. September 2013; Internet: Datum des letzten Abrufs: 03. 11. 2016, http://gruenebanane.de/2013/09/26/opferfest-feiern-mit-kindern/.

Gunkel, Christoph: „Kampf gegen den Kriegsdienst", Bericht: „Das wahren reine Willkürverfahren", SPIEGEL ONLINE, EINESTAGES, 26. 11. 2010; Internet: Datum des letzten Abrufs: 01. 11. 2016, http://www.spiegel.de/einestages/kampf-gegen-den-kriegsdienst-a-946864.html.

Hardegger, Dora, Bericht: „Betäubung vor dem Schächten in der Türkei", Animal Life Schweiz - Tierschutz ohne Grenzen, 2006; Internet: Datum des letzten Abrufs: 02. 11. 2016, http://www.animal-life.ch/projekte/betaeubung_vor_dem_-schaechten/bet_turkei.html.

Hartinger, Werner: „Das betäubungslose Schächten der Tiere - Religionsvorschrift oder Kulthandlung im 20. Jahrhundert?", in: Dr. Hartinger, Werner: "Das betäubungslose Schächten der Tiere im 20. Jahrhundert, eine Dokumentation", Die grüne Reihe, München, Sept. 1996.

Hartinger, Werner: „Das betäubungslose Schächten der Tiere in unserer Zeit", Vortrag am 08. 09. 2000, Vortragsreihe der Tierschutzpartei in Berlin-Charlottenburg, Quelle: www.tierschutz-online.de, 26. 09. 2000; Internet: Datum des letzten Abrufs: 03. 11. 2016, http://www.vgt.ch/news_bis2001/-000926.htm / Dortiger Text wurde übernommen von http://www.tierschutz-online.de/tierschutz/bgbs/hartinger-vortrag.shtml.

Havlicek, Teresa: „Tierschutz-Kontrolle mangelhaft – Schlachthöfe machens richtig. In Niedersachsens Schlachtbetrieben stellen die Kontrolleure trotz tausendfacher Tötung nur selten Tierschutzverstöße fest. Die Opposition befürchtet Mauschelei vor Ort.", in: taz. Die tageszeitung, 20. 09. 2012; Internet: Datum des letzten Abrufs: 04. 11. 2016, http://www.taz.de/!5083538/.

Hildebrandt, Goetz, und Luy, Jörg: „Toleranz gegenüber Halsabschneidern?", in: f. Kommentar von redaktion fleischwirtschaft. Gastkommentar von Prof. Dr. Goetz Hildebrandt und Dr. Jörg Luy, 06. 02. 2002, Quelle. afz - allgemeine fleischerzeitung, 6 / 2002; Internet: Datum des letzten Abrufs: 06. 11. 2016, http://www.fleischwirtschaft.de/wirtschaft/kommentare/Toleranz-gegenueber-Halsabschneidern-14-07?crefresh=1.

Hirsch, Ernst E.: „Zur juristischen Dimension des Gewissens und der Unverletzlichkeit der Gewissensfreiheit des Richters", in: Schriftenreihe zur Rechtssoziologie und Rechtstatsachenforschung, Hrsg.: Hirsch, Ernst E., und Rehbinder, Manfred, Bd. 43, S. 49, Duncker und Humblot, Berlin 1979.

Hirt, Almuth / Maisack, Christoph / Moritz, Johanna: „TierSchG - Tierschutzgesetz mit TierSchHundeV, TierSch-NutztV, TierSchVersV, TierSchTrV, EU-Tiertransport-VO, TierSchl-V, EU-TierschlachtVO - Kommentar", 3. Auflage, Verlag Franz Vahlen, München 2016.

Hof Königshausen, Stichwort: Kurban Bayrami 2017; Internet: Datum des letzten Abrufs: 01. 11. 2016, www.hof-koenigshausen.de/Kurban_Bayrami.htm.

Hoos, Harald, u. Dr. Bleibohm, Gunter: „Islamisches Schächt--Opferfest ‚Kurban Bayrami' vom 16. bis 19. November 2010", in: pro iure animalis, Newsletter vom 14. 11. 2010, Landau; Internet: Datum des letzten Abrufs: 03. 11. 2016, http://www.pro-iure-animalis.de/index.php?option=com_content&task=view&id=669&Itemid=92.

Huranyi, Sybille: „Das Schächtverbot zwischen Tierschutz und Religionsfreiheit.", Basler Studien zur Rechtswissenschaft, Reihe B: Öffentliches Recht, Bd. 70, 1. Auflage, Helbing & Lichtenhahn, 2004; Internet: Datum des letzten Abrufs: 31. 10. 2016, http://www.helbing.ch/detail/ISBN-97837190235-22/Das-Sch%C3%A4chtverbot-zwischen-Tierschutz-und-Religionsfreiheit.

Huranyi, Sybille: „Neue Dissertation der Uni Basel: Schächtverbot verletzt Religionsfreiheit nicht", Reinach (Schweiz), 02. 03. 2005, Internet: Datum des letzten Abrufs: 31. 10. 2016, www.vgt.ch/news2005/050302.htm.

ISLAMfatwa, Das Ständige Komitee für islamische Forschung und Rechtsfragen, Saudi Arabien, Internetauskunft, Soziale Angelegenheiten, Frage an das Komitee: „Fleisch von Tieren, die unter Betäubung geschlachtet werden, halal?", 2016, Internet: Datum des letzten Abrufs: 02. 11. 2016, http://islamfatwa.de/soziale-angelegenheiten/177-essen-und-trinken/essen/983-fleisch-von-tieren-die-unter-betaeubung-geschlachtet-werden-halal.

Jochheim, Tobias, Bericht: „Tierschützer vs. Islam. Schächter wider Willen", Neuß-Grevenbroicher Zeitung, NGZ-Online bzw. Rheinische Post, Internet: Datum der Veröffentlichung: 25. 01. 2016, 11:52 Uhr, Letzter Abruf: 02. 11. 2016, http://www.rp-online.de/nrw/staedte/neuss/neusser-schlachthof-fuer-halal-fleisch-schaechter-wider-willen-aid-1.57107-19.

Jockers, Steffi, Bericht: „Erlaubnis zum Schächten ist Millionen wert", in: Abendzeitung München, Quelle: Hartinger, Werner: „Das betäubungslose Schächten der Tiere im 20. Jahrhundert – eine Dokumentation", Sept. 1996, Anhang, a. a. O.

Joerden, Jan C.: „Logik im Recht", 2. Auflage, Springer, 2010.

Kessler, Erwin (Hrsg.): „Schächten – rituelles Schlachten ohne Betäubung", in: Verein gegen Tierfabriken (VgT), Gesamtschweizerische Tierschutz- und Konsumentenschutz-Organisation, Internetseite, Tuttwil, o. J.; Internet: Datum des letzten Abrufs: 31. 10. 2016, www.vgt.ch/doc/schaechten/.

Kessler, Erwin: „Wie lange leiden Tiere beim Schächten?", in: Verein gegen Tierfabriken (VgT), Gesamtschweizerische Tierschutz- und Konsumentenschutz-Organisation, 10. 10. 2001 Tuttwil (Schweiz); Internet: Datum des letzten Abrufs: 02. 11. 2016, http://www.vgt.ch/news_bis2001/011010.htm.

Kimpfel-Neumayer, Christine: „Grundsätze zur Genehmigung des Schlachtens ohne Betäubung (Schächten)", in: Amtstierärztlicher Dienst (AtD), 2010.

Kleinau, Christoph, Bericht: „Neuss: Schlachthof liefert Fleisch für Muslime", in: Neuß-Grevenbroicher Zeitung, NGZ Online, 18. 12. 2015; Internet: Datum des letzten Abrufs: 05. 11. 2016, http://www.rp-online.de/nrw/staedte/neuss/-schlachthof-liefert-fleisch-fuer-muslime-aid-1.5640190.

Klier, Gerhard: „Gewissensfreiheit und Psychologie. Der Beitrag der Psychologie zur Normbereichsanalyse des Grundrechts der Gewissensfreiheit", in: Schriften zum Öffentlichen Recht, Band 335, Verlag Duncker und Humblot, Berlin 1978, Nachdruck 2016.

Kooperationsprojekt Heinrich-Böll-Stiftung, Bund für Umwelt u. Naturschutz Deutschland und Le Monde diplomatique: „Fleischatlas 2014", S. 21, 1. Auflage im Januar 2014, Berlin; Internet: Datum der letzten Abfrage: 30. 10. 2016, https://www.boell.de/sites/default/files/fleischatlas2014_vi.-pdf.

Köpernik, Kristin u. Caspar, Johannes: „Juristische Evaluation des deutschen Dilemmas: Religionsfreiheit und Staatsziel Tierschutz als Verfassungsinhalte; Kennzeichnungspflicht für Fleisch aus religiösen Schlachtungen", in: DIAREL Ethik-Workshop 2, Caspar, Johannes u. Harrer, Friedrich (Hrsg.): Das Recht der Tiere und der Landwirtschaft, Bd. 6: Caspar, Johannes u. Luy, Jörg (Hrsg.): Tierschutz bei der religiösen Schlachtung, Die Ethik-Workshops des DIAREL-Projekts, NOMOS Baden-Baden, 1. Aufl. 2010.

Köpernik, Kristin u. Caspar, Johannes: „Juristische Evaluation des deutschen Dilemmas: Religionsfreiheit und Staatsziel Tierschutz als Verfassungsinhalte; Regelungsansätze für das religiöse Schlachten in Deutschland, zur Bundesratsinitiative von Hessen", in: DIAREL Ethik-Workshop 2, Caspar, Johannes u. Luy, Jörg (Hrsg.): Tierschutz bei der religiösen Schlachtung, Die Ethik-Workshops des DIAREL-Projekts, NOMOS Baden-Baden, 1. Aufl. 2010.

Kriegsdienstverweigerungsgesetz (KDVG): „Gesetz über die Verweigerung des Kriegsdienstes mit der Waffe aus Gewissensgründen".

Krogmann, Karsten, Bericht: „Halal-Schlachter in Elsfleth – Ein Lamm für Allah und die Armen", Nordwest Zeitung Oldenburg / NWZ Online, 25. 09. 2015; Internet: Datum des letzten Abrufs: 01. 11. 2016, www.nwzonline.de › Nachrichten › Wirtschaft › Weser-Ems.

Landa, Friedrich: „Das Brüllen der Rinder beim Schlachtvorgang in EU-Schlachthöfen. Freispruch für die verantwortlichen Schlächter / Schlachthoftierärzte, die Mängel aufzeigten, wurden strafversetzt", in: Verein gegen Tierfabriken e. V., Schweiz, VgT-Nachrichten, VN 2002-2, 07. 12. 2001; Internet: Datum des letzten Abrufs: 03. 11. 2016, http://-www.vgt.ch/vn/0202/bruellen_freispruch.htm.

Landa, Friedrich: „Neue Horrormeldung aus der EU: Seit anfangs 2001 sind in der EU entsetzliche Schlachthof-Gräuel im Gange: Die Rinder brüllen noch, während sie am Förderband zerlegt werden.", in: Verein gegen Tierfabriken (VgT), Schweiz, VgT-Nachrichten, VN 02-1, 16. 08. 2001; Internet: Letzter Abruf: 03. 11. 2016, http://www.vgt.ch/-news_bis2001/010515.htm.

Landa, Friedrich: „Schächten ist keine freie Religionsausübung sondern Tierquälerei", Presseaussendungen des Dachverbandes der OÖ. Tierschutzorganisationen, Frankenburg, 06. 06. 2002; Text im Internet: Letzter Abruf: 30. 10. 2016, www.tierschutz.cc/dachverband/docs/aussendungen/aus16 9.html.

Lavi, Shai, Director of the Taubenschlag Institute of Criminal Law, Faculty of Law, Tel Aviv University: „Die Geschichte der Schächt-Debatte in Deutschland und ihre Lehren für die Gegenwart", in: Caspar, Johannes u. Harrer, Friedrich (Hrsg.): Das Recht der Tiere und der Landwirtschaft, Bd. 6, Appendices, Appendix 1; Caspar, Johannes u. Luy, Jörg (Hrsg.): Tierschutz bei der religiösen Schlachtung, Die Ethik-Workshops des DIAREL-Projekts, NOMOS Baden-Baden, 1. Auflage, 2010, S. 36.

Lentz, Hubert / Rufner, Wolfgang / Baldus, Manfred (Hrsg.): „Entscheidungen in Kirchensachen seit 1946", Kap. „Verbot des Schächtens", 33. Bd., 01. 01. bis 31. 12 1995, De Gruyter, Berlin und New York 1998.

Licht, Konrad: „Tieropferungen im Vodoo", Seminararbeit im Fachbereich Gesellschaftswissenschaften und Philosophie, Fachgebiet: Völkerkunde, Seminar: „Über das Verstehen und Missverstehen der Geister: Vodoo und die Rezeption eines fremden Weltbildes", Seminarleitung: Schmidt, Bettina, Facharbeit an der Philipps-Universität Marburg, WS 1999 / 2000; Internet: Letzter Abruf: 20. 11. 2016, http://-www.konradlicht.com/Texts/ethno/voodo/voodoo.html.

Lohmann, David, Bericht: „Fehlbetäubungen lassen sich ‚nie gänzlich ausschließen‘", in: BSZ Bayrische Staatszeitung, Rubrik: Landtag, 08. 01. 2016; Internet: Letzter Abruf: 08. 11. 2016, https://www.google.de/search?q=Lohmann+Fehlbet%C3%A4ubungen+lassen+sich+nie+g%C3%A4nzlich+-ausschlie%C3%9Fen&oq=Lohmann+Fehlbet%C3%A4ubungen+lassen+sich+nie+g%C3%A4nzlich+ausschlie%C3%-9Fen&aqs=chrome..69i57.13911j0j7&sourceid=chrome&ie-=UTF-8.

Luy, Jörg: „Das Dilemma des religiösen Schlachtens", Kapitel 2: Religiös-ethische Normen zum Schlachten, 2.1 Judentum, in: Caspar, Johannes u. Harrer, Friedrich (Hrsg.): Das Recht der Tiere und der Landwirtschaft, Bd. 6: Caspar, Johannes u. Luy, Jörg (Hrsg.): Tierschutz bei der religiösen Schlachtung, Die Ethik-Workshops des DIAREL-Projekts, Appendices, Appendix 9. NOMOS Baden-Baden, 1. Aufl. 2010.

Martin, Madeleine, Landesbeauftragte für Tierschutz in Hessen: „Jahresbericht 2014", S. 15, 1. Rahmenbedingungen, Abschnitt 1.5.: Situation der im Vollzug des Tierschutzgesetzes tätigen Menschen. Hessisches Ministerium für Umwelt, Klimaschutz, Landwirtschaft und Verbraucherschutz, Wiesbaden; Internet: Datum des letzten Abrufs: 04. 11. 2016, https://www.uni-giessen.de/org/beauftragte/aufgaben/tschbjlu/tbdateien/LTBTschB2014.

Matyba, Axel (Pastor, Referent für christlich-islamischen Dialog): „Das große Fest der Muslime", in: Nordkirche weltweit, Zentrum für Mission und Ökumene, Standpunkt, Hamburg, Internetseite aktualisiert am 11. 10. 2013; Internet: Datum des letzten Abrufs: 31. 10. 2016, https://www.nordkirche-weltweit.de/interreligioeser-dialog/christlich-islamischer-dialog/standpunkt-131013-islamisches-opferfest.html.

Mehrjähriger nationaler Kontrollplan der Bundesrepublik Deutschland gemäß Artikel 41 der Verordnung (EG) Nr. 882 / 2004, Stand: Januar 2016, Kap.: A. Bereiche Lebensmittelsicherheit, Futtermittelsicherheit, Tiergesundheit, Tierschutz; Geltung: Periode 01. 01. 2012 bis 31. 12. 2016, Abschnitt: 3. 1. 2. Personalressourcen; Internet: Letzter Abruf : 04. 11. 2016, http://www.bvl.bund.de/DE/01_Lebensmittel-/01_Aufgaben/02_AmtlicheLebensmittelueberwachung/02_-MNKP/lm_mnkp_node.html.

Ministerium der Justiz und für Europa des Landes Baden-Württemberg, Stuttgart, Antwortschreiben vom 06. 07. 2016 auf Anfrage von V. Mariak.

Ministerium für Justiz, Kultur und Europa des Landes Schleswig-Holstein, Kiel, Schreiben vom 19. 07. 2016 auf Anfrage von V. Mariak.

Natur und Recht (NuR), 2003, S. 511, 512: Verwaltungsgericht Stuttgart.

Neue Juristische Wochenzeitschrift (NJW), 2001, 1227: Bundesverwaltungsgericht, Stichwort: „unausweichliche seelische Bedrängnis".

Neue Juristische Wochenzeitschrift (NJW) 2001, 1225: Bundesverfassungsgericht (BVerfG).

Neue Zeitschrift für Verwaltungsrecht, Rechtsprechungsreport, 2010, S. 262: Verwaltungsgerichtshof München.

New Orleans Times-Picayune: „Animal Abuse Forecast of Violence", 01. 01. 1987.

Niedersächsischen Ministeriums für Ernährung, Landwirtschaft und Verbraucherschutz, Hannover, 11. 05. 2016, E-Mail-Antwort auf Anfrage von V. Mariak.

Norddeutscher Rundfunk (NDR.de): „Schweinemäster wegen Tierquälerei verurteilt", in: NDR Fernsehen, Sendung: „Hallo Niedersachsen", 02. 08. 2016; Internet: Datum des letzten Abrufs: 05. 11. 2016, http://www.ndr.de/nachrichten-/niedersachsen/lueneburg_heide_unterelbe/Schweinemaester-wegen-Tierquaelerei-verurteilt,schweinemast246.html.

PAKT Politischer Arbeitskreis für Tierrechte in Europa e. V., Internetartikel: „Betäubungsloses Schächten in Belgien. Der Schlachthof von Eupen", in: Dokumentation: „Der kleine Guide für den europäischen Raum – Teil 8, Der Eupener Schlachthof. Chronik eines Skandals", Selbstverlag PAKT e. V., Düsseldorf, November 2005; Internet: Datum des letzten Abrufs: 07. 11. 2016, http://www.paktev.de/210-1.-html.

Partei Mensch Umwelt Tierschutz (Tierschutzpartei) (Hrsg.), Internetbericht: „Schächtgemetzel zum diesjährigen Kurban Bayrami Opferfest im Lahn-Dill-Kreis verhindert!", 10. 12. 2008, Treuen; Quelle: Arbeitskreis für humanen Tierschutz und gegen Tierversuche e. V., Oberthulba-Frankenbrunn; Internet: Datum des letzten Abrufs: 03. 11. 2016, https://-www.tierschutzpartei.de/schaechtgemetzel-zum-diesjaehri-gen-kurban-bayrami-opferfest-im-lahn-dill-kreis-verhindert/.

PETA-Broschüre: „Menschen, die Tiere quälen, belassen es selten dabei – Informationen für Staatsanwälte, Richter, Polizeibeamte und Pädagogen", in: PETA Deutschland e. V. (Hrsg.), Gerlingen, Stand: 3 / 2012.

PETA Deutschland e. V., Bericht: „Erschütterndes Filmmaterial aus angeblicher Vorzeige-Bio-Schlachterei in Baden-Württemberg", Stand: August 2009, Update 2012; Internet: Datum des letzten Abrufs: 05. 11. 2016, http://www.peta.de/-schlachthofbawue#.WB2dtFXhAnQ.

PETA Deutschland e. V., Internetbericht: „Der Islam und die Tiere", Mai 2013; Internet: Datum des letzten Abrufs: 08. 11. 2016, http://www.peta.de/islam#.WCF_7VxhAnQ.

PETA Deutschland, Internetbericht am 02. 07. 2014: „Schächt-Schlachthof Aßlar aufgegeben", Internet: Datum des letzten Abrufs: 30. 10. 2016, www.veganblog.de/2014/07/schaecht-schlachthof-asslar-aufgegeben/.

PETA Deutschland e. V.,Bericht: „Missbrauch von Tier und Mensch", Februar 2014; Internet: Letzter Abruf: 03. 11. 2016, http://www.peta.de/missbrauch-von-tier-und-mensch-leidensgenossen#.WBrqu9XhAnQ.

PETA Deutschland e. V.: Internetartikel: „PETAs Zusammenarbeit mit Amtstierärzten", Februar 2014; Internet: Datum des letzten Abrufs: 04. 11. 2016, http://www.peta.de/veterinaeraemter2013#.WbxQLIXhAnQ.

PETA Deutschland e. V., Bericht: „Die qualvollen Betäubungsmethoden in deutschen Schlachthöfen", Abschnitt: „Elektrische Durchströmung", Stuttgart, Stand: April 2015, Internet: Letzter Abruf: 02. 11. 2016, http://www.peta.de/im-schlachthof#.WboID9XhAnQ.

PETA Deutschland e. V.: „Auskunft zu Straffällen im Kontext ‚betäubungslose Schächtung'", Stuttgart, 2016; Quellenangabe: Neue Zeitschrift für Sozialrecht (NZS): Az.: NZS 123 Js 51131 / 13 bzw. Az.: NZS 123 Js 25116 / 15.

PETA Deutschland e. V., 2016, Internetbericht: „Erfolge" 2016: Az.: 10 Ds 103 Js 10155 /14 und 10 Ds 103 Js 51131 / 13; Internet: Datum des letzten Abrufs: 05. 11. 2016, http://www.peta.de/erfolge.

Peters, Karl, Juristenzeitung (JZ) 72, Tübingen, S. 521.

Poulakos, Andreas, Bericht: „Muslime feiern Kurban Bayram – Das Fest der Opferlämmer", in: Westdeutscher Rundfunk (WDR 1), Stand: 20. 12. 2007; Internet: Datum des letzten Abrufs: 03. 11. 2016, http://www1.wdr.de/dossiers/religion/-islam/lehre106.html.

pro iure animalis (Hrsg.): Arbeitskreis für Umweltschutz und Tierschutz – Bundesarbeitsgruppe gegen betäubungsloses Schächten, Sonderdruck: „Informationen über das betäubungslose Schächten von Tieren", 8. überarbeitete Auflage, Februar 2013; Internet: Datum des letzten Abrufs: 02. 11. 2016, http://www.pro-iure-animalis.de/dokumente/schaecht-_sonderdruck_www.pdf.

pro iure animalis, Internetaufruf: „Anmerkungen zum polnischen Schächtverbot. Offene Frage, offenes Schreiben an unsere im Deutschen Bundestag vertretenen Politiker aller Parteien", Landau, 20. 07. 2013, Letzter Abruf: 29. 10. 2016, www.pro-iure-animalis.de/index.php?option=com_content&task=view&id=1481.

Rath, Bericht: „Beim Schächten muss stets ein Tierarzt dabei sein", in: Badische Zeitung vom 13. 02. 2003.

Rehbinder, Manfred: „Einführung in die Rechtssoziologie", Athenäum-Verlag, Frankfurt am Main 1971.

Redaktion Fleischwirtschaft, Fleischwirtschaft.de – Bonn, 18. 07. 2008: „Tierärzte gegen Schächten", Quelle: Allgemeine Fleischerzeitung 29 / 2008; Internet: Datum des letzten Abrufs: 02. 11. 2016, http://www.fleischwirtschaft.de/wirtschaft/nachrichten/Tieraerzte-gegen-Schaechten-11321.

Report Mainz: „Neue Erkenntnisse der Bundestierärztekammer", Statement von Dr. Ernst Breitling, Präsident der Bundestierärztekammer, in: Das Erste, ARD-Politmagazin, 13. 06. 2008; Internet: Datum des letzten Abrufs: 02. 11. 2016, http://www.swr.de/report/ist-schaechten-tierquaelerei-neue-erkenntnisse-der-bundestieraerztekammer/-/id=233454/did-=3563876/nid=233454/56xitl/index.html.

Rippegather, Jutta, Bericht: „Mehr Tiere geschächtet als erlaubt", in: Frankfurter Rundschau, 19. 11. 2008, Internet: Datum des Abrufs: 30. 10. 2016, www.fr-online.de › Frankfurter Rundschau › Rhein-Main.

Rippegather, Jutta, Bericht: „Metzger darf wieder schächten", in: Frankfurter Rundschau, 07. 07. 2012, Internet: Datum des letzten Abrufs: 31. 10. 2016, www.fr-online.de › Frankfurter Rundschau › Rhein-Main.

Rippegather, Jutta, Bericht: „Schächten ohne Betäubung", in: Frankfurter Rundschau, 28. 06. 2015, Internet: Datum des Abrufs: 30. 10. 2016, www.fr-online.de › Frankfurter Rundschau › Rhein-Main.

Rovani Engineering & Manufacturing S. r. l., Luzzara (Italien), Experience and Research, Internet-Werbeseite der Firma Rovani. Internet: Datum des letzten Abrufs: 31. 10. 2016, www.**rovani**.it/.

Schädlich, Susan: „Tierärzte lehnen es ab, Tiere ohne Betäubung zu töten. Für religiöse Schlachtungen suchen sie nach Kompromissen – Auf Messers Schneide", in: Berliner Zeitung vom 06. 04. 2005.

Schareika, Nora, Bericht: „Ditib, Islamrat und Co.: Wer spricht für die Muslime in Deutschland?", in: n-tv, 13. 01. 2015; Internet: Datum des letzten Abrufs: 02. 11. 2016, http://www.-n-tv.de/politik/Wer-spricht-fuer-die-Muslime-in-Deutschland-article14309876.html.

Schatzmann, Urs: „Das Schächten von Tieren. Wissenschaftliche und tierschützerische Aspekte", in: Neue Zürcher Zeitung (NZZ), 10. 10. 2001; Internet: Letzter Abruf: 02. 11. 2016, http://www.vgt.ch/news_bis2001/schatzmann-schaechten.pdf.

Schluckebier, Wilhelm: „Thesen zum Referat von Richter des BVerfG Wilhelm Schluckebier", in: Strafrecht. Kultur, Religion, Strafrecht – Neue Herausforderungen in einer pluralistischen Gesellschaft, Absatz 1, b) und c), S. 29, Karlsruhe, 70. Deutscher Juristentag, Hannover 2014; Internet: Datum des letzten Abrufs: 01. 11. 2016, http://www.djt.de/fileadmin/downloads/70/djt_70_Thesen_Strafrecht_140804.pdf.

Schmidt, Rolf (Verlag): „Staatszielbestimmung Tierschutz und das Schächten von Tieren", S. 3 f., in: Juristische Internetseite „www.jurawelt.com", Levenetz, Alexander, u. a. (Hrsg.), München, Dezember 2002, Internet. Datum des letzten Abrufs: 30. 10. 2016, www.jurawelt.com/sunrise/media/mediafiles/13623/tierschutz.pdf.

Schwarz, Thomas, Vorsitzender im Landesverband NRW und Generalsekretär der Partei Mensch Umwelt Tierschutz: „Größter Halal-Schlachthof in Neuss geplant", in: „Gegen den Bau des größten Halal Schlachthofes Deutschland", Petition an das Bundesministerium für Ernährung und Landwirtschaft, Partei Mensch Umwelt Tierschutz, Treuen, 15. 12. 2015; Internet: Letzter Abruf: 06. 11. 2016, https://www.tierschutzpartei.de/gegen-den-bau-des-groessten-halal-schlachthofes-deutschland/.

Seiferle, Eugen: „Der Standpunkt des Veterinärmediziners und Tierpsychologen", in: Schriftenreihe des Schweizerischen Tierschutzverbandes, Basel 1971, Nr. 6: „Das sogenannte Schächtverbot".

Sevecke, Kathrin und Krischer, Maya K: „Tierquälerei und Persönlichkeitspathologie bei delinquenten Jungen und Mädchen. Ergebnisse aus der Kölner GAP-Studie", in: Persönlichkeitsstörungen: Theorie und Therapie, Vol. 13, Nr. 4, 2009.

Sogorski, Lara, Bericht: „Einzelhandel überlässt Halal-Geschäft den Türken. Der Markt für islam-konforme Lebensmittel ist ein Riesengeschäft. Doch deutsche Handelsketten hinken im europäischen Vergleich hinterher.", in: „Die Welt", 11. 10. 2010: Internet: Letzter Abruf: 07. 11. 2016, https://-www.welt.de/wirtschaft/article10207954/Einzelhandel-ueberlaesst-Halal-Geschaeft-den-Tuerken.html.

Stadter, Ernst: „Psychoanalyse und Gewissen", Stuttgart, Berlin, Köln, Mainz, 1970.

Stampe, Verena: „Erstes Strafverfahren zum Schächten", in: Magazin „PROVIEH – respektiere leben.", PROVIEH - Verein gegen tierquälerische Massentierhaltung e. V., Bundesgeschäftsstelle Kiel; Internet: Letzter Abruf: 05. 11. 2016, http://www.provieh.de/node/10856.

Statistisches Bundesamt, DESTATIS, GENESIS-Online-Datenbank, Stand: 30. 06. 2016, Ergebnis – 41331 – 0001: Tabelle: „Geschlachtete Tiere, Schlachtmenge, Deutschland, Jahre, Tierarten, Schlachtungsart"; „Schlachtungs- und Schlachtgewichtsstatistik Deutschland", „Schafe / Lämmer", Wiesbaden 2016, Internet: Datum des letzten Abrufs: 31. 10. 2016, https://www.destatis.de/DE/ZahlenFakten/Datenbanken/GENESIS_Online.html.

Stegen, D., Deutsche tierärztliche Wochenschrift (DtW) 2003, S. 193, S. 196.

Stern, Jacob: „Das Schächten. Streitschrift gegen den jüdischen Schlachtritus", These I., S.1, in: Zeitbewegende Fragen, I., Verlag der Kössling'schen Buchhandlung (Gustav Wolf), Leipzig 1883, Text im Internet: Letzter Abruf am 30. 10. 2016, www.vgt.ch/buecher/schaechten/rabbi-stern.doc.

Styrie, Jörg, Geschäftsführer im Bundesverband Tierschutz e. V.: Schächten ist in Deutschland grundsätzlich verboten", in: „Schlachten und Schächten", Pressemeldung des Bundesverbandes Tierschutz e. V. zum geplanten Schlachthof in Neuss, Moers, 18. 12. 2015; Internet: Datum des letzten Abrufs: 06. 11. 2016, http://bv-tierschutz.de/tierschutzthemen/schlachten-und-sch%C3%A4chten/.

TierSchlV - Verordnung zum Schutz von Tieren im Zusammenhang mit der Schlachtung oder Tötung und zur Durchführung der Verordnung (EG) Nr. 1099 / 2009 des Rates (Tierschutz-Schlachtverordnung), 20. 12. 2012, (BGBL. I. S.2982).

Tierschutzstiftung Hof Butenland – Lebenshof für Tiere, Pressemitteilung: „Das Tierschutzgesetz ist wirkungslos und die Justiz versagt: Hof Butenland, Montag 23. Mai 2016", Butjadingen; ebenso: animal future, Tierrechtsorganisation, „Pressemitteilung: „Das Tierschutzgesetz ist wirkungslos und die Justiz versagt: Hof Butenland; Montag 23. Mai 2016", Rhauderfehn; Internet: Letzter Abruf: 05. 11. 2016, http://www.stiftung-fuer-tierschutz.de/2016/05/pressemitteilung-das-tierschutzgesetz-ist-wirkungslos-und-die-justiz-versagt-hof-butenland%C2%B7montag-23-mai-2016/.

Tillich, Paul, zitiert in: „Eidesverweigerung aus religiösen Gründen", in: „Entscheidungen in Kirchensachen seit 1946", 12. Band (1971 / 72), Walter de Gruyter, Berlin und New York 1976, S. 419.

Troeger, Klaus: „Die Elektrobetäubung von Tieren im Lichte der Elektrokrampftherapie beim Menschen", in: Mitteilungsblatt Fleischforschung Kulmbach (2012) 51, Nr. 195 – Praxis-Informationen; Quelle: Meat Science 90 (2012), 956-961.

Türkisch-Islamische Union der Anstalt für Religion e. V. (DITIB): „Grußbotschaft des DITIB-Vorsitzenden Sadi Arslan zum Opferfest", in: Internetseite: DITIB Presse, Köln, 25. 11. 2009, Internet: Datum des letzten Abrufs: 02. 11. 2016, http://www.ditib.de/detail1.php?id=176&lang=de.

Türkisch-Islamische Union der Anstalt für Religion e. V. (DITIB), Köln 2016, Internetseite: „Über uns", Stichworte: „Dachverband - Gründung und Struktur"; Internet: Datum des letzten Abrufs: 02. 11. 2016, http://www.ditib.de/.

Universität Augsburg, Bayerischer Landesverein für Heimatpflege e. V., Bayerischer Rundfunk; Internetartikel: Brauchwiki - Opferfest, Stichwort: Ablauf des Opferfestes", in: www.brauchwiki.de, deine heimat im netz; Autoren: Expertenteam „Dr. Brauch", Datum der letzten Änderung: 29. 10. 2012, 16:15 Uhr, Datum des letzten Abrufs: 30. 10. 2016, 16:32 Uhr; www.brauchwiki.de › Bräuche › Religion.

Vegan.eu, Internetbericht: „Schlachten ohne ausreichende Betäubung in Niedersachsen bleibt folgenlos", 20. 09. 2012.

Vegan.eu: Bericht: „Elektrobetäubung beim Schlachten ist grausam und inhuman. Humane Schlachtungen sind eine Illusion ", 29. 12. 2012, Quelle: Zivotofsky, A. Z., & Strous, R. D. (2012): "A perspective on the electrical stunning of animals: are there lessons to be learned from human electroconvulsive therapy (ECT)?", in: *Meat Science*, 90(4): 956-61; Internet: Datum des letzten Abrufs: 03. 11. 2016, http://www.vegan.eu/index.php/meldung-komplett/items/-elektrobet%C3%A4ubung.html.

Vermeulen, Verena (Verfasserin 2006): „Tierversuche in der Forschung", Kapitel III: „Kernfragen der ethischen Diskussion.", überarbeitet von: Galert, Thorsten, (März 2016, März 2013), Halsband, Aurélie, (Mai 2010), Herrfurth-Rödig, Birte, (2007), in: Deutsches Referenzzentrum für Ethik in den Biowissenschaften (DRZE), Bonn im Juli 2016; Internet: Datum des letzten Abrufs: 03. 11. 2016, http://www.drze.-de/im-blickpunkt/pdfs/pdf-tierversuche-in-der-forschung/at_-download/file.

Verwaltungsgericht München, Beschluss vom 03. 12. 2008, M 18 E 08.5876, juris-Rn. 21, 22.

Verwaltungsgericht München, Beschluss vom 04. 12. 2008, M 18 E 08.5953, juris-Rn. 15.

von Schlabrendorff, Fabian: „Abweichende Meinung", in: Neue Juristische Wochenschrift (NJW) 72, München und Berlin, S. 1185 ff., zu BVerfG ebd., S. 1183 ff.

von Schlabrendorff, Fabian: „Eidesverweigerung aus religiösen Gründen", in: Entscheidungen in Kirchensachen seit 1946, 12. Band (1971 / 72), Walter de Gruyter, Berlin und New York 1976, S. 419; Internet: Datum des letzten Abrufs: 01. 11. 2016, https://books.google.de/books?isbn=311006-9172.

von Wenzlawowicz, Martin, and von Holleben, Karen (P2): „D-eliverable 2.1, WP2 – report on the incidence and scale of practises of ritual slaughter in Germany", project DIAREL, Schwarzenbek, November 2007.

Wagner, Paul, Bericht: „Großrazzia auf Schlachthof", in: Kieler Nachrichten vom 26. 02. 2014; Internet: Letzter Abruf: 20. 11. 2016, http://www.kn-online.de/News/Aktuelle-Nachrichten-Schleswig-Holstein/Nachrichten-Norddeutschland/Grossrazzia-in-einem-Schlachthof-im-Kreis-Segeberg-Verdacht-auf-Verstoss-gegen-Tierschutz-und-Lebensmittelgesetz.

Washington Humane Society: „Child Abuse and Cruelty to Animals", bzw. "Animal Cruelty and Human Violence". Internet: Letzter Abruf: 20. 11. 2016. Unter diesem Stichwort finden sich Hinweise auf eine umfangreiche Literaturliste zum Thema, siehe zum Beispiel: http://www.humanesociety.org-/issues/abuse_neglect/qa/cruelty_violence_connection_faq-.html?referrer=https://www.google.de/. Siehe ebenfalls: All-Creatures. Org.: "Animal Abuse and Human Abuse – Partners in Crime [...]", Abschnitt: "Animal Cruelty and Family Violence"; Letzter Abruf: 20. 11. 2016, http://www.all-creatures.org/sof/animalabuse.html.

Wehrpflichtgesetz (WPflG) vom 21. 07. 1956.

Wikipedia, die freie Enzyklopädie, Seitentitel: „Antragsverfahren", Beispiel: „Antrag auf Anerkennung als Kriegsdienstverweigerer", Autoren: Wikipedia-Autoren, siehe Versionsgeschichte, Datum der letzten Bearbeitung: 11. 07. 2012, 20:20 UTC, Versions-ID der Seite: 105464656, Datum des Abrufs: 24. 10. 2016, 07:37 UTC, Permanentlink: https://de.wikipedia.org/w/index.php?title=Antragsverfahren&oldid=105464656.

Wikipedia, die freie Enzyklopädie (Hrsg.), Seitentitel: „Halāl", Autoren: Wikipedia Autoren, siehe Versionsgeschichte, Datum der letzten Bearbeitung: 27. 07. 2016, 15:04 UTC, Versions-ID der Seite: 156507076, Datum des Abrufs: 21. 10. 2016, 08:54 UTC, Permanentlink: https://de.wikipedia.-org/w/index.php?title=Hal%C4%81l&oldid=156507076.

Wikipedia, die freie Enzyklopädie (Hrsg.), Seitentitel: „Kriegs-dienstverweigerung in Deutschland", Abschnitt: „Anerken-nungsgründe", Wikipedia-Autoren, siehe Versionsgeschich-te, Datum der letzten Bearbeitung: 14. 09. 2016, 14:33 UTC, Versions-ID der Seite: 157923872, Datum des letzten Abrufs: 08. 11. 2016, 15:02 UTC, Permanentlink: https://-de.wikipedia.org/w/index.php?title=Kriegsdienstverweige-rung_in_Deutschland&oldid=157923872.

Wikipedia, die freie Enzyklopädie (Hrsg.), Seitentitel: „Schäch-ten", Autoren: Wikipedia-Autoren, siehe Versionsgeschich-te, Datum der letzten Bearbeitung: 07. 10. 2016, 19:10 UTC, Versions-ID der Seite: 158557085, Datum des Abrufs: 26. 10. 2016, 15:36 UTC, Permanentlink: https://de.wikipe-dia.org/w/index.php?title=Sch%C3%A4chten&oldid=15855-7085.

Wikipedia, die freie Enzyklopädie (Hrsg.), Seitentitel: „Zentral-rat der Muslime in Deutschland", Autoren: Wikipedia-Auto-ren, siehe Versionsgeschichte, Datum der letzten Bearbei-tung: 10. 10. 2016, 04:29 UTC, Versions-ID der Seite: 158-618494, Datum des Abrufs: 25. 10. 2016, 07:54 UTC, Per-manentlink: https://de.wikipedia.org/w/index.php?title=Zen-tralrat_der_Muslime_in_Deutschland&oldid=158618494.

Wikipedia, die freie Enzyklopädie (Hrsg.), Seitentitel: Zirkel-schluss, Autoren. Wikipedia-Autoren, siehe Versionsge-schichte, Datum der letzten Bearbeitung: 30. 08. 2016, 09:58 UTC, Versions-ID der Seite: 157508529, Datum des letzten Abrufs: 01. 11. 2016, 09:43 UTC, Permanentlink: https://de.wikipedia.org/w/index.php?title=Zirkelschluss&ol-did=157508529.

Wirth, Sven / Laue, Annett / Kurth, Markus / Dornenzweig, Ka-tharina / Bossert, Leonie / Balgar, Karsten (Hrsg.): „Das Handeln der Tiere: Tierliche Agency im Focus der Human-Animal-Studies", transcript-Verlag, Dezember 2015.

ZDF-Mediathek, Format: „Forum am Freitag", am 03. 10. 2014, Internet: Datum des letzten Abrufs: 01. 11. 2016, https://webcache.googleusercontent.com/search?q=cache:46-kITA6II8gJ:https://www.zdf.de/kultur/forum-am-freitag/selb-erernten-statt-supermarkt-regio-bio-und-halal-food-100.html+&cd=1&hl=de&ct=clnk&gl=de.

ZEIT ONLINE, Internetbericht: „Oberverwaltungsgericht, Kükenschreddern bleibt erlaubt", 20. 05. 2016; Quelle: ZEIT ONLINE, dpa, tst. Internet: Datum des letzten Abrufs: 08. 11. 2016, http://www.zeit.de/wirtschaft/2016-05/oberverwaltungsgericht-muenster-kueken-landwirtschaft-schreddern-massentoetung.

Zentralrat der Muslime in Deutschland e. V. (ZMD): „Zum Thema islamisches Schächten", offener Brief, Antwort auf die Briefaktionen der Tierschutzvereine, Köln, 04. 03. 2000, Unterzeichner: Dr. Nadeem Elyas, Vorsitzender; Internet: Datum des letzten Abrufs: 02. 11. 2016, http://zentralrat.de/14594.php.

Ziegler, Peter Z.: „Vorwort - Einführung in das Bio- und Halal-Magazin", in: Bio & Halal Magazin, Ausgabe 01, April 2008: „Ein neuer Markt"; Internet: Letzter Abruf: 08. 11. 2016, http://docplayer.org/14253653-Bio-halal-magazin-ein-neuer-markt-ausgabe-01-april-2008-analyse-die-halal-branche-ein-neuer-wachstumsmarkt.html.

Zivotofsky, A. Z., & Strous, R. D. (2012): „A perspective on the electrical stunning of animals: Are there lessons to be learned from human electroconvulsive therapy (ECT)?", in: Meat Science, 90(4): 956-61. Siehe auch im Internet: Letzter Abruf: 08. 11. 2016, https://scholar.google.de/scholar?q=Zivotofsky,+A.+Z.,+%26+Strous,+R.+D.+(2012-)+Meat+Science,+90(4):+956-61.&hl=de&as_sdt=0&as_vis=1&oi=scholart&sa=X&ved=0ahUKEwiXhr2mxZnQAhVFD-sAKHawfCQUQgQMIIzAA.

Tabellenverzeichnis

Über den Autor:

Volker Mariak wurde 1950 in Hamburg geboren. Nach der Lehre und zweijährigem Militärdienst Studium an der Hochschule für Wirtschaft und Politik in Hamburg. Abschluss: Diplom-Sozialwirt. Von 1976 bis 1981 Studium der Wirtschafts- und Sozialwissenschaften an der Universität Hamburg mit dem Abschluss Diplom-Soziologe. Promotion zum Dr. rer. pol. im Jahre 1986. Danach Studium der Kriminologie mit dem Abschluss Diplom-Kriminologe.

Tätigkeit als wissenschaftlicher Mitarbeiter an der Universität Hamburg und später Lehr- und Forschungstätigkeit an einem Sonderforschungsbereich der Universität Bremen. Nachfolgend Leiter der Forschungsdokumentation und Senior-Projektleiter in einem privatwirtschaftlichen Regional- und Stadtforschungsinstitut. Der Verfasser befindet sich im Altersruhestand, ist aber weiterhin für das Staatsziel Tierschutz engagiert.

***

Zeitfracht Medien GmbH
Ferdinand-Jühlke-Straße 7
99095 Erfurt, Deutschland
produktsicherheit@kolibri360.de